《政府采购框架协议采购方式管理暂行办法》
条文解析与实务指南

张利江　倪剑龙　主　编
陈建新　王胜辉　副主编

中国城市出版社

图书在版编目（CIP）数据

《政府采购框架协议采购方式管理暂行办法》条文解析与实务指南 / 张利江，倪剑龙主编；陈建新，王胜辉副主编 . —北京：中国城市出版社，2022.5（2022.10重印）

ISBN 978-7-5074-3477-4

Ⅰ . ①政… Ⅱ . ①张… ②倪… ③陈… ④王… Ⅲ . ①政府采购法—研究—中国 Ⅳ . ①D922.204

中国版本图书馆CIP数据核字（2022）第090159号

本书按照《政府采购框架协议采购方式管理暂行办法》（财政部令第110号）的条文顺序，在【条文原文】下以【条文主旨】【条文解析】【提示信息】三要素逐条解读法条，系统地全景式阐释了框架协议采购方式这一部门规章制度。旨在帮助读者掌握条文内涵，厘清认识误区，指导解决政府采购框架协议采购活动中的实务疑难问题。

本书对于集中采购机构、主管预算单位、采购人（或服务对象）、社会代理机构以及行政监督人员准确理解和适用《政府采购框架协议采购方式管理暂行办法》（财政部令第110号）有着重要的参考与借鉴价值。

责任编辑：徐仲莉　王砾瑶

版式设计：锋尚设计

责任校对：李欣慰

《政府采购框架协议采购方式管理暂行办法》条文解析与实务指南

张利江　倪剑龙　主　编

陈建新　王胜辉　副主编

*

中国城市出版社出版、发行（北京海淀三里河路9号）

各地新华书店、建筑书店经销

北京锋尚制版有限公司制版

北京君升印刷有限公司印刷

*

开本：787毫米×960毫米　1/16　印张：16¼　字数：305千字

2022年6月第一版　　2022年10月第二次印刷

定价：**58.00**元

ISBN 978-7-5074-3477-4

（904478）

前　言

　　根据财政部发布的《2020年全国政府采购简要情况》数据来看：2020年全国政府采购规模为36970.6亿元，较上年增加3903.6亿元，增长11.8%，占全国财政支出和GDP的比重分别为10.2%和3.6%。从层级来看，中央预算单位、地方预算单位政府采购规模分别为2853.0亿元和34117.6亿元，占全国政府采购规模的7.7%和92.3%。从采购方式来看，公开招标、邀请招标、竞争性谈判、竞争性磋商、询价、单一来源采购规模分别占全国政府采购规模的79.3%、1.1%、3.2%、7.7%、1.1%和4.3%。而中央和地方集中采购机构实施的协议供货和定点采购作为政府采购实践活动中经常使用的组织形式，为小额零星采购活动提供了便利，同时也因其缺乏专门的制度规范或缺乏上位法支撑，暴露出不少问题。

　　2018年11月，中央全面深化改革委员会第五次会议审议通过的《深化政府采购制度改革方案》明确提出，规范小额零星采购活动，提升小额零星采购的便利性。为贯彻落实《深化政府采购制度改革方案》要求，促进小额零星采购效率和规范的有机统一，2020年12月4日，财政部公布的《中华人民共和国政府采购法（修订草案征求意见稿）》新增了框架协议采购方式。2020年12月21日，财政部研究起草的《政府采购框架协议管理办法（征求意见稿）》，向社会公开征求意见。2022年1月27日，财政部颁布出台了《政府采购框架协议采购方式管理暂行办法》（财政部令第110号），自2022年3月1日起施行，该办法明确了框架协议采购方式的适用情形、框架协议如何订立、采购合同如何授予以及相关主体的法律责任等。具体包括总则、一般规定、封闭式框架协议采购、开放式框架协议采购、法律责任、附则共6章53条。《政府采购框架协议采购方式管理暂行办法》秉承问题导向思维理念，借鉴国际上成熟的采购方式，较好地解决了长期以来协议采购与定点采购活动中概念不清、方式不明、采购人不好掌握、监管部门不便监督、公众不理解的问题，不仅完善和丰富了我国的政府采购管理制度，而且极大地方便了采购人（或服务对象）。该办法是为贯彻落实《深化政府采购制度改革方案》有关要求，将进一步推动政府采购制度改革的深化，丰富政府采购方式，增加有效制度供给，加强对政府采购活动的监督管理，有效降低采购成本、简化采购流程，规范小额零星采购活动并提升其采购效率。框架协议采购与以往的采购方式相比，具有以下优点和亮点：为保证框架协议采购的竞争性，以封闭式框架协议采购（实行两阶段，尤其在第一阶段开展公开征集）为主、开放式框架协议采购为例外；引入了外部竞争机制，非入围供应商在一定条件下同样可以参与竞争；探索了全生命周期成本管理模式；确立了核心竞争机制，设置了高达40%的供应商淘汰率；强调了政府采购项目绩效管理目标。至此，我国政府采购已基本建立起由"1部法律——《中华人民共和国政府采购法》""1部行政法规——《中华人民共和国政府采购法实施条例》""6项部门规章——《政府采购货物和服务招标投标管理办法》《政府采购非招标采购方式管理办法》《政府采购框架协议采购方式管理暂行办法》《政府采购信息公告管理办法》《政府采购质疑和投诉办法》《政府购买服务管理办法》""N项行政规范性文件——《政府采购代理机构管理暂行办法》《政府采购评审专家管理办法》《政府采购竞争性磋商采购方式管理暂行办法》《关于进一步做好政府采购信息公开工作有关事项的通知》《政府采购促进中小企业发展管理办法》等文件"的"1+1+6+N"法律制度框架体系。

为了帮助采购代理机构、主管预算单位、采购人（或服务对象）、供应商以及行政监督部门有关人员准确理解和应用《政府采购框架协议采购方式管理暂行办法》（财政部令第110号），笔者根据《中华人民共和国政府采购法》《中华人民共和国政府采购法实施条例》，结合有关立法起草专家、财政部国库司有关工作人员解读，以及中央国家机关政府采购中心工作人员解读及采购实务操作经验，以《政府采购框架协议采购方式管理暂行办法》的法律条文为主线，逐条逐项对框架协议采购方式法律制度进行了精细化解读。同时，为了便于采购相关人员简要理解《政府采购框架协议采购方式管理暂行办法》，笔者将条文绘制成思维导图，让读者理解条文时更加清晰明了，力争对框架协议采购进行全貌式解读、阐释，也方便读者在进行实务操作时对照理解并应用。

本书按照《政府采购框架协议采购方式管理暂行办法》条文顺序逐条解读，每条均包括【条文原文】【条文主旨】【条文解析】三部分内容，大多数条款还包括【提示信息】。其中，【条文原文】是对《政府采购框架协议采购方式管理暂行办法》条款内容的引用，【条文主旨】简要表述该条款内容概要，【条文解析】是对条文阐述的内容进行详细地解析阐释，【提示信息】是对采购实践中使用条款时需要注意的事项。本书还收录了《政府采购框架协议采购方式管理暂行办法》以及财政部答记者问的原文资料，以方便读者查阅、学习使用。

对于本书内容，还需要说明几点：（1）因封闭式框架协议的公开征集程序，按照政府采购公开招标的规定执行，又因征集人确定框架协议采购需求，可参照《政府采购需求管理办法》（财库〔2021〕22号），故在本书附录部分收录了《政府采购货物和服务招标投标管理办法》（财政部令第87号）、《政府采购信息发布管理办法》（财政部令第101号）、《政府采购需求管理办法》（财库〔2021〕22号），便于读者快速查阅、利用。（2）根据《中华人民共和国政府采购法实施条例》第二十四条规定，列入集中采购目录的项目，适合实行批量集中采购的，应当实行批量集中采购。因此本书附录部分收录了财政部关于批量集中采购的相关政策要求，以便大家准确把握框架协议采购适用范围。同时为方便大家直观、明晰地理解框架协议采购方式，笔者制作了思维导图和框架协议采购流程图，希望对大家有所帮助。

本书旨在帮助读者掌握《政府采购框架协议采购方式管理暂行办法》（财政部令第110号）条文内涵，厘清认识误区，指导解决框架协议采购过程中的实务问题。由于笔者认识有限，书中难免有所遗漏，敬请读者批评指正。有任何问题和建议，请联系我们，E-mail：591861845@qq.com。

最后，在本书编写过程中，有幸得到《政府采购框架协议采购方式管理暂行办法》起草专家徐舟老师、政采行业专家雷金辉老师、张斌伟老师等人的指点，"招采一家亲"所有群友也给予笔者大力的支持与帮助，在此一并表示感谢。

2022年3月

导　言

2022年1月27日，财政部发布了《政府采购框架协议采购方式管理暂行办法》（财政部令第110号，以下简称《办法》），在现行《中华人民共和国政府采购法》（以下简称《政府采购法》）规定的公开招标、邀请招标、竞争性谈判（磋商）、询价和单一来源等采购方式之外，新增一种专门针对规范多频次、小额度采购活动的协议供货采购方式。《办法》提出了几个新概念，规定了一些新程序，应该说是在总结我国政府采购实践与吸收国际上一些做法的基础上有其创新之处。

1.《办法》出台的意义

与其他采购方式先有政策规定后得以应用到实践不同的是，我国自2000年以来就开始在政府采购中广泛采用这一采购方式。本次《办法》出台是对以往协议供货采购的进一步规范，是政府采购方式的有效补充，具有有效降低采购经济成本、简化采购流程、提高采购效率等优点。《办法》出台具有以下几点意义：

（1）解决政府采购亟须解决的问题

之前，在政府采购中针对采购实体重复采购、合同金额较小的采购活动，业界一般通过集中采购机构的协议供货和定点采购来实施，但是这类采购缺乏规范的程序，群众多有反映，比如"越采越贵""买时便宜用时贵"等问题均需要有针对性地加以解决。部分协议供货没有竞争甚至还通过"资格库"排斥和限制竞争，既与优化营商环境不符，又与强化采购人主体责任的要求不符。

（2）填补了政府采购制度的一些漏洞

《政府采购货物和服务招标投标管理办法》（财政部令第18号）废止以后，协议供货和定点采购使用公开招标方式确定供应商范围的做法已经失去了法律支撑，各地对协议供货和定点采购的制度制定、管理形式和程序执行等情况不尽相同，采购人、代理机构确定供应商范围的做法五花八门，导致协议供货和定点采购处于散、乱、杂的状态，最终结果是采购人不满意、供应商不认可，纳税人有意见、监管部门难监管。《办法》将协议供货和定点采购整合成框架协议采购，通过增设新的采购方式，明确具体操作流程和要求，有力指导和规范此类政府采购活动，填补了政策和制度上的空白，对采购当事人解决实际操作中遇到的问题，特别是为财政部门加强监管提供了有效途径。

《办法》还规定，集中采购机构采用框架协议采购的，应当拟定采购方案，报本级财政部门审核后实施。主管预算单位采用框架协议采购的，应当在采购活动开始前将采购方案报本级财政部门备案。从而要求监管部门加强对框架协议采购活动进行监管。

（3）为事业单位供应链管理创新提供了一种可行的采购工具

中国物流与采购联合会公共采购分会专家陈川生老师认为：框架协议采购这种新的采购方式，为事业单位供应链管理创新提供了一种可行的采购工具。在事业单位采购实体涉及供应链的采购中，现行采购工具难以满足需要，例如医院设备相关耗材的稳定供应，问题就显得很多。

在联合国国际贸易法委员会《贸易法委员会公共采购示范法》（以下简称《公共采购示范法》）中，总结了框架协议采购的8项好处：一是提高采购行政效率；二是减少使用紧急程序的必要性；三是对小型采购效果更佳；四是小型采购透明度高；五是增加中小型企业的参与度；六是和供应商合作增加供应安全；七是供应链管理更加有效，降低大宗采购成本和仓储费用；八是简化采购流程。在广泛征求社会意见、总结我国长期司法实践的基础上，参考《公共采购示范法》的相关规定，财政部制定并发布了《政府采购框架协议采购方式管理暂行办法》。《公共采购示范法》的8项利好同样适用于本《办法》。

2.《办法》主要体例与内容

《办法》主要内容如下：

第一章　总则，共8条。主要明确了《办法》的立法目的、框架协议采购的定义、适用范围、框架协议采购形式、框架协议采购基本原则，以及框架协议采购的实施主体、实施形式和采购方案的审核备案等。

第二章　一般规定，共13条。主要是对框架协议采购的管理要求。包括：封闭式和开放式框架协议采购的定义和适用范围、框架协议采购的需求管理、最高限制单价的确定、框架协议的内容和期限、框架协议履行管理、委托代理商供货、入围供应商清退和退出机制、采购档案管理等。

第三章　封闭式框架协议采购，共17条。主要明确封闭式框架协议订立和合同授予程序。

第四章　开放式框架协议采购，共5条。主要明确开放式框架协议订立和合同授予程序。

第五章　法律责任，共5条。主要明确了不同情形的处理措施，以及主管预算单位、采购人、采购代理机构、供应商、财政部门及其工作人员等各方主体法律责任。

第六章　附则，共5条。主要规定了公告媒体、期间和数量计算规则、办法实施时间等。

《办法》的主要体例：主要章节及具体条目与对应的提示、问题见表1。

主要章节及具体条目与对应的提示、问题列表　　　　　　表1

章（节）名称		条目	备注
第一章	总则	第1～8条	设有提示9个，问题8个
第二章	一般规定	第9～21条	设有提示4个，问题1个
第三章	封闭式框架协议采购	第22～31条 第32～38条	设有提示24个，问题1个 设有提示10个
第四章	开放式框架协议采购	第39～43条	设有提示5个
第五章	法律责任	第44～48条	设有提示3个
第六章	附则	第49～53条	设有提示1个

3.《办法》主要亮点

亮点一　明确集中采购机构的行政管理职能

长期以来，集中采购机构因多方面原因导致"只采不集"，自身定位就是一个代理机构，不过是"红顶"而已。因此有专家认为，既然集中采购机构与社会代理机构职能重复，如果集中采购机构不能实现需求集中、带量采购，则根据市场配置资源更有利于经济效益最大化的原则，应当取消集中采购机构。而要实现采购的集中，首先就得实现需求的集中，但《政府采购法》没有授权集中采购机构具有行政管理职能，只能望而兴叹。《办法》赋予了集中采购机构可以对集中采购目录内的采购以征集人的身份实施需求集中管理，这对于落实《深化政府采购制度改革方案》是一大利好。

亮点二　程序规则的透明与公开性

公开、公平、公正是政府采购的基本原则，程序规则的透明性与公开性是政府采购制度的必然要求，是预防腐败的有力武器。《办法》通过多种制度设计体现透明性与公开性，主要有：

（1）通过公开征集程序，确定第一阶段入围供应商并订立框架协议。

（2）框架协议采购必须实行电子化采购，既有利于痕迹管理，又有利于存档备查，同时方便供应商和社会参与监督。

（3）开展需求调查，应当听取采购人、供应商和专家等意见。

（4）发布入围结果公告；开放式框架协议采购还要求征集人应当确保征集公告和入围结果公告在整个框架协议有效期内随时可供公众查阅。

（5）开放式框架协议采购在框架协议期间，入围供应商申请退出的，发布入围供应商退出公告。

（6）封闭式框架协议采购第二阶段采用二次竞价或顺序轮候确定成交供应商的应发布成交结果单笔公告；封闭式框架协议采购在框架协议有效期满后10个工作日内发布成交结果汇总公告。

（7）封闭式框架协议采购应通过电子化采购系统将入围信息告知适用框架协议的所有采购人或者服务对象。

（8）建立用户反馈和评价机制。

（9）同一框架协议采购应当使用统一的采购合同文本。

（10）确定第二阶段成交供应商的方式公开。

（11）入围产品升级换代规则公开。

（12）封闭式框架协议采购要确保征集文件和入围信息在整个框架协议有效期内随时可供公众查阅。

（13）征集人补充征集供应商的，补充征集规则应当在框架协议中约定，补充征集的条件、程序、评审方法和淘汰比例应当与初次征集相同。

（14）向非入围供应商采购的应当在征集文件中载明并在框架协议中约定。

（15）采购人将合同授予非入围供应商的，应发布成交结果公告。

竞争择优是开展政府采购的本质,《办法》在框架协议采购中体现最广泛的竞争做了重要的制度规定。主要体现在:

(1)封闭式框架协议采购第一阶段设置了供应商淘汰率。对封闭式框架协议供应商入围设置了不同淘汰率,一般不得低于20%。但对于采用质量优先法的仪器设备采购,由于没有政府定价、政府指导价,评审环节又未开展价格竞争,为了更好地平衡质量与价格的关系,将最低淘汰率提高到40%。

(2)封闭式框架协议采购第二阶段可以二次竞价。

(3)封闭式框架协议采购引入外部竞争机制。当采购人证明能够以更低价格向非入围供应商采购相同货物,而入围供应商又不同意将价格降至非入围供应商报价以下的,可将合同授予该非入围供应商。

(4)禁止专供政府采购产品。供应商响应的货物,原则上为市场上已销售的规格型号,不能采用专供政府采购的产品,避免同一货物因使用专供政府采购的型号导致价格不可比。同时,要求货物项目的每个采购包只能用一个产品响应,避免多产品响应形成报价组合,干扰价格竞争。

(5)评估全生命周期成本。对耗材使用量大的复印、打印等仪器设备,引入全生命周期成本理念,要求供应商同时对三年以上约定期限内的专用耗材进行报价,并在评审时考虑专用耗材使用成本。

(6)剩余入围供应商不足入围供应商总数的70%且影响框架协议执行的,实施补充入围机制。

亮点四　扩大《政府采购法》的调整范围

现行《政府采购法》主要以集采目录和采购限额标准作为是否纳入监管的判断基准。在实践中,大量小额零星采购因不属于集采目录内或未达到采购限额标准,难以纳入《政府采购法》的适用范围,并因此游离于财政部门监管范围之外。但小额零星多频次的采购活动,对于激发市场活力、优化营商环境依然具有显而易见的影响。深化改革方案明确提出要对小额零星采购活动进行规范。

国际关系学院刘慧教授认为:简政放权是全面深化改革大方向,一方面赋予政府采购当事方和参与方更多的权利;另一方面,放权不是不管,应该进一步完善法律制度,确保法律全方位覆盖，不能留下太多的法律空白。政府采购可以规定不同的管理方式，但伴随新的采购方式，应该有相应的配套制度进行规范。如果采购人自主选择权增大，则法规程序覆盖范围也应当增大；如果权力下放，法律准绳也要增加长度，使政府采购全方位有法可依。把规则制定好、制定细，转化成最基层采购人的行为规范，也是保护采购人、方便基层采购人的负责任的做法。

《办法》的出台，通过对采购限额标准的扩大解释，将小额零星采购活动纳入监管范围，对于规范零星采购活动、提升政府采购法的规范效能、优化营商环境具有重要的创新意义。

亮点五 创设了"征集人"的定义及其责任

《办法》出现了一个新的名词"征集人"，因为框架协议采购方式的程序称为公开征集程序，其采购主体就称之为征集人。《办法》第五条规定，集中采购目录以内品目以及与之配套的必要耗材、配件等，采用框架协议采购的，由集中采购机构负责征集程序和订立框架协议。集中采购目录以外品目采用框架协议采购的，由主管预算单位负责征集程序和订立框架协议，主管预算单位也可以委托采购代理机构实施框架协议采购。其他预算单位确有需要的，经其主管预算单位批准，可以采用框架协议采购方式采购。所以，征集人包括集中采购机构、主管预算单位和其他预算单位及其委托的采购代理机构。

"征集人"这一法律主体的创设，使得传统的"采购人—代理机构—供应商"三方线性结构，变成了"征集人—入围供应商"和"采购人—成交供应商"的两阶段四方结构。在这种两阶段四方结构中，征集人在框架协议中具有独立的、特殊的法律地位，其既不同于传统采购方式中代理机构的角色，也不同于采购人。在传统的采购方式中，采购人处于核心地位，采购需求的确定、采购程序的推进、采购合同的管理，都由采购人自主决定。但在框架协议采购中，采购人的某些权利义务转为由征集人承担。具体来说，《办法》重点规定了征集人的五项法定职责：一是做好框架协议采购前期准备。摸清不同采购单位对框架协议采购的基本需求。集中采购机构要拟订采购方案，报财政部门审核；主管预算单位要将本部门、本系统有特殊要求、需统一配置的小额零星采购列入部门集中采购项目，拟订采购方案，报财政部门备案。二是加强需求标准的制定，组织开展需求调查，充分听取采购人、供应商和专家等的意见，合理确定采购需求，并逐步形成各类采购的需求标准。三是科学确定最高限制单价，充分开展需求调查，形成与货物、服务需求标准相对应的最高限制单价，为供应商竞争报价提供基础。四是根据工作需要和采购标的市场供应及价格变化情况，合理确定框架协议有效期。货物项目价格变化较大，有效期一般不超过1年；服务项目相对稳定，有效期一般不超过2年。五是开展框架协议履行管理，包括对第二阶段最高限价、需求标准的执行情况和确定成交供应商情况进行管理，为第二阶段合同授予提供工作便利，对入围产品升级换代进行审核，建立用户反馈和评价机制，公开封闭式框架协议第二阶段成交结果，办理入围供应商清退和补充事宜等（摘录自成协中的《框架协议采购新规是对现行政府采购制度的完善》）。

亮点六 建立了入围供应商的清理制度

与既有采购方式相适应，现有《政府采购法》及《政府采购法实施条例》（以下简称《政府采购法实施条例》）对中标、成交供应商主要规定了签订政府采购合同的权利以及履约义务，并未过多规定对中标、成交供应商的管理。而框架协议采购的双阶段性质和履约期限的相对稳定性，决定了对入围供应商进行管理具有现实的必要性。现有协议供货和定点供货出现的诸多弊端，更凸显了建立入围供应商动态调整机制的迫切性。为此，《办法》第十九条规定了对入围供应商的清理制度。该条用两条条款规定了对入围供应商进行清理的情形和清理方式。其中，清理情形主要包括三类：一是在第一阶段竞标过程中存在违法违规的情形，如恶意串通、提供虚假材料等；二是在合同签订和履约阶段存在违法违规情形，如无正当理由拒不接受合同授予、不履行合同义务等；三是存在其他违法违规情形被限制参加政府采购活动。清理方式包括取消入围资格、解除框架协议，以及禁止参加同一框架协议。《办法》中对于供应商的清理制度，及对供应商履约情况的评价范围，对于其他采购方式的应用，也具有显著的借鉴意义（摘录自成协中的《框架协议采购新规是对现行政府采购制度的完善》）。

亮点七 强制采用电子化采购

与其他采购方式鼓励采用电子化采购不同的是，框架协议采购强制采用电子化方式采购。电子化采购，既节约大量的采购成本，也通过电子化采购跳出地域、行业的限制，有助于找到更多、更合适的供应商，增强采购的竞争性。电子化采购还将有利于大数据分析和人工智能的应用，为采购人精准高效采购提供了可能，同时电子化采购"痕迹管理、永久追溯"的特点有利于行政监督部门实施全流程监督与管理，提升监管效率，堵死监管漏洞。

亮点八 条文精干，从程序导向向结果导向转变

　　《办法》让人眼前一亮的是，凡是上位法或其他规章已有明确规定的，《办法》不再重复，这是部门立法的一大进步。以质疑投诉为例，《办法》没有对此作出任何规定。财政部有关负责人就制定《政府采购框架协议采购方式管理暂行办法》答记者问时指出，在框架协议采购的两阶段，供应商均可依法提出质疑和投诉。框架协议订立阶段，供应商如认为征集相关的文件、过程和入围结果使自己权益受损的，可依法向征集人提出质疑，对质疑答复不满意或征集人未按时答复的，可依法向财政部门提出投诉。合同授予阶段，供应商如认为二次竞价、顺序轮候过程和成交结果使自己权益受损的，可依法向采购人、采购代理机构提出质疑，对质疑答复不满意或采购人、采购代理机构未按时答复的，可依法向财政部门提出投诉。采购合同履行过程中产生的争议，按照合同约定和《中华人民共和国民法典》(以下简称《民法典》)等法律法规的规定处理，不属于质疑和投诉范围。质疑、投诉的具体要求按照《政府采购法》及《政府采购法实施条例》《政府采购质疑和投诉办法》等规定执行。

题　注

　　《政府采购框架协议采购方式管理暂行办法》（财政部令第110号，以下简称《办法》）已经2021年12月31日部务会议审议通过，现予公布，自2022年3月1日起施行。

【题注主旨】

　　题注是关于《办法》施行日期的规定。

【题注解读】

1.《办法》定为暂行的原因

关键词一：暂行

　　考虑到在实践中小额零星采购遇到的问题可能比较多，框架协议采购又是一种全新的政府采购方式，为稳步推进相关工作，财政部将《办法》定为暂行办法，经过一段时间的实践后再作进一步完善。

2.《办法》生效日期

关键词二：通过、公布、施行

　　根据《中华人民共和国立法法》，部门规章应当经部务会议或者委员会会议决定，由部门首长签署命令予以公布。

　　部门规章自对外公布之日起正式生效，但生效期与实施期不同，《规章制定程序条例》第三十二条规定：规章应当自公布之日起30日后施行；但是，涉及国家安全、外汇汇率、货币政策的确定以及公布后不立即施行将有碍规章施行的，可以自公布之日起施行。

关键词三：法律体系、政府采购法律框架体系

法律体系通常是指一个国家的全部现行法律规范分类组合为不同的法律部门而形成的有机联系的统一整体。以宪法为统帅，以宪法相关法、民法商法、经济法、社会法、刑法、刑诉与非诉讼程序等多个法律部门的法律为主干，由法律、行政法规、地方性法规等多个层次的法律规范构成我国法律体系的基本框架。

《政府采购法》自2003年1月1日施行以来，我国逐步建立完善了政府采购法律体系，即"1+1+6+N"的政府采购法律框架体系，具体包括以下内容：

1是指政府采购基本立法一部，即《政府采购法》。

1是指政府采购行政法规一部，即《政府采购法实施条例》。

6是指财政部规章六部，即《政府采购货物和服务招标投标管理办法》（财政部令第87号）、《政府采购非招标采购方式管理办法》（财政部令第74号）、《政府采购框架协议采购方式管理暂行办法》（财政部令第110号）、《政府采购信息公告管理办法》（财政部令第101号）、《政府采购质疑和投诉办法》（财政部令第94号）、《政府购买服务管理办法》（财政部令第102号）。

上述6部财政部规章是现行政府采购法律体系中的重要内容，本书中所述的87号令、101号令、94号令就是指上述规章。

N是指系列行政规范性文件。行政规范性文件，是指除国务院的行政法规、决定、命令以及部门规章和地方政府规章外，由行政机关依照法定权限、程序制定并公开发布，涉及公民、法人和其他组织权利义务，具有普遍约束力，在一定期限内反复适用的公文。例如，《财政部关于政府采购竞争性磋商采购方式管理暂行办法有关问题的补充通知》（财库〔2015〕124号）、《财政部关于做好政府采购信息公开工作的通知》（财库〔2015〕135号）等为政府采购行政规范性文件。

我国现行的政府采购法律框架体系如图1所示。

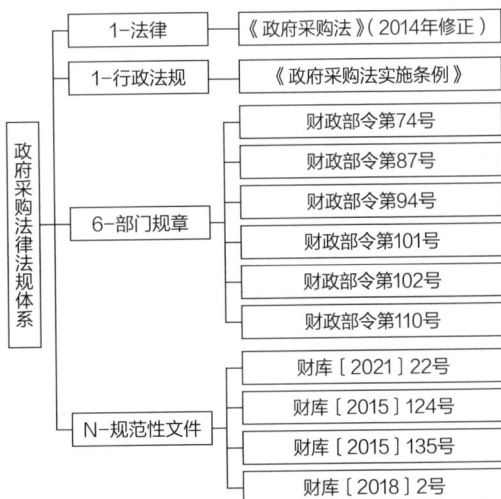

图1 "1+1+6+N"我国政府采购法律框架体系

目　录

第三章　封闭式框架协议采购 / 67

第四章　开放式框架协议采购 / 129

第五章　法律责任 / 143

第六章　附则 / 157

附录 / 163

第一章

总　则

1.1 立法目的

条文原文

　　第一条　为了规范多频次、小额度采购活动，提高政府采购项目绩效，根据《中华人民共和国政府采购法》《中华人民共和国政府采购法实施条例》等法律法规规定，制定本办法。

【条文主旨】

本条是对《政府采购框架协议采购方式管理暂行办法》立法目的、立法依据作出具体规定。

【条文解析】

1.《办法》的立法背景

（1）深化政府采购制度改革方案有要求

中央全面深化改革委员会第五次会议审议通过的《深化政府采购制度改革方案》（以下简称《深改方案》）明确提出，规范小额零星采购活动，提升小额零星采购的便利性。《财政部关于贯彻落实〈深化政府采购制度改革方案〉的实施意见》进一步提出，要制定出台政府采购框架协议管理办法。

（2）法律空白要填补

目前，我国尚无针对多频次、小额度采购的制度规范。《政府采购货物和服务招标投标管理办法》（财政部令第18号，已废止）第八十五条规定：政府采购货物服务可以实行协议供货采购和定点采购，但协议供货采购和定点供应商必须通过公开招标方式确定；因特殊情况需要采用公开招标以外方式确定的，应当获得省级以上人民政府财政部门批准。协议供货采购和定点采购的管理办法，由财政部另行规定。2007年财政部发布的《中央单位政府集中采购管理实施办法》等文件对协议供货和定点采购有原则性规定，但缺乏细化的程序规则。2017年修订的《政府采购货物和服务招标投标管理办法》（财政部令第87号）不再将协议供货和定点采购纳入其规范范围，而多频次小额采购在实践中运用广泛，但目前缺乏相应的制度规范，执行协议供货和定点采购程序即将面临无法可依的局面。

（3）优化营商环境有迫切需要

在实践中存在大量的通过简单资格入围方式，违规设置资格库、名录库和备选库的情形。由于缺乏明确的标的内容和费用标准，且在规定成交供应商环节缺乏透明度和规范性，扰乱了正常的政府采购市场秩序。为促进政府采购公平竞争，营造良好的营商环境，2021年初财政部对采购人通过入围等方式设置、作为参加政府采购活动资格条件的各类备选库、名录库、资格库（以下简称"三库"）等供应商库开展了专项清理工作。由于各地对"三库"的理解和清理尺度不一，"三库"清理中难免出现少数"误伤"。广大采购人迫切希望财政部门早日出台相关制度，解决多频次、小额度采购的突出问题。

（4）国际采购规则和国内团体标准已有应用先例

从国际采购规则来看，联合国国际贸易法委员会《公共采购示范法》第七章对框架协议程序有专门的规定。

欧盟指令2014/24/EC（简称《2014公共部门采购指令》）将框架协议分为单一和多供应商框架协议，并规定了多供应商模型。

从国内团体标准应用来看，中国招标投标协会于2018年出台了《非招标方式采购代理服务规范》，其中有专门的框架协议规定，该行业自律性规范于2019年7月1日上升为团体标准。中国物流与采购联合会于2019年颁布施行的《国有企业采购操作规范》将框架协议采购作为一种采购组织形式，并对其作出专门的规定。

2．立法目的

一是为了规范多频次、小额度采购活动。

为贯彻落实《深改方案》要求，促进小额零星采购效率和规范的有机统一，财政部研究制定了《办法》。

长期以来，在政府采购实践中存在大量的单次采购金额小、不同采购主体需要多次重复采购的需求，例如采购计算机软件、汽车维修和加油等。这类采购不同于单一项目采购，难以适用现行《政府采购法》规定的公开招标、邀请招标、竞争性谈判（磋商）、询价和单一来源等采购方式，目前一般通过集中采购机构的协议供货和定点采购来实施。这种做法为小额零星采购活动提供了便利，但也因缺乏专门的制度规范，暴露出一些问题，社会多有诟病。例如，有的以资格入围方式选定供应商，造成市场分割，影响公平竞争；有的设置政府采购专供产品，采购价格远超市场价格；还有的在设备采购中以设备低价入围，后续耗材供应价格却远超市场价格。因此，《办法》借鉴国际经验，明确了框架协议采购方式的管理制度，以期从根本上系统性解决相关问题，构筑长效机制。

二是为了提升采购项目绩效。

框架协议采购本质上属于带量采购，相比单项采购而言，属于批发与零售的区别。例如2021年药品集中采购中，15000元的支架以700元成交，70万元的诺西那生钠以33000元成交，这就是典型的集中采购案例。集中采购机构成立的初衷就是希望发挥集采效益，但现阶段政府采购"采而不集"，带量采购的优势没有得到有效发挥。为了进一步发挥集中采购的优势，财政部出台《办法》。同时，与每次单项采购活动相比，框架协议采购的交易成本更低，交付时间也更短。

提示1 大额度采购不适用框架协议采购。

根据第一条规定，多频次但大额度的采购不适用于本《办法》。

小额零星采购标准详见第三条的详细解读。

提示2 《办法》与联合国国际贸易法委员会《公共采购示范法》适用条件不同点主要表现在以下几个方面：

（1）《办法》仅适用于小额采购。

《办法》不适用于大额重复采购的政府采购项目；而《公共采购示范法》适用条件中没有区分大额采购还是小额采购。

（2）《办法》不适用于紧急采购。

《办法》不适用紧急采购项目；《公共采购示范法》还适用于由于采购标的的性质，对该采购标的的需要可能在某一特定时期内在紧急情况下出现的采购项目。

尽管因严重自然灾害和其他不可抗力事件所实施的紧急采购不适用于《政府采购法》，但实践中为应对今后可能紧急需要的物项采购，例如药品（其主要目的是避免因发生紧急情况和不测事件使用单一来源采购而导致价格过高或质量低劣）。这一类型的采购可能要求保障供应安全，而需要专用生产线的专门物项可能也是如此，对于这一类采购，框架协议本可作为适当的辅助手段，但本《办法》未将紧急采购活动纳入框架协议采购范围，不能不说是一大遗憾。

1.2 框架协议采购定义

　　第二条　本办法所称框架协议采购，是指集中采购机构或者主管预算单位对技术、服务等标准明确、统一，需要多次重复采购的货物和服务，通过公开征集程序，确定第一阶段入围供应商并订立框架协议，采购人或者服务对象按照框架协议约定规则，在入围供应商范围内确定第二阶段成交供应商并订立采购合同的采购方式。

　　前款所称主管预算单位是指负有编制部门预算职责，向本级财政部门申报预算的国家机关、事业单位和团体组织。

【条文主旨】

本条是关于框架协议采购定义的规定。

【条文解析】

1. 框架协议采购实施主体

与其他6种政府采购方式由采购人作为采购实施主体不同的是，框架协议采购在两阶段分别是不同的实施主体。第一阶段，由集中采购机构、主管预算单位作为订立框架协议的实施主体；第二阶段，由采购人或政府购买服务的服务对象作为确定成交供应商的实施主体。

2．框架协议采购的标的是标准明确、统一，需要多次重复采购的货物和服务

关键词一：标准明确、统一、需要多次重复采购

（1）何为标准明确？

标准明确是指采购标的采购需求和采购要求标准明确。理由是，框架协议采购的本质是带量采购，如果采购需求和采购要求标准不明确，则无法形成集中采购的优势，框架协议采购目的无法实现。

（2）何为统一？

统一是指需求统一，结合《办法》第十二条第（三）款"将采购标的细化到底级品目，并细分不同等次、规格或者标准的采购需求"可以看出，采购需求不统一，框架协议采购就无法实施。例如打印机可以分为激光打印机、喷墨打印机、一体打印机三种，激光打印机又可分为A3和A4幅面两种，还可以分为黑白打印和彩色打印两种，激光打印机的A3、A4幅面又可分为两个不同的采购标包。

（3）多次重复采购

《办法》将重复采购与单一项目采购进行了严格区分，严禁将本属于单一项目采购的采购活动规避为框架协议采购行为。

关键词二：货物和服务

框架协议采购方式不适用于政府采购工程，核心在于小额零星采购工程不符合标准明确、统一的要求。

考虑到框架协议采购的两阶段特点和工程项目计价的复杂性，如果对工程项目实施框架协议采购，在具体工程标的未确定的情况下，无法形成有效的工程量清单，一般只能进行"费率招标"。而在"费率招标"的情况下，在入围阶段竞争中，只有费率（即施工管理费和利润等间接费用占工程直接费用的百分比）是确定的，在合同授予和合同履行中，工程单价要套相关工程定额或者工、料、机取费标准，工程量要按实结算，入围阶段的费率对整个工程造价的影响事实上是相当有限的。同时，建筑、水利、交通等不同行业的工程专业跨度比较大，在具体工程标的未确定的情况下，对施工组织设计等技术方案也难以进行有效比较和评审，这也就意味着在第一阶段的入围竞争意义不大。为了防止框架协议采购在实际操作中再次演变成资格入围，财政部决定暂不将政府采购工程纳入框架协议采购的适用范围（摘录自徐舟的《〈政府采购框架协议采购方式管理

暂行办法〉之我见》）。

关键词三：供应商来源

与其他非招标方式采购在供应商来源上少了从省级以上财政部门建立的供应商库中随机抽取或者采购人和评审专家分别书面推荐的方式，框架协议采购的供应商来源有且只有一种，即通过发布征集公告方式邀请供应商响应。

关键词四：第一阶段解决供应商入围、订立框架协议

框架协议采购程序分为两阶段，第一阶段为确定供应商入围和订立框架协议阶段。入围相当于招标中的资格预审（封闭式框架协议采购相当于有限数量制的资格预审，开放式框架协议采购相当于合格制的资格预审），略有不同的是，采用资格预审的，只有通过资格预审的供应商才有资格参与下一阶段的竞争（响应）；而封闭式框架协议符合第三十七条情形时，未入围供应商可以参与竞争；开放式框架协议采购，在框架协议期间供应商可以随时申请加入。

关键词五：采购人或服务对象在第二阶段与供应商订立采购合同

（1）区分三个概念

①征集人。

《办法》第五条规定：集中采购机构、主管预算单位及其委托的采购代理机构，本办法统称征集人。框架协议采购的征集人是框架协议采购的实施机构。

②采购人。

采购人是指依法提出采购需求和技术标准等相关要求的采购需求实体，包括国家机关、事业单位、团体组织。

采购人可能是征集人本身（采购人自己为主管预算单位），也可能是主管预算单位的下级预算单位。采购人可以是一个，也可以是多个（联合体采购）。

③服务对象。

《办法》所称的服务对象是指政府购买服务的服务对象。

（2）签订合同主体

框架协议采购程序的第二阶段本质是订立合同的过程。但与其他采购方式不同的是，《办法》中确定成交的权利主体可以是采购人（类似于集中采购中的统谈分签），

也可以是政府购买服务的服务对象（例如政府购买服务为社区老人理发，则找哪个供应商理发由政府购买服务的服务对象，即社区老人自主在第一阶段框架协议入围供应商中选择）。

关键词六：采购方式

框架协议采购作为第七种政府采购方式，框架协议采购与公开招标、邀请招标、竞争性谈判、单一来源采购、询价等传统的政府采购方式不同，主要体现在以下三个方面：一是适用范围不同。框架协议采购适用于多频次、小额度采购，不适用于单一项目采购。二是程序不同。框架协议采购具有明显的两阶段特征，第一阶段由集中采购机构或者主管预算单位通过公开征集程序，确定入围供应商并订立框架协议；第二阶段由采购人或者服务对象按照框架协议约定规则，在入围供应商范围内确定成交供应商并订立采购合同。三是供应商范围不同。采用其他采购方式的，一个采购包只能确定一名中标（成交）供应商，而框架协议采购可以产生一名或多名入围供应商。

问题1 框架协议与框架协议采购有何不同？

框架协议，是约定第一阶段征集人与入围供应商权责关系的文本。

而框架协议采购是政府采购的一种采购方式，是指集中采购机构或者主管预算单位对技术、服务等标准明确、统一，需要多次重复采购的货物和服务，通过公开征集程序，确定第一阶段入围供应商并订立框架协议，采购人或者服务对象按照框架协议约定规则，在入围供应商范围内确定第二阶段成交供应商并订立采购合同的采购方式。

问题2 为何框架协议采购是采购方式而不是采购组织形式？

联合国国际贸易法委员会《贸易法委员会公共采购示范法颁布指南》明确指出"框架协议采购本身不是采购方法本身，而是一种采购安排。框架协议采购需要和27条第一款列示的包括公开招标、限制性招标、询价、不通过谈判征求建议书、两阶段招标、通过对话征求建议书、通过顺序谈判征求建议书、竞争性谈判、电子逆向拍卖和单一来源采购等各种采购方法组合使用或者订立开放式框架协议授予框架协议，还包括此后根据所授予的协议下订单。"

鉴于国有企业采购的特殊性，《国有企业采购操作规范》将集中采购和框架协议采购一起视为采购组织形式，这是由于集中采购合同和框架协议的确立一般都必须和各种采购方式结合才能完成。虽然也是采购工具，但应当与采购方式有所区别。

政府采购的框架协议与《公共采购示范法》和国企采购均有所不同，其适用条件、适用范围决定了其只能是采购方式，而不是采购组织形式。从适用条件上看，政府采购的框架协议采购仅适用于小额零星采购，这导致大额采购不适用；从适用范围来看，政府采购的框架协议采购仅适用于三种情形，适用范围较窄。

【相关规定】《框架协议采购方式管理暂行办法》第三条。

问题3 框架协议采购入围供应商与财政部清理的"三库"有何区别？

（1）为何清理"三库"？

2021年1月初，财政部下发《关于开展政府采购备选库、名录库、资格库专项清理的通知》（财办库〔2021〕14号），对采购人通过入围等方式设置的各类备选库、名录库、资格库等供应商库（以下简称"三库"）开展了专项清理工作。"三库"是采购人通过简单资格入围方式设置的供应商库，直接作为某一类采购项目后续投标或合同授予的对象。"三库"为什么要清理？因为"三库"缺乏明确的合同定价机制和价格竞争，且在成交供应商确定方面缺乏透明度和规范性，成为供应商市场准入的隐性门槛，妨碍了正常的市场竞争（摘录自王周欢《实操框架协议采购，先要厘清这九个问题》）。

（2）框架协议采购的特点

与之相对应，"三库"存在的问题正是《办法》规制的重点。《办法》在总则中明确规定，框架协议采购遵循竞争择优、讲求绩效的原则，应当有明确的采购标的和定价机制，不得采用供应商符合资格条件即入围的方法。采购标的明确是价格具有可比性并真正具有约束力的前提。为确保采购标的明确，第十二条要求按照《政府采购品目分类目录》，将采购标的细化到底级品目，并细分不同等次、规格或者标准的采购需求，合理设置采购包，明确具体技术和商务要求；第二十四条明确货物项目每个供应商对每个采购包只能用一个产品进行响应，从而建立供应商、响应（入围）产品与采购需求之间的一一对应关系。在采购标的明确的基础上，针对框架协议采购特点，第十二条规定框架协议采购第一阶段应当按照单价进行报价，能预估采购数量的，还要求明确预估采购数量，以期达到一定程度的"带量采购"竞争效果；第十四条要求封闭式框架协议中必须列明入围产品详细技术规格或者服务内容、服务标准以及协议价格；第三十六条明确框架协议采购应当订立固定价格合同，根据框架协议约定的单价和实际采购数量确定合同总价，并对采购数量的计算和验证作出规定，防止第一阶段与第二阶段脱节、框架协议与采购合同变成"两张皮"，导致合同价格的形成无约束且不透明。

3．框架协议采购与"三库"的三点区别

综上所述，框架协议采购与"三库"相比，关键区别有三点：一是采购标的明确，即有具体技术和商务需求，例如货物的功能、性能、参数配置和服务的内容、标准等，而不是笼统地针对某一类采购项目。二是定价机制明确，即从确定入围供应商到确定成交供应商、签订合同，都是针对具体采购标的、具体产品确定价格和进行价格竞争，并且形成"最高限制单价—入围单价（协议价格）—实际成交价格"之间的递进和约束关系。三是合同授予透明，即确定成交供应商的规则事先公开，并且封闭式框架协议的成交结果要公开，接受各方监督（摘录自徐舟《〈政府采购框架协议采购方式管理暂行办法〉之我见》）。

问题4 代理机构代理服务可以通过框架协议采购方式采购吗？

（1）主管预算单位不可以通过框架协议采购方式采购代理服务。

如果代理机构的代理服务可以通过主管预算单位实施框架协议采购方式采购，则采购人只能在框架协议采购的入围代理机构中选择，将违反《政府采购法实施条例》第十一条第二款，采购人有权自行选择采购代理机构，任何单位和个人不得以任何方式为采购人指定采购代理机构的规定。因此主管预算部门不可以通过框架协议采购为采购人变相指定采购代理机构。

国家发展改革委《违背市场准入负面清单典型案例及处理情况通报》（第一期）案例11：上海市临港片区管委会设立招标代理"名录库"：

2021年3月16日，上海市临港片区管委会发布招标公告，招标分2个标段，包件一为确定3家招标代理单位作为2021～2023年临港片区管委会货物、服务类招标代理费在本市政府采购限额标准以下的招标代理服务单位；包件二为确定12家招标代理单位作为2021～2023年临港新片区管委会政府投资项目工程类招标代理费在本市政府采购限额标准以下的招标代理服务单位，招标人为临港新片区管委会，项目资金来源为其他资金政府财力。该案例通过设置招标代理备选库、名录库、资格库，有违反市场主体平等准入嫌疑。上海市有关部门核查指出，如果招标公告中包件二确定的12家招标代理机构由临港新片区管委会自己使用，不违反招标投标相关法律法规；如果所招代理机构是要求项

目（法人）单位使用，则可能涉嫌违反《中华人民共和国招标投标法》中有关不得为招标人指定招标代理机构的规定。处理情况：国家发展改革委委托第三方法律专家对该案例进行评估，认为该招标活动已带来违反市场准入负面清单制度的风险。国家发展改革委将会同上海市发展改革委对临港片区内相关招标投标活动进行持续跟踪，重点关注"名录库"的应用范围，必要情况下将线索转相关部门处理。

（2）其他预算单位年度采购预算达到采购限额标准以上的，经主管预算单位批准，可以采用框架协议采购。

其他预算单位根据自身需要，经主管预算单位批准，可以对采购预算达到采购限额标准以上的代理服务实施框架协议采购。

需要说明的是，其他预算单位如果年度采购预算未达到采购限额标准的，可以与其他单位自愿组成联合体，以符合年度采购预算必须达到采购限额标准以上才能适用框架协议采购的情形，经主管预算单位批准自行组织或委托主管预算单位组织框架协议采购。

问题5 框架协议采购与定点采购、协议供货有何联系与区别？

1. 协议供货、定点采购与框架协议采购关系

协议供货、定点采购等两阶段采购方式是框架协议采购方式立法的重要渊源。框架协议采购方式是对协议供货、定点采购等采购方式的扬弃；是协议供货、定点采购等采购方式的升级版；是对以往两阶段采购方式的规范化、系统化和法治化的结果。

2. 协议供货、定点采购与框架协议采购的相同点

框架协议采购方式继承了以往协议供货、定点采购、供应商库等两阶段采购方式的主要基因，它们有着共同的本质特征：两阶段采购、招采分离。

3. 协议供货、定点采购与框架协议采购的不同点

（1）权力主体不同

协议供货、定点采购的第一阶段实施主体是采购人或采购人的主管预算单位，第二阶段实施主体是采购人；框架协议采购在第一阶段的实施主体是征集人，第二阶段实施主体是采购人或政府购买服务的服务对象。

【相关规定】《政府采购框架协议采购方式管理暂行办法》第五条、第十七条第一款。

（2）法律地位不同

协议供货、定点采购等两阶段采购方式既不是由国务院财政部门制定，也不是国务院财政部门认可的采购方式，只是一种集中采购机构惯用的采购方式而已。协议供货采购方案无须审核或备案。

框架协议采购方式则是国务院财政部门通过财政部令第110号正式立法，是具有法律地位的第七种政府采购方式。框架协议采购的采购方案需要审核或备案。

【相关规定】《政府采购框架协议采购方式管理暂行办法》第二条第一款、第八条。

（3）适用范围不同

在实践中，协议采购、定点采购通常仅为集中采购目录内或分散采购限额以下的小额零星采购的采购项目。

框架协议采购适用于三种主要情形，除了集采目录内、小额零星的货物和服务项目外，还包括目录外、年度采购限额标准以上的两类服务项目：一类是本部门、本系统行政管理所需的法律、评估、会计、审计等鉴证咨询服务；另一类是为本部门、本系统以外的服务对象提供服务的政府购买服务项目。

【相关规定】《政府采购框架协议采购方式管理暂行办法》第三条。

（4）采购需求确定的精细程度不同

协议供货、定点采购通常不分设采购包，或者尽管有设置，但采购包设置比较粗放，采购需求标准不明确。例如采购打印机，通常不设标包或者设置激光打印机、喷墨打印机、针式打印机三个采购包但未设置具体的标准和要求。

框架协议采购要按照《政府采购品目分类目录》，将采购标的细化到底级品目，并细分不同等次、规格或者标准的采购需求，合理设置采购包，明确每个采购包的具体技术和商务要求，而不是笼统地针对某一类采购项目。例如采购打印机，首先要区分激光打印机、喷墨打印机、针式打印机，再根据彩色、黑白、打印幅面、打印速度等，分设采购包，然后再对每个采购包逐一拟定参数配置等具体需求。与此相应，每个供应商对每个采购包也只能用一个产品进行响应。

【相关规定】《政府采购框架协议采购方式管理暂行办法》第二条第一款、第十二条、第二十四条第二款。

（5）竞争程度不同

协议供货、定点采购一方面有时会演变成入围采购，没有竞争性；另一方面协议货物、定点采购参与竞争的供应商不得少于3家。

框架协议采购在第一阶段有竞争，在封闭式框架协议采购中，确定入围供应商必须有竞争和淘汰，淘汰比例一般不低于20%，而且至少要淘汰一家供应商。其中采用质量优先法的检测、实验等仪器设备采购，淘汰比例不得低于40%，且至少淘汰一家供应商。封闭式框架协议采购确定第一阶段入围供应商时，提交响应文件和符合资格条件、实质性要求的供应商应当均不少于2家。

【相关规定】《政府采购框架协议采购方式管理暂行办法》第二十七条。

（6）合同授予透明程度不同

协议供货、定点采购一般侧重于第一阶段的公开招标过程，对第二阶段合同授予各地做法不一。有的虽然要求采用二次竞价方式确定成交供应商，但对于如何选择参与竞价的供应商没有严格约束。有的让采购人自主选择3家入围供应商进行竞价，有的虽然面向所有入围供应商进行竞价，但竞价信息不透明，或者规定的竞价时间异常短，让大多数入围供应商来不及响应。由于合同授予上灵活性和可操作性太强，有些入围供应商仅缴纳了一笔入围代理服务费，却得不到任何一单生意。

框架协议采购对框架协议订立和合同授予这两个阶段都有相应的规范，针对第二阶段，重点要求确定成交供应商的规则事先公开，还有封闭式框架协议的成交结果要公开，让入围供应商彼此都知道，框架协议项下实际成交了多少合同，分别都是谁得到了合同。

【相关规定】《政府采购框架协议采购方式管理暂行办法》第三十五条第一款、第三十五条第三款、第四十条。

（7）定价机制不同

由于采购标的和需求不明确，必然导致协议供货普遍缺乏严格的定价机制。例如报价大多是由厂商以出厂价或销售指导价为基准，报出价格在此基础上乘以折扣率，而出厂价或销售指导价又由厂商所掌控，由此造成协议供货价格虚高的痼疾，甚至有些协议供货允许生产厂商对同一采购包用多款产品混合报价，供应商通过不平衡报价最终导致实际采购价格居高不下。

框架协议采购从确定入围供应商到确定成交供应商、签订合同，都是针对具体采购标的、具体产品确定价格和进行价格竞争，对同一采购包，除征集文件要求同时对产品的选配件、耗材进行报价，运用全生命周期成本理念对产品进行价格评审外，不允许供应商用多个同类产品进行报价。

协议供货、定点采购第一阶段与第二阶段容易脱节，一些采购人甚至不知道入围供应商响应文件中有什么优惠承诺、框架协议到底约定了哪些内容。采购人通常是从入围供应商中挑选一家中意的供应商，然后再与该供应商自行协商确定具体合同条件。框架协议约定的事项难以在采购合同中得到全面落实，合同价格的形成无约束且不透明。有些协议供货、定点采购，即便两个阶段不脱节，严格按照框架协议履行，但合同价格的形成同样具有较大的随意性。例如，那些以出厂价或销售指导价等为基准报综合优惠率的协议供货，协议价格的约束力本就不强，"皮之不存毛将焉附"；还有一些服务定点采购，虽然人工单价等管控住了，但服务人员数量、工种、服务项目涉及的货物价格等有时候是一笔糊涂账。

《办法》第十三条规定：征集公告和征集文件应当确定框架协议的最高限制单价，这就要求供应商必须按照采购标的进行报价，能预估采购数量的，还要求明确预估采购数量，以期达到一定程度的"带量采购"竞争效果。那么如何确定"最高限制单价"呢？《办法》做出了进一步的硬性规定：货物项目，单价按照台（套）等计量单位确定，其中包含售后服务等相关服务费用。服务项目，单价按照单位采购标的价格或者人工单价等确定，所涉及货物的费用，能够折算入服务项目单价的应当折入，需要按实结算的应当明确结算规则。那么"最高限制单价"如何确定呢？《办法》明确：有政府定价的，执行政府定价；没有政府定价的，应当通过需求调查，并根据需求标准科学确定。那么如何开展需求调查呢？《办法》第十一条规定：确定框架协议采购需求应当开展需求调查，听取采购人、供应商和专家等意见。面向采购人和供应商开展需求调查时，应当选择具有代表性的调查对象，调查对象一般各不少于3个。这里的两个"应当"都是强制性规定，这在操作层面为通过需求调查确定"最高限制单价"提供了制度支撑。这样在整个采购过程中，构建了"最高限制单价—入围单价（协议价格）—实际成交价格"逐次递减的价格约束机制，堵住了协议供货价格虚高的漏洞。可以概括为一句话：协议供货一般是采购人与供应商自由谈价，框架协议则是确定了明确且严格的定价机制。

【相关规定】《政府采购框架协议采购方式管理暂行办法》第十一条、第十三条。

（8）采购方式、采购期限要求不同

协议供货在《政府采购货物和服务招标投标管理办法》（财政部令第87号）出台前，必须采用招标方式采购，《政府采购货物和服务招标投标管理办法》（财政部令第87号）出台后，取消了必须招标的要求；封闭式框架协议第一阶段必须采用公开招标方式征集供应商，开放式框架协议采购必须采用公开方式征集供应商。

协议供货无明确的采购期限规定，框架协议采购有明确规定，其中货物项目框架协议有效期一般不超过1年，服务项目框架协议有效期一般不超过2年。

【相关规定】《政府采购框架协议采购方式管理暂行办法》第九条、第十条第一款、第十五条。

问题6 框架协议采购与集中采购的关系

框架协议采购是采购方式，集中采购是组织形式。框架协议采购首先应当是需求的集中，无论是集中采购目录内的采购还是集中采购目录外的服务采购，要想实施框架协议采购首先均应当进行需求的集中才能形成带量采购，达到规模效应。

问题7 框架协议采购与电子卖场有何区别？

根据《深化政府采购制度改革方案》以及《财政部关于贯彻落实〈深化政府采购制度改革方案〉的实施意见》，框架协议采购和政府采购电子卖场都适用于小额零星采购，而《办法》第八条规定：框架协议采购应当实行电子化采购。这是否意味着框架协议采购就是电子卖场呢？答案是否定的。框架协议采购和电子卖场各有特点和应用场景，二者不可混为一谈。

首先，"框架协议采购应实行电子化采购"，这是针对框架协议采购的特点和实际需要作出的制度安排，与电子卖场没有必然联系。框架协议采购一般具有多采购标的、多供应商、多用户、运行期限长的特点，框架协议订立主体需要将入围信息告知适用框架协议的所有采购人或者服务对象，征集文件和入围信息要在整个框架协议有效期内随时可供公众查阅，用户反馈和评价情况要向采购人和服务对象公开，大量成交结果需要公告等。可以说，框架协议采购的透明度要求和运行操作需要，决定了电子化采购是框架协议采购的必要选择。

其次，电子卖场"套不进"框架协议采购的框架。关于电子卖场，目前尚没有法律意义上的严谨界定，但中央和地方层面按照《深化政府采购制度改革方案》要求建设的电子卖场（或称网上超市、网上商城等）有一个共同点，即几乎都采用公开征集、审核入驻方式广泛吸纳各类供应商，从供给侧丰富供应商和商品资源，提高效率，促进竞争。虽然电子卖场运行模式与联合国国际贸易法委员会《公共采购示范法》中的开放式框架协议有类似之处，但与《办法》所确立的框架协议采购基本机制却有根本性不同。《办法》中的框架协议采购必须先明确具体采购标的，再围绕采购标的进行价格和质量竞争。因此，尽管一些地方财政部门曾建议将电子卖场归入框架协议采购范围加以规范，但为了不冲击框架协议采购的基本机制，《办法》没有笼统地将电子卖场纳入框架协议采购的范围（摘录自徐舟的《权威解读政府采购框架协议》）。

提示3 《办法》正式实施后，协议供货、定点采购将取消。

《办法》施行后，不再开展协议供货和定点采购活动。协议供货、定点采购在《办法》施行前已经订立协议的，可以继续执行至期限届满；已经完成评审、确定入围供应商，但尚未签订协议的，可以继续签订框架协议并执行至期限届满，但是框架协议有效期应当按照《办法》的规定执行；尚未开展评审工作的，应当中止或者终止采购活动，按照《办法》的规定组织框架协议采购。

《财政部关于印发〈中央单位政府集中采购管理实施办法〉的通知》（财库〔2007〕3号）、《财政部关于进一步做好中央单位政府集中采购工作有关问题的通知》（财库〔2009〕101号）、《关于印发〈中央预算单位批量集中采购管理暂行办法〉的通知》（财库〔2013〕109号）、《关于进一步做好中央预算单位批量集中采购有关工作的通知》（财办库〔2016〕425号）等文件中关于协议供货、定点采购的规定不再执行。

1.3 框架协议采购适用情形

条文原文

第三条　符合下列情形之一的，可以采用框架协议采购方式采购：

（一）集中采购目录以内品目，以及与之配套的必要耗材、配件等，属于小额零星采购的；

（二）集中采购目录以外，采购限额标准以上，本部门、本系统行政管理所需的法律、评估、会计、审计等鉴证咨询服务，属于小额零星采购的；

（三）集中采购目录以外，采购限额标准以上，为本部门、本系统以外的服务对象提供服务的政府购买服务项目，需要确定2家以上供应商由服务对象自主选择的；

（四）国务院财政部门规定的其他情形。

前款所称采购限额标准以上，是指同一品目或者同一类别的货物、服务年度采购预算达到采购限额标准以上。

属于本条第一款第二项情形，主管预算单位能够归集需求形成单一项目进行采购，通过签订时间、地点、数量不确定的采购合同满足需求的，不得采用框架协议采购方式。

【条文主旨】

本条是关于框架协议采购适用情形的规定。

【条文解析】

1. 框架协议采购为多频次、小额度采购提供了一种可供选择的采购方式，并非属于强制性采购方式

本条用的是"可以采用"而非"应当采用"；符合框架协议采购适用情形的，集中采购机构或者主管预算单位可以实施框架协议采购，也可以按单项目采购执行，并非强制其采用框架协议采购方式。但一旦选择框架协议采购方式，就应当执行《办法》的规定。

2. 框架协议采购适用情形

关键词一：集采目录内、必要耗材、配件，小额零星采购

为提升采购效率，降低采购成本，《办法》规定集采目录内小额零星采购可通过框架协议采购方式采购。

集中采购目录以内品目，所有小额零星采购的货物和服务都可以采用框架协议方式采购，但集中采购目录内的政府采购工程不可以采用框架协议采购。

需要注意的是，根据《政府采购法实施条例》第二十四条规定，列入集中采购目录的项目，适合实行批量集中采购的，应当实行批量集中采购，不能实施框架协议采购。

关键词二：集采目录以外，限额标准以上，行政管理所需，等鉴证咨询服务

从2021年财政部开展清理违规设置备选库、名录库、资格库的情况来看，采购人在法律、评估、会计、审计等鉴证咨询服务领域订立框架协议的需求比较突出，因此《办法》专门将这类服务中的小额零星采购纳入了适用范围（图1-1）。

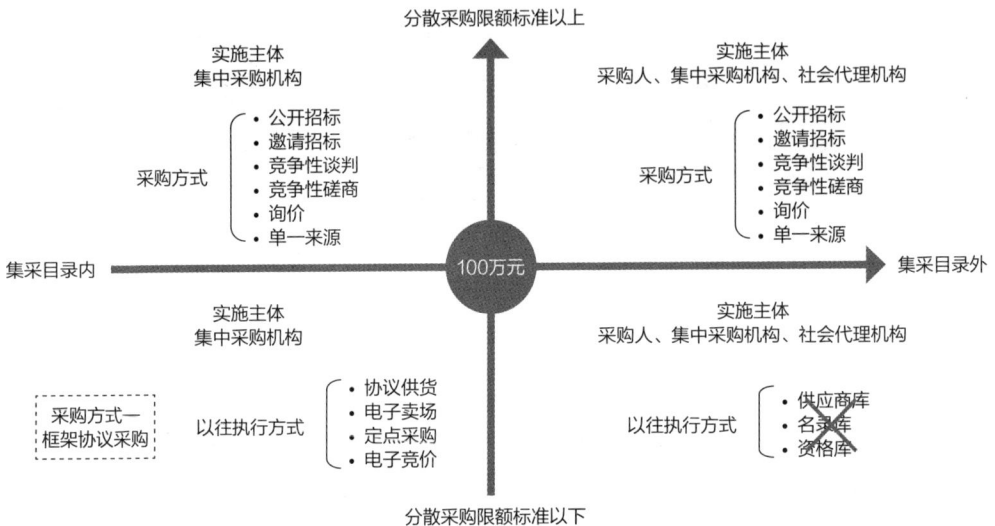

图1-1　四象限理解框架协议采购（以上海市采购限额标准为例）

（1）该服务属于集中采购目录之外；

（2）年度采购预算在政府采购限额标准以上。即采购限额标准以下的服务不适用于本《办法》；

（3）服务属对外履行行政管理职能所必需，例如机关内部保洁属对内管理所必需的服务，不属于对外履行行政管理职能所必需的服务。

（4）鉴证咨询服务定义

《财政部　国家税务总局关于在上海市开展交通运输业和部分现代服务业营业税改征增值税试点的通知》（财税〔2011〕111号）所附的《应税服务范围注释》规定，鉴证咨询服务，包括认证服务、鉴证服务和咨询服务。

①认证服务，是指具有专业资质的单位利用检测、检验、计量等技术，证明产品、服务、管理体系符合相关技术规范的强制性要求或者标准的业务活动。

②鉴证服务，是指具有专业资质的单位，为委托方的经济活动及有关资料进行鉴证，发表具有证明力意见的业务活动。包括会计、税务、资产评估、律师、房地产土地评估、工程造价的鉴证。

③咨询服务，是指提供和策划财务、税收、法律、内部管理、业务运作和流程管理等信息或者建议的业务活动。

（5）"等鉴证咨询服务"的"等"

"等鉴证咨询服务"的"等"应理解为"等外"。《办法》第三条主要是讲框架协议采购适用情形，按照"法无禁止即可为"原则，此处的"等"理解为"等外"更佳，即不仅包括《办法》中已经列举的法律、评估、会计、审计服务适用框架协议采购，其他鉴证咨询服务也可以适用，例如造价咨询服务、政策咨询服务、PPP咨询服务、房地产土地评估、工程勘察服务、工程设计服务、工程咨询服务、环境影响评价服务、检测服务、认证服务等。

关键词三：2家以上

政府购买服务只能确定一家供应商成交的情形，不适用框架协议采购。

关键词四：其他情形

属于兜底条款，今后随着实践的发展，财政部还可以规定其他适用框架协议采购方式的情形。

关键词五：单一项目、签订时间、地点、数量不确定

对于能集中采购需求、形成单一项目，但具体采购时间、实施地点、采购数量不确定的项目不适用于框架协议采购。

提示4 小额零星采购的定义。

本条对适用框架协议采购的第一种情形（集中采购目录内的货物或服务采购）和第二种情形（集采目录外的自采自用的鉴证咨询服务）均设立了小额零星采购的限制要求。

"小额零星采购"是指采购人需要多频次采购且单笔采购金额没有达到政府采购限额标准的采购。采购人单笔采购金额达到政府采购限额标准的，不得采用框架协议采购方式采购。

提示5 政府采购限额。

本条的政府采购限额标准，并非单一采购活动的采购金额，而是"指同一品目或者同一类别的货物、服务年度采购预算达到采购限额标准以上"。《政府采购法》及《政府采购法实施条例》，并未将"采购限额标准"限定为单次采购项目的预算金额。《办法》将采购限额的判断基准解释为一定期限内同类项目的采购，属于扩大化解释。

框架协议采购适用情形扩大了《政府采购法》的调整范围。现行《政府采购法》主要以集采目录和采购限额标准作为判断是否纳入监管的基准。在实践中大量的小额零星采购因不属于集采目录内或未达到采购限额标准，难以纳入《政府采购法》的适用范围，并因此游离于财政部门的监管范围之外。但小额零星多频次的采购活动，对于激发市场活力、优化营商环境依然具有显而易见的影响。为此，《深改方案》明确提出要对小额零星采购活动进行规范。小额零星采购活动的制度建设，既要满足采购人采购需求的便利实现，也要强化采购过程的竞争性和公平性。《办法》的出台，通过对采购限额标准的扩大解释，将小额零星采购活动纳入监管范围，对于规范零星采购活动、提升《政府采购法》的规范效能、优化营商环境具有重要的创新意义。

提示6 年度采购预算是指主管预算单位的年度采购预算。

需要强调的是，本条所指的年度采购预算是指以主管预算单位为统计对象的年度采购预算，而不是采购人的年度采购预算，根本目的是进一步集中同类采购需求，通过带量采购，降低采购成本，提升采购效率。采购人年度采购预算未达到，但主管预算单位的年度采购预算达到采购限额标准的，应当实施框架协议采购（集中需求形成单一项目的，需实施单一项目采购除外）。不按规定实施政府采购程序的，将按《政府采购法实施条例》第六十八条、《政府采购法》第七十一条处理。

提示7 框架协议采购与批量集中采购的关系。

批量集中采购本质上属于项目采购，不能出现采购人二次选择的问题，不属于框架协议采购。按规定要实施批量集中采购的，不能采用框架协议供货方式采购。

提示8 中央预算单位批量集中采购政策要求。

《中央预算单位批量集中采购管理暂行办法》（财库〔2013〕109号）规定，列入国务院公布的《中央预算单位政府集中采购目录及标准》中的集中采购机构采购品目应当逐步实施批量集中采购。

《关于中央预算单位实施批量集中采购工作的通知》（财办库〔2013〕334号）规定，中央预算单位采购满足办公需求的台式计算机、打印机、便携式计算机、复印机、传真机、扫描仪、复印纸、空调机和碎纸机原则上全部纳入批量集中采购范围，用于科研、测绘等工作的专用台式计算机、便携式计算机也纳入批量集中采购范围。其中，台式计算机不包括低泄射计算机、无盘工作站、图形工作站、工控机；便携式计算机不包括移动图形工作站、加固型笔记本等特殊用途设备；空调机不包括用于机房、基站等特殊场所的空调机；打印机不包括便携式打印机等。

《财政部关于加强中央预算单位批量集中采购管理有关事项的通知》（财库〔2014〕120号）规定，批量集中采购品目的适用范围遵循国务院办公厅定期发布的政府集中采购目录及标准。自2014年12月1日起，传真机、扫描仪、碎纸机不再纳入批量集中采购范围。

集中采购机构应当在中标（成交）结果公告之日起3个工作日内，与中标（成交）供应商签订框架协议。中标（成交）供应商无正当理由拒不签订框架协议的，集中采购机构可以与排位在中标（成交）供应商之后第一位的候选供应商签订框架协议，并予公告，同时将有关情况报财政部处理。

框架协议签订后，中标（成交）供应商或其授权供应商应当在中标（成交）结果公告之日起5个工作日内，主动与中央预算单位联系，根据采购文件约定的内容签订采购合同，并在中标（成交）结果公告之日起20个工作日内完成送货。因中央预算单位原因未在规定期限内签订合同的，供应商应当将书面催告文件提交集中采购机构协调处理，经协调后中央预算单位仍拒不签约的，供应商可以依法不再与其签订采购合同。采购合同签订后，中央预算单位不履行合同义务或履行义务不符合约定的，中标（成交）供应商可以依法解除合同，并依照法律规定及合同约定追究对方的违约责任，同时将相关情况书面反馈给集中采购机构。

《关于进一步做好中央预算单位批量集中采购有关工作的通知》（财办库〔2016〕425号）规定，实行价格联动后，适当提高《中央预算单位批量集中采购管理暂行办法》（财库〔2013〕109号）第二条规定的协议供货采购数量上限。各主管预算单位应当加强本部门协议供货采购管理，完善协议供货采购内部审核，将协议供货采购数量严格控制在同类品目上年购买总数的30%以内。

需要强调的是，《办法》出台后，批量集中采购通过框架协议采购数量控制在同类品目上年购买量的30%的规定仍将继续执行。

1.4 框架协议采购形式

第四条 框架协议采购包括封闭式框架协议采购和开放式框架协议采购。

封闭式框架协议采购是框架协议采购的主要形式。除法律、行政法规或者本办法另有规定外，框架协议采购应当采用封闭式框架协议采购。

【条文主旨】

本条是关于框架协议采购形式的规定。

【条文解析】

1. 框架协议采购的两种形式

《办法》将框架协议采购分为封闭式框架协议和开放式框架协议采购两种形式。

封闭式框架协议采购又可分为无第二阶段竞争的封闭式框架协议采购和有第二阶段竞争的封闭式框架协议采购两种。

需要注意的是：政府采购开放式框架协议采购与《公共采购示范法》的开放式框架协议程序不同，政府采购开放式框架协议采购的第二阶段无竞争，《公共采购示范法》第二阶段是有竞争的。

2. 框架协议采购的主要形式

《办法》将框架协议采购的竞争重点放在第一阶段。考虑到开放式框架协议第一阶段没有竞争，故《办法》将封闭式框架协议定为框架协议采购的主要形式，开放式框架协议仅为框架协议采购的特殊情形，是对封闭式框架协议的一种有益补充。

《办法》同时规定，除法律、行政法规和本办法另有规定外，其他的如地方政府规章、地方性法规等不得制定框架协议采购主要形式的例外情形，理由是《政府采购法》仅规定了国务院政府采购监督管理部门可对其他采购方式进行认定，没有授权其他部门，财政部也无权进行转授权。

封闭式框架协议与开放式框架协议有何区别?

一是适用范围上的区别。封闭式框架协议采购是框架协议采购的默认形式，除另有规定外，均应采用封闭式框架协议采购；开放式框架协议采购仅限于因执行政府采购政策等原因、供应商数量极少且不宜淘汰供应商的集采目录内品目，以及集采目录外的特定政府购买服务项目。

二是框架协议订立程序的不同。封闭式框架协议采购适用公开招标程序，通过公开竞争和淘汰，确定入围供应商，与之订立框架协议；开放式框架协议采购通过征集公告明确采购需求标准和付费标准等框架协议条件，愿意接受协议条件的供应商可以随时申请，经征集人审核通过即成为入围供应商，达成框架协议。

三是对签订框架协议要求不同。封闭式框架协议采购须签订书面框架协议；开放式框架协议采购可在征集公告中声明是否与供应商另行签订书面框架协议。声明不再签订书面框架协议的，发布入围结果公告，视为签订框架协议。

四是增加入围供应商规则不同。封闭式框架协议采购的，框架协议订立后，除剩余入围供应商不足入围供应商总数70%且影响框架协议执行，并经过框架协议约定的补充征集程序外，不得增加入围供应商；开放式框架协议采购的，在框架协议有效期内，愿意接受协议条件的供应商可以随时申请加入。

五是入围供应商退出机制不同。封闭式框架协议采购，入围供应商无正当理由，不得主动放弃入围资格或者退出框架协议；开放式框架协议采购，入围供应商可以随时申请退出框架协议。

六是确定入围供应商和成交供应商规则不同。封闭式框架协议采购第一阶段采用价格优先法和质量优先法，确定成交供应商可以采用直接选定、顺序轮候、二次竞价三种方式；开放式框架协议采购，第一阶段只对供应商资格条件和响应文件的符合性进行审查，确定成交供应商采用直接选定方式。

七是竞争程序不同。封闭式框架协议采购，第一阶段必须公开竞争，第二阶段可以有竞争，也可以没有竞争；开放式框架协议采购，第一阶段和第二阶段均没有竞争。

八是发布成交结果公告要求不同。封闭式框架协议采购，须发布成交结果汇总公告，其中以二次竞价或者顺序轮候方式确定成交供应商的，还应逐笔发布成交结果公告。开放式框架协议采购，无明确要求须发布成交结果公告。

【知识拓展】

《公共采购示范法》以第一阶段的框架协议签订后是否允许新的供应商加入为标准。框架协议采购可以分为封闭式框架协议采购和开放式框架协议采购,以第二阶段是否存在竞争为标准,又可分为有第二阶段竞争的框架协议采购和无第二阶段竞争的框架协议采购。封闭式框架协议采购、开放式框架协议采购均可分为第二阶段有竞争的框架协议采购和第二阶段无竞争的框架协议采购。

国际关系学院赵勇教授认为:在选择有第二阶段竞争还是无第二阶段竞争的框架协议时,主要的考量因素是:需求的确定程度和市场的变化程度。需求的确定主要包含两种情况:一是"买什么",即采购标的的确定;二是"买多少",即采购人需求的时间和数量的确定。"买什么"是采购人需求的核心,也是制定准确采购计划的基础,直接关系到在订立框架协议时是否能够充分准确地确定某些采购条款和条件是否需要通过第二阶段竞争加以确定或细化。而"买多少"关系着能否通过规模效应获得较高的价格优惠。

第一阶段确定采购需求时能够以及应当精确到什么程度,将决定着第二阶段能够进行竞争和应当进行竞争的程度。如果能够准确界定采购需求,而且采购需求及市场不会在框架协议期间发生变化,则应使用无第二阶段竞争的框架协议,由于第一阶段就能确定所有项目或某些项目的合适供应商,将在第一阶段实现最大程度的竞争并可产生最佳报价。但是,这种办法不够灵活,要求有准确的计划。死板的标准化要求既难以做到也不适合,特别是在集中采购的情况下(在这种采购中,不同采购人的需求各有不同,可能需要细化各项要求)。因此在第一阶段确定的采购需求的准确度较低,而不确定市场(例如未来紧急采购)也属于这种情况。如果采购人的需求保持不变,但市场是动态的或多变的,就需要有第二阶段竞争,通过第二阶段的竞争可以更准确地确定和细化某些采购条款和条件,以确保框架协议能及时反映当下市场状况。除非在框架协议中处理多变性问题(例如规定一种价格调整机制)。第二阶段竞争的范围越大,集中采购管理工作就越复杂,耗费的时间就越多,第一阶段报价成为最终报价的可预测性也就越低,因此也就更难以编制有效预算。如果第二阶段的竞争范围广泛,第一阶段进行严格竞争也就没有什么必要了,只要对资格和响应性进行评价就可以。因此选择有第二阶段竞争的还是无第二阶段竞争的框架协议还需要就具体采购情形而定。

在选择封闭式框架协议和开放式框架协议时，主要的考量因素是：需求规模的变化程度和市场的成熟程度。对于需求规模变化小且市场成熟的标的物来说，此类货物大多为标准化程度高的通用类货物，通过公开招标方式进入框架协议的供应商足以通过激烈的竞争满足采购人的需求。此时使用开放式框架协议反而可能会使竞争范围过大，增加采购管理成本，降低采购效率。反之，如果在框架协议期间，采购规模急剧增长，或者市场上涌现出新技术、新产品或新的供应商，会导致有新的供应商愿意参加到原有的框架协议。采购人则可通过新的竞争者进入所带来的鲇鱼效应享受到增强的竞争所带来的益处（摘选自赵勇的《框架协议采购的概念、类型及考量因素》）。

1.5　框架协议订立主体

条文原文

第五条　集中采购目录以内品目以及与之配套的必要耗材、配件等，采用框架协议采购的，由集中采购机构负责征集程序和订立框架协议。

集中采购目录以外品目采用框架协议采购的，由主管预算单位负责征集程序和订立框架协议。其他预算单位确有需要的，经其主管预算单位批准，可以采用框架协议采购方式采购。其他预算单位采用框架协议采购方式采购的，应当遵守本办法关于主管预算单位的规定。

主管预算单位可以委托采购代理机构代理框架协议采购，采购代理机构应当在委托的范围内依法开展采购活动。

集中采购机构、主管预算单位及其委托的采购代理机构，本办法统称征集人。

【条文主旨】

本条是关于框架协议订立主体的规定。

【条文解析】

1．集中采购目录内的由集中采购机构负责征集程序和订立框架协议

（1）目录内的框架协议采购只能由集中采购机构负责征集

与其他采购方式相比，属于本部门、本系统有特殊要求的项目或属于本单位有特殊要求的项目采用框架协议采购方式采购的，均应当由集中采购机构负责征集程序和订立框架协议，不得实施部门集中采购或自行采购。

（2）框架协议由集中采购机构负责订立

与其他采购方式不同的是，框架协议（也称框架合同）的订立主体不是采购人而是集中采购机构。

2．集中采购目录外，原则上由主管预算单位负责征集程序和订立框架协议

一般而言，主管预算单位组织本系统、本部门框架协议采购有诸多优势，一是项目集中度高，容易形成更多的采购数量，以量换价，取得更好的价格。二是效率更高，各个下级预算单位不必单独分别组织框架协议。三是质量有保证。主管预算单位可以动员更多的力量投入采购需求的制定、市场调研、框架协议采购方案的制定等工作，从而使采购质量有保证。四是入围供应商管理更加有效。供应商入围后的管理，对于框架协议的执行具有重要意义。框架协议的入围供应商面对的是一个行业或者一个系统，如果在框架协议执行中出现不诚信履约行为，主管预算单位可以通过取消入围资格，使其不再有机会在整个行业和整个系统参加政府采购活动。这对于供应商的约束作用是非常强的（摘录自岳小川的《如何组织好框架协议采购（一）》）。

3．集中采购目录外，其他预算单位有需求的，经主管预算单位批准可以负责征集程序和订立框架协议

其他预算单位包括两种，一是主管预算单位不组织集中采购或因采购标的特殊，无法由主管预算集中组织采购，采购人确有采购需求的；二是为了提高议价条件和效率，联合其他采购人，以联合采购的形式共同组织框架协议采购。以联合采购形式组织的框架协议采购需要得到各主管预算单位批准。

其他预算单位采用框架协议采购方式采购的，适用本《办法》关于主管预算单位的规定。

4. 集采目录外的框架协议采购可以委托集中采购机构或采购代理机构，也可以自行采购

第五条第三款仅规定了主管预算单位可以委托采购代理机构代理，但并不排斥主管预算单位根据《政府采购法》的相关规定委托集中采购机构代理或自行采购。

提示9 征集人职责。

征集人是框架协议采购的采购主体，主要职责是制定采购方案、编制采购需求、组织征集活动、签订框架协议等，同时，《办法》第十六条还规定了征集人组织落实框架协议的履行职责（表1-1）。

征集人组织落实框架协议的履行职责

表 1-1

职责分类	集中采购机构、主管预算单位
内控管理	建立健全相关内控制度和操作规程
前期准备	摸清不同采购单位对框架协议采购的基本需求； 做好电子化采购准备工作，选择合适的电子交易系统
确定采购需求	组织开展需求调查；加强需求标准制定；合理划分标包
撰写采购方案并开展内部审查	确定最高限制单价；合理确定框架协议期限；确定第一阶段入围供应商评审方法、评审标准，确定入围供应商淘汰率或入围供应商数量上限； 确定第二阶段成交供应商的方式； 加强对方案的非歧视性、竞争性、落实政府采购政策和履约风险等方面的审查把关
组织供应商入围	开展第一阶段供应商公开征集活动；签订框架协议
框架协议履行管理	组织落实框架协议的履行；落实入围供应商清退机制 发布成交结果汇总公告；建立用户反馈和评价机制

1.6 框架协议采购原则

第六条 框架协议采购遵循竞争择优、讲求绩效的原则，应当有明确的采购标的和定价机制，不得采用供应商符合资格条件即入围的方法。

【条文主旨】

本条是关于框架协议采购原则的规定。

【条文解析】

关键词：竞争择优、讲究绩效、明确的采购标的和定价机制

1. 竞争择优

（1）竞争择优的五项措施

竞争择优是政府采购的基本原则。为了体现竞争择优原则，《办法》规定了五项措施：

一是集中采购机构、主管预算单位要尽可能确保采购需求标准与最高限制单价相匹配。

二是对封闭式框架协议供应商入围设置不同淘汰率，一般不得低于20%。但是对于采用质量优先法的仪器设备采购，由于没有政府定价、政府指导价，评审环节又未开展价格竞争，为了更好地平衡质量与价格的关系，将最低淘汰率提高到40%。

三是要求供应商响应的货物原则上是市场上已有销售的规格型号，不能采用专供政府采购的产品，避免同一货物因使用专供政府采购的型号导致价格不可比。同时，要求货物项目的每个采购包只能用一个产品响应，避免多产品响应形成报价组合，干扰价格竞争。

四是对耗材使用量大的复印、打印等仪器设备，引入全生命周期成本理念，要求供应商同时对3年以上约定期限内的专用耗材进行报价，并在评审时考虑专用耗材

使用成本。

五是引入外部竞争机制，当采购人证明能够以更低价格向非入围供应商采购相同货物，而入围供应商又不同意将价格降至非入围供应商报价以下的，可将合同授予该非入围供应商。

（2）落实框架协议采购的竞争择优基本要求

①正确选择采购方式。

如果仅为实现这些行政效率而在相关采购不宜使用框架协议这种工具时使用框架协议，反而会损及其他采购目标，例如资金效益。由此可能产生的结果是，要么完全没有满足采购实体的真正需要，要么未能按适当质量或者以适当价格满足采购实体的真正需要。

《办法》第一条对框架协议采购适用条件、第三条对框架协议采购的适用情形作了明确规定，应当严格执行。实践中一是要准确把握单个项目采购与框架协议集中采购适用范围；二是要准确把握框架协议采购的前提，框架协议采购的前提是采购集中，因此应当分析哪些可以集中采购，哪些不能集中采购，如果将不能集中采购的实行集中采购，结果只能是事倍功半。

②信息公开透明。

实践表明，框架协议导致竞争和透明度减少、互相串通，以及凭借采购人与供应商或承包商之间的关系而不是根据《办法》规定的竞争程序订立框架协议和授予合同，因而有可能损害资金效益。政府采购作为公共财政体系管理中的一项重要内容，被称为"阳光下的交易"，因此，实施框架协议采购时应当做到能公开的尽量公开，接受社会监督。

③落实外部竞争机制。

从较长期来看，封闭式框架协议有可能因其规模而减少全面参与和竞争，因为未加入框架协议的供应商会离开有关市场。那些加入框架协议的供应商或承包商了解彼此身份，有可能相互串通，因此有可能难以在实际操作中确保在确立框架协议之后保持竞争。由于未加入框架协议的供应商或承包商不能参加采购合同的授标，框架协议程序的第二阶段实际上是一种限制性竞争。如果框架协议的效果是造成垄断市场或寡头垄断市场，限制性竞争的不利后果会更加明显。《办法》第三十七条有效地解决了上述问题。

④合理确定框架协议期限。

框架协议期限过长或过短均影响供应商参与竞争的意愿与竞争程序，协议期限过长，容易形成垄断，协议期限过短，不利于发挥框架协议的规模效应，因此应当结合项目的特点和需求，科学合理地确定协议期限。

2．讲究绩效

强化政府采购绩效是《深化政府采购制度改革方案》"两个强化，四个机制"的基本要求，《办法》将讲究绩效作为基本原则也是贯彻落实《深改方案》的要求，主要体现在以下几个方面：

（1）建立用户反馈和评价机制

绩效考核实质就是PDCA（即计划、执行、检查、改进模型），因此建立用户反馈和评价机构就显得尤为重要，有利于实现供应商的优胜劣汰。

（2）建立供应商出库机制

《办法》第十九条对入库供应商存在违法情形的，取消入围资格。

（3）引入全生命周期成本理念

《办法》第二十六条引入全生命周期成本的理念，有效避免了供应商通过前期低价入围、后期高价提供配套耗材或服务的现象发生，真正做到买得实惠、用得便宜。

3．明确的采购标的和定价机制

明确的采购标的是指采购需求要明确，其技术标准和要求也应当明确，明确的定价机制是指明确实行市场价还是指导价亦或是执行政府定价，价格表现形式是固定价还是可调价，量价关系如何折扣等。

《办法》要求集中采购机构、主管预算单位应当在征集公告和征集文件中确定框架协议采购的最高限制单价，明确量价关系折扣，尽可能确保采购需求标准与最高限制单价相匹配。

4．本《办法》共有三处提到"绩效"一词

从第一条、第六条到第三十二条的关于第二阶段采购人确定成交供应商可以采取直接选定的方式。

1.7　框架协议采购电子化

　　第七条　框架协议采购应当实行电子化采购。

【条文主旨】

本条是关于框架协议采购的电子化规定。

【条文解析】

《办法》要求所有框架协议采购均应当实行电子化采购，这是《办法》与其他采购方式相比最大的亮点与特色。同时需要注意的是，《办法》与《公共采购示范法》不同，《公共采购示范法》仅要求开放式框架协议采购应当实行电子化，但对封闭式框架协议采购未作强制性要求。

1．电子化采购优势

（1）电子化技术应用可以在时间和成本上提高行政效率

电子化技术的使用得以减少纸张等相关的行政费用，缩短以纸张形式发送信息的时间。在网上发布征集公告、发售（下载）征集文件、递交响应文件，以及网上评审、发布入围结果公告、将入围信息告知适用框架协议的所有采购人或者服务对象等，使得采购程序可以在数小时或数天内，而不是数周或数月内完成。

标准程序和文件通过信息技术在电子化采购系统中普及推广，而使用标准程序和文件就可以进行重复采购，从而增进统一性，提高采购效率。

（2）电子化技术应用可以有效减少腐败

电子化技术的应用减少了传统采购周期中人与人的互动，包括采购实体与供应商（或承包商）之间有可能产生贿赂的机会，有效减少腐败。

（3）电子化技术应用可以提升透明度和竞争度

电子化采购具有全程留痕、可追溯、不可抵赖性等特点，因此相比线下操作透明度更高，同时电子化采购使得那些地处偏远地区本来可能无法参加程序的潜在供应商也有机会进入政府采购市场，参与度和竞争度相应提高。

2．电子化采购系统相关费用

《办法》与《政府采购框架协议管理办法（征求意见稿）》相比，删除了电子采购系统及相关软件和工具应当免费供供应商使用的要求。实践中应当把握两点：

（1）征集文件应当免费向潜在供应商提供

根据《财政部关于促进政府采购公平竞争优化营商环境的通知》（财库〔2019〕38号）规定，征集人发出的征集文件应当免费提供给潜在供应商。

（2）电子化采购系统宜按"谁受益、谁承担"的原则收取

电子化采购系统收费宜按"谁受益、谁承担"的原则收取，收费标准应当公示。使用财政性资金建设的电子化采购系统应当免费提供给各供应商使用。

3．电子交易系统建设

框架协议采购实行电子化采购。从第一阶段发布征集公告到第二阶段采购合同公告均应通过电子化采购系统进行。集中采购机构、主管预算单位已有电子化采购系统的，应当根据《办法》规定优化系统功能设置；没有电子化采购系统的，为避免资源浪费，可选择具备相关功能的第三方平台实施框架协议采购。

属于《政府采购法》适用范围内的采购活动，应当按照《政府采购法》规定的采购方式和程序执行，不得因采用电子方式而改变政府采购交易规则，规避政府采购监管。

自2013年《电子招标投标办法》实施以来，我国就推进电子招标投标交易平台市场化连续发布了14个与之相关的法律或规范性文件，明确各地不得限制和排斥电子交易平台与公共服务平台对接，鼓励电子交易平台市场化竞争。

2022年1月，财政部有关负责人就制定《政府采购框架协议采购方式管理暂行办法》答记者问时指出，没有电子采购系统的，为避免重复建设，可选择已开发相关功能的第三方平台实施框架协议采购。

1.8 采购方案管理

第八条 集中采购机构采用框架协议采购的，应当拟定采购方案，报本级财政部门审核后实施。主管预算单位采用框架协议采购的，应当在采购活动开始前将采购方案报本级财政部门备案。

【条文主旨】

本条是关于采购方案管理的规定。

【条文解析】

采购方案是采购活动的总体策划，是一切采购活动的核心。

1. 采购方案管理

框架协议采购的采购方案拟定主体有三类，《办法》对框架协议采购的三种采购方案实行差异化管理。

（1）对集中采购机构拟定的采购方案实行审核制

集中采购机构代表采购人实施采购，为防止集中采购机构利用职权徇私舞弊或出现其他违法违规行为，故其采购方案原则上应报同级财政部门审核。

需要注意以下两点：

①在实践中部分地区没有集中采购机构，由跨区域集中采购机构代理采购的，其采购方案不是由项目所在地的本级财政部门审核，也就是说本条所指的"本级财政部门"是指集中采购机构所在地的本级财政部门。

②为落实强化采购人的主体责任，本级财政部门只审核集中采购机构拟定的采购方案的合法性，原则上不审核其采购方案的合理性，只有采购方案极其不合理时才应当予以纠正。因此集中采购机构在拟定采购方案时应当充分听取采购人的意见。

（2）对主管预算单位拟定的采购方案实行备案制

集中采购目录之外的货物服务采用框架协议采购的，其采购活动由主管预算单位负责组织实施，采购方案由主管预算单位负责拟定。为落实和强化采购人主体责任，主管预算单位拟定的采购方案采用备案制而不是审核制。备案是告知性备案，其方案的质量由主管预算单位负责。

需要注意的是，主管预算单位拟定的采购方案在采购活动开展前，应当报本级财政部门备案的"本级"是指主管预算单位所在地的本级财政部门。

（3）对其他预算单位拟定的采购方案同样实行备案制

其他预算单位经主管预算单位批准采用框架协议采购方式的，应遵守《办法》对主管预算单位的相关规定，因此其采购方案与主管预算单位的采购方案管理方式一样，即实行备案制。从某种程度上讲，这也是落实强化采购人主体责任的体现。

2．采购方案的主要内容

《办法》未给出采购方案的内容及格式，笔者认为，参照《政府采购需求管理办法》（财库〔2021〕22号）中采购实施计划的主要内容，结合本《办法》，采购方案应当至少包括以下内容：

①基本情况；

②货物需求目标或服务实施要求、货物的质量标准或服务工作量的计量方式、计价方式和计费标准、货物升级换代规则、用户反馈与评价机制、知识产权归属等；

③采购项目预（概）算、最高限价；

④采购方式的选择及其风险分析；

⑤开展采购活动的时间安排；

⑥采购组织形式和委托代理安排；

⑦采购包划分与合同分包；

⑧框架协议采购形式；

⑨供应商资格条件；

⑩确定第一阶段入围供应商的评审方法；

⑪框架协议；

⑫确定第二阶段成交供应商的方式；

⑬合同质量、进度、价格等要素和目标。

3．财政部门审核要点

集中采购机构、主管预算单位采用框架协议采购方式的，应当拟订采购方案，报本级财政部门审核或者备案。各级财政部门应按照公平公正、促进竞争、有利绩效的原则加强对集中采购机构框架协议采购方案的审核，严格控制框架协议采购方式的适用，促进小额零星采购效率和规范的提升。对采购方案主要审核以下内容：

（1）适用问题。主要审核开展框架协议采购和选择开放式框架协议采购是否符合法定适用情形，适用框架协议的采购人或者服务对象范围是否明确，框架协议期限是否符合规定等。

（2）竞争机制。主要审核产品细分等次、规格和设置采购包是否适当，质量优先法和价格优先法的选择是否适当，入围供应商淘汰率等是否符合规定，采购耗材使用量大的仪器设备是否考虑后续采购的竞争性和可替代性，是否对专用耗材进行报价，是否采取了有利于推广使用通用耗材的方案等。

（3）落实采购政策。主要审核是否符合预算支出标准和资产配置标准，是否落实支持中小企业、绿色发展等政府采购政策要求等。

（4）履约管理安排。主要审核入围供应商的清退和补充规则是否合法、合理，履行合同的地域范围是否明确等。

4．财政部门在框架协议采购中的职责

（1）对集中采购机构和主管预算单位开展框架协议采购进行指导和监督，对采购方案进行审核或备案。

（2）督促指导相关单位研究完善各类采购的需求标准，不断提高需求标准的科学性和完整性。探索形成价格确定机制，对不属于竞争形成价格的，合理确定最高限制单价。

第二章

一般规定

2.1 封闭式框架协议采购的定义和公开征集程序

条文原文

第九条 封闭式框架协议采购是指符合本办法第三条规定情形，通过公开竞争订立框架协议后，除经过框架协议约定的补充征集程序外，不得增加协议供应商的框架协议采购。

封闭式框架协议的公开征集程序，按照政府采购公开招标的规定执行，本办法另有规定的，从其规定。

【条文主旨】

本条是关于封闭式框架协议采购的定义以及封闭式框架协议征集程序的规定。

【条文解析】

1.封闭式框架协议采购的定义

关键词：适用情形、公开竞争、除补充征集程序外、不得增加

（1）封闭式框架协议也应遵守框架协议采购适用情形

本条第一款再次对框架协议采购适用情形进行重申，不符合框架协议采购适用情形的大批量集中采购或单个项目采购等，均不得采用框架协议采购方式采购。

（2）封闭式框架协议的协议供应商应通过公开竞争产生

框架协议采购的竞争择优原则决定了协议供应商必须通过竞争方式产生。由于竞争产生的供应商在第二阶段封闭式运行，非入围供应商无法参与竞争，因此为体现公平、公正，防止征集人滥用职权，故征集程序必须公开。

（3）封闭式框架协议签订后，原则上不得增加协议供应商。

封闭式框架协议采购的协议供应商通过公开竞争入围，框架协议涵盖范围内的采购，其合同应当授予入围供应商，这是实行框架协议采购的逻辑起点，也是框架协议采购主体对全体协议供应商的一项基本义务，也体现了框架协议的严肃性，从根本上保护协议供应商的利益，但实践中可能由于某些原因导致剩余供应商不足且影响框架协议的继续执行，需及时启动补充征集程序进行补救，这将有利于采购目的的实现，但补充征集程序必须在框架协议中明确约定，这是契约精神的体现。

2．封闭式框架协议采购的公开征集程序

封闭式框架协议采购公开征集程序原则上采用公开招标方式进行，符合《政府采购法》的规定，也是为了防止实践中框架协议采购使用过于宽松的征集方式，导致滥用框架协议采购的情形发生。框架协议采购不适用紧急采购情形，因此招标周期长不影响采购目的的实现。

提示10 公开征集程序按照公开招标规定执行。

虽然《办法》明确封闭式框架协议的公开征集程序按照政府采购公开招标的规定执行，但同时也明确"本办法另有规定的，从其规定。"在实务操作中，应当首先遵循《办法》已有的规定，只有当《办法》未作规定时，才参照《政府采购货物和服务招标投标管理办法》（财政部令第87号）规定执行。《办法》没有对与《政府采购货物和服务招标投标管理办法》（财政部令第87号）程序相同的部分进行规定，既是立法技术的要求（法已规定不再重复），也是为了让《办法》更多地聚焦在实体管理上，多关注采购本身，而不是只关注采购程序，从而进一步落实强化采购人的主体责任。

2.2 开放式框架协议采购定义和适用情形

条文原文

第十条 开放式框架协议采购是指符合本条第二款规定情形，明确采购需求和付费标准等框架协议条件，愿意接受协议条件的供应商可以随时申请加入的框架协议采购。开放式框架协议的公开征集程序，按照本办法规定执行。

符合下列情形之一的，可以采用开放式框架协议采购：

（一）本办法第三条第一款第一项规定的情形，因执行政府采购政策不宜淘汰供应商的，或者受基础设施、行政许可、知识产权等限制，供应商数量在3家以下且不宜淘汰供应商的；

（二）本办法第三条第一款第三项规定的情形，能够确定统一付费标准，因地域等服务便利性要求，需要接纳所有愿意接受协议条件的供应商加入框架协议，以供服务对象自主选择的。

【条文主旨】

本条是关于开放式框架协议采购的定义及开放式框架协议采购适用情形的规定。

【条文解析】

1. 开放式框架协议采购的定义

关键词：符合规定、明确条件、愿意接受、随时申请加入、公开征集

（1）开放式框架协议采购有适用情形

框架协议采购原则上应采用封闭式框架协议采购形式，只有符合本条第二款规定的特殊情形时，才适用开放式框架协议采购。

（2）开放式框架协议采购有适用条件

开放式框架协议除了有适用情形外还有适用条件，即必须有明确的采购需求、统一的付费标准。明确的采购需求是所有框架协议采购的前提，但统一的付费标准是开放式框架协议采购的独有特色，理由是开放式框架协议采购不竞争价格，这也是开放式框架协议采购适用情形所决定的。

"等框架协议采购"的"等"应理解为"等内"而不是"等外"，即仅包括明确采购需求和付费标准两个适用条件。如果将之理解为"等外"，将导致适用条件无限扩大，不利于开放式框架协议采购的实施。

（3）供应商加入遵循平等自愿原则

采购的最终目的是订立合同，因此应当遵循合同契约自由、意思自治原则。供应商要想加入开放式框架协议采购，就应当遵守两个原则：一是自愿申请，不得受任何单位和个人的非法干涉；二是接受框架协议条件（框架协议条件如存在明显违法违规行为的，供应商可申请救济权），申请加入的供应商不能额外提出不平等条件，否则对征集人也不公平。

（4）对供应商加入有时间限制

征集公告发布后至框架协议期满前，供应商可以按照征集公告要求，随时提交加入框架协议的申请。

（5）公开征集不等于公开招标

与封闭式框架协议采购不同的是，开放式框架协议采购只要求公开征集，这就意味着征集人只需发布公开征集入围供应商的征集公告。

开放式框架协议采购在第一阶段没有竞争，因此不需要通过招标或非招标程序征集供应商。

2．开放式框架协议采购适用情形

《办法》规定，只有两种情形可以采用开放式框架协议采购：一是集中采购目录以内品目，以及与之配套的必要耗材、配件等，采购人需要多频次采购，单笔采购金额没有达到政府采购限额标准的，因执行政府采购政策不适合淘汰供应商的，例如疫苗采购；以及受基础设施、行政许可、知识产权等限制，供应商数量在3家以下，并且不适合淘汰供应商的，例如在某些地方电信服务商不足3家。二是集中采购目录外，限额标准以上，能够确定统一付费标准，并且为了更好地向公众提供服务，需要让所有愿意接受协议条件的供应商都加入的政府购买服务项目。例如，政府购买失业培训、养老、体检等服务，服务对象可持政府发放的代金券等凭单或其他证明，从入围供应商中自主选择服务机构。

2.3 框架协议采购需求管理

条文原文

> 第十一条 集中采购机构或者主管预算单位应当确定框架协议采购需求。框架协议采购需求在框架协议有效期内不得变动。
>
> 确定框架协议采购需求应当开展需求调查，听取采购人、供应商和专家等意见。面向采购人和供应商开展需求调查时，应当选择具有代表性的调查对象，调查对象一般各不少于3个。

【条文主旨】

本条是关于框架协议采购需求管理的有关规定。

【条文解析】

1. 框架协议采购需求确定主体

与《政府采购需求管理办法》（财库〔2021〕22号）规定采购人是采购需求的确定主体不同，框架协议采购的采购需求确定主体是集中采购机构或主管预算单位，理由有以下几点：

（1）框架协议采购的核心是集中，采购人的采购需求五花八门，需要由集中采购机构或主管预算部门对采购需求加以协调和归整后方可实施。

（2）框架协议采购的征集实施主体是集中采购机构或主管预算单位，采购需求由集中采购机构或主管预算单位确定有利于采购方案与征集文件编制以及采购活动的顺利实施，采购需求确定与采购方案、征集文件均由集中采购机构或主管预算单位负责，也有利于落实采购主体责任。

（3）集中采购机构或主管预算单位负责确定采购需求不等于不需要听取采购人意见。集中采购机构或主管预算单位确定的采购需求是采购人采购需求的集中与统一。

2. 框架协议采购需求一经确定，不得变动

采购需求一经确定，不得变动，理由如下：

（1）采购需求变动不利于第二阶段成交供应商的选择，一旦采购需求变动，入围供应商有可能无法满足采购需求，第一阶段订立的框架协议就成为一张废纸，有违契约精神。

（2）采购需求变动直接影响成交价格等合同的实质性内容，从而影响竞争，由此可能导致框架协议采购入围供应商演变成协议供货、定点采购的"资格库"，违背了《办法》出台的初衷。

3. 框架协议采购需求调查要求

《政府采购需求管理办法》（财库〔2021〕22号）第十条规定：采购人可以在确定采购需求前，通过咨询、论证、问卷调查等方式开展需求调查，了解相关产业发展、市场供给、同类采购项目历史成交信息，可能涉及的运行维护、升级更新、备品备件、耗材等后续采购，以及其他相关情况。面向市场主体开展需求调查时，选择的调查对象一般不少于3个，并应当具有代表性。

本条第二款是在《政府采购需求管理办法》（财库〔2021〕22号）向供应商开展需求调查的基础上增加了"向采购人开展市场调查"的要求。即向采购人和供应商开展市场调查，选择的调查对象一般各不少于3个，加起来就是调查对象一般应不少于6个。当采购人只有2个时，调查对象可以只有2个。

问题9 框架协议采购为何会有多个采购人。

框架协议采购是集中多个同类采购需求，通过带量采购的采购形式达到节省采购资金，提升采购效率的目的，因此采购人是多个而不是一个，单个采购人的不确定采购时间、不确定采购数量的采购属单个项目采购，根据《办法》第三条，不属于框架协议采购适用情形。

2.4 框架协议采购需求的总体原则

条文原文

第十二条 框架协议采购需求应当符合以下规定：

（一）满足采购人和服务对象实际需要，符合市场供应状况和市场公允标准，在确保功能、性能和必要采购要求的情况下促进竞争；

（二）符合预算标准、资产配置标准等有关规定，厉行节约，不得超标准采购；

（三）按照《政府采购品目分类目录》，将采购标的细化到底级品目，并细分不同等次、规格或者标准的采购需求，合理设置采购包；

（四）货物项目应当明确货物的技术和商务要求，包括功能、性能、材料、结构、外观、安全、包装、交货期限、交货的地域范围、售后服务等；

（五）服务项目应当明确服务内容、服务标准、技术保障、服务人员组成、服务交付或者实施的地域范围，以及所涉及的货物的质量标准、服务工作量的计量方式等。

【条文主旨】

本条是关于确定框架协议采购需求总体原则的规定。

【条文解析】

1. 防止过度采购

关键词：实际需求、公允标准、必要采购要求、促进竞争

满足实际需要和符合市场公允标准都是为了防止过度采购而失去竞争，采购需求分为基本采购需求、适度采购需求、过度采购需求三类。采购需求就像我们生活中的一日三餐，解决温饱是基本要求，但在生活水平不断提高的今天，我们不仅应当要吃饱，还应当吃得有质量，因此一定质量下的温饱就是我们的适度需求，但是天天山珍海味就是一种过度的需求。

2. 防止超标准采购

关键词：符合标准、超标准采购

超标准采购早已在多部法律法规中明令禁止，既是为了廉政建设的需要，同时也是构建节约型政府的需要。

《机关事务管理条例》规定：政府各部门应当依照有关政府采购的法律、法规和规定采购机关运行所需货物和服务，采购经济适用的货物，不得采购奢侈品、超标准的服务或者购建豪华办公用房。

《党政机关厉行节约反对浪费条例》第十二条第二款规定：政府采购应当依法完整编制采购预算，严格执行经费预算和资产配置标准，合理确定采购需求，不得超标准采购，不得超出办公需要采购服务。

《中央列出违反八项规定清单80条》规定：政府采购严格执行经费预算和资产配置标准，合理确定采购需求，不得超标准采购，不得超出办公需要采购服务。

《中央行政单位通用办公设备家具配置标准》规定：中央行政单位配置办公设备应当按照《中华人民共和国政府采购法》的规定，配置具有较强安全性、稳定性、兼容性，且能耗低、维修便利的设备，不得配置高端设备。中央行政单位配置办公家具应当充分考虑办公布局，符合简朴实用要求，不得配置豪华家具，不得使用名贵木材。

3. 防止不平衡报价

本条第三项要求细化到底级品目，并合理设置标包是为了避免供应商采用不平衡报价，最终导致实际供货价格虚高的情况发生。

政府采购专家徐舟老师指出：采购标的明确是价格具有可比性并真正具有约束力的前提。为确保采购标的明确，第十二条要求按照《政府采购品目分类目录》，将采购标的细化到底级品目，并细分不同等次、规格或者标准的采购需求，合理设置采购包，明确具体技术和商务要求；第二十四条明确货物项目每个供应商对每个采购包只能用一个产品进行响应，从而建立供应商、响应（入围）产品与采购需求之间的一一对应关系。

4．防止框架协议采购变质

在确定采购需求时分货物或服务对技术标准和商务要求作进一步的细化，一方面有利于供应商有针对性地参与竞争，确保竞争有实效；另一方面避免第一阶段因采购需求不明，导致入围供应商演变成"资格库"现象发生，防止框架协议采购变质。

提示11 ▶ 框架协议采购需求注意事项。

在采购标的明确的基础上，针对框架协议采购特点，本条规定框架协议采购第一阶段应当按照单价进行报价，能预估采购数量的，还要求明确预估采购数量，服务项目应当明确服务内容、服务标准、技术保障、服务人员组成、服务交付或者实施的地域范围，以及所涉及的货物的质量标准、服务工作量的计量方式等，以期达到一定程度的"带量采购"竞争效果。

2.5 框架协议采购最高限制单价

条文原文

第十三条 集中采购机构或者主管预算单位应当在征集公告和征集文件中确定框架协议采购的最高限制单价。征集文件中可以明确量价关系折扣，即达到一定采购数量，价格应当按照征集文件中明确的折扣降低。在开放式框架协议中，付费标准即为最高限制单价。

最高限制单价是供应商第一阶段响应报价的最高限价。入围供应商第一阶段响应报价（有量价关系折扣的，包括量价关系折扣，以下统称协议价格）是采购人或者服务对象确定第二阶段成交供应商的最高限价。

确定最高限制单价时，有政府定价的，执行政府定价；没有政府定价的，应当通过需求调查，并根据需求标准科学确定，属于本办法第十条第二款第一项规定情形的采购项目，需要订立开放式框架协议的，与供应商协商确定。

货物项目单价按照台（套）等计量单位确定，其中包含售后服务等相关服务费用。服务项目单价按照单位采购标的价格或者人工单价等确定。服务项目所涉及的货物的费用，能够折算入服务项目单价的应当折入，需要按实结算的应当明确结算规则。

【条文主旨】

本条是关于框架协议采购的最高限制单价规定。

【条文解析】

1. 框架协议采购必须确定最高限制单价

（1）框架协议采购必须确定最高限价

与其他采购方式不同的是，框架协议采购必须在征集公告和征集文件中确定最高限价，而其他采购方式是否设置最高限价由采购人自主决定。

"最高限制单价"，是《办法》针对框架协议采购天然竞争性差、堵住协议供货、定点采购入围供应商报价虚高漏洞的制度性创新。以往的协议供货围绕价格折扣率展开竞争，而出厂价或销售指导价被厂商所掌控，从而导致协议供货价格虚高。与协议供货不同的是，框架协议采购的最高限制单价是一个确定的价格，在供应商报价前就必须在征集公告、征集文件中载明，并通过"最高限制单价—供应商入围单价—实际成交价格"依次递减的约束机制形成定价闭环，从整个程序链条上确定了单个采购标的的报价上限。

（2）框架协议采购的最高限价以单价形式表示

与其他采购方式不同的是，由于框架协议采购的采购数量无法确定，只能是预估数量，因此不适宜采用总价合同。

（3）开放式框架协议中，付费标准即为最高限制单价

开放式协议采购不竞争价格，因此征集文件中确定的付费标准就是最高限制单价。

需要注意的是，开放式协议采购不竞争价格不等于不可以竞争价格。由于开放式协议采购不淘汰合格供应商，因此一般情况下，成交价与最高限价相同。为了防止此类情况出现，对不受服务区域限制的采购，采购人可以在征集文件和框架协议中明确，同等

条件下价格低者优先采购或授予合同比例份额增加，供应商为了争取到更大的利益，同样也会形成竞争。

2．征集文件可以明确量价折扣关系

征集文件中可以明确量价关系折扣，即达到一定采购数量，价格应当按照征集文件中明确的折扣降低。这里包括三层含义：

第一，量价关系折扣由征集人在征集文件中明确。

第二，供应商在提交响应文件时不得就量价关系折扣进行竞争，即供应商只能承诺响应而不能出现任何偏离（包括可能对采购人更有利的正偏离），财政部做出这样的规定可能有两个原因，一是只竞争单价，不竞争量价关系折扣更具备可操作性，否则既有单价的竞争又有量价折扣的竞争会让征集人无所适从，待以后框架协议采购运用成熟后，可能会放开；二是防止过度竞争。

第三，供应商响应文件中的报价是单价，该单价是供应商供货的最高价格，且该价格并非一成不变，随着供应商的增加而按征集文件规定的量价折扣关系下浮。

实践中需要注意的是，采购价格不可能随着采购数量增加而无限下降，当下降到一定程度达到供应商成本或接近其最低心理预期时，价格将无法下降，否则将严重影响供货或服务质量，因此设置量价折扣关系时需要进行充分的市场调研，既要确保采购效益，又要确保供应商的利益，实现双赢。

3．最高限价的演变

（1）最高限制单价是供应商第一阶段响应报价的最高限价。

由于框架协议采购将竞争设定在第一阶段，因此供应商在第一阶段就应当按照征集文件规定提交响应报价时，响应报价不得超出最高限制单价。

（2）入围供应商第一阶段响应报价是采购人或者服务对象确定第二阶段成交供应商的最高限价。

入围后，供应商与征集人签订框架协议，该协议根据征集文件以及供应商的响应文件签订，响应文件中的响应报价对入围供应商具有约束力，因封闭式框架协议采购还可能会在第二阶段采用二次竞价方式确定成交供应商，故对于采用二次竞价方式的，入围供应商在第一阶段的响应报价是其第二阶段二次竞价的最高限价。

提示12 第二阶段无竞争的成交价。

对封闭式框架协议采购第二阶段采用直接确定或顺序轮候确定成交供应商的或者采用开放式框架协议采购的，第二阶段不涉及价格竞争，因此第一阶段入围供应商响应报价即为其第二阶段的成交价。

提示13 "鲶鱼效应"的最高限价。

封闭式框架协议中采购人证明能够以更低价格向非入围供应商采购相同货物时，此时入围供应商第一阶段的响应报价就成为第二阶段成交供应商的最高限价。

4．最高限制单价确定规则

（1）有政府定价的，执行政府定价。

①此处的政府定价属于广义的政府定价，包括政府指导价和政府定价。

《中华人民共和国价格法》第三条规定：国家实行并逐步完善宏观经济调控下主要由市场形成价格的机制。价格的制定应当符合价值规律，大多数商品和服务价格实行市场调节价，极少数商品和服务价格实行政府指导价或者政府定价。

《中华人民共和国价格法》第三十九条规定：经营者不执行政府指导价、政府定价以及法定的价格干预措施、紧急措施的，责令改正，没收违法所得，可以并处违法所得五倍以下的罚款；没有违法所得的，可以处以罚款；情节严重的，责令停业整顿。

②有政府定价的，执行政府定价，有利于市场宏观调控，也体现政府指导价和政府定价的严肃性。

（2）无政府定价的，一般情况下通过需求调查，由征集人自主确定。

无政府定价的，征集人应当充分遵守市场经济规律，通过充分市场调查合理确定。限价不能过高，防止因竞争不足时对采购人不利，限价也不能制定得过低，过低会导致吸引力不够、缺乏竞争。

（3）属于本《办法》第十条第二款第一项规定情形的采购项目，需要订立开放式框架协议的，由征集人与供应商协商确定。

因执行政府采购政策不宜淘汰供应商的，或者受基础设施、行政许可、知识产权等限制，供应商数量在3家以下的，一方面面临市场竞争不足；另一方面采购又属于卖方市场，故征集人在确定最高限制单价时，应当充分与供应商沟通，协商确定价格，促使采购的顺利实施。

（4）货物项目单价按照台（套）等计量单位确定、服务项目单价按照单位采购标的价格或者人工单价等确定。

因框架协议采购竞争的是单价，因此对于单价的计量单位或计量标准应当予以明确，否则成交后无法进行合同价款的结算。

①货物项目的单价应当是全费用全口径的综合单价，包括运输费、装卸费、保险费、安装调试费、售后培训服务费等一系列费用；

②服务项目的单价原则上按照单位采购标的价格或者人工单价等确定。服务项目所涉及的货物费用，能够折算入服务项目单价的应当折入，需要按实结算的应当明确结算规则。

在实践中，采购项目可能既包含服务又包含货物，征集人在确定采购项目属性时，应按照财政部制定的《政府采购品目分类目录》确定采购项目属性。如果按照《政府采购品目分类目录》无法确定的，则按照有利于采购项目实施的原则确定。对包含服务又包含货物判定为货物采购属性时，服务的价格可以包含在货物的综合单价中；但若判定为服务属性，且该货物无法折算入服务项目单价时，需要在征集文件中明确结算规则。

2.6 框架协议内容

条文原文

第十四条 框架协议应当包括以下内容：

（一）集中采购机构或者主管预算单位以及入围供应商的名称、地址和联系方式；

（二）采购项目名称、编号；

（三）采购需求以及最高限制单价；

（四）封闭式框架协议第一阶段的入围产品详细技术规格或者服务内容、服务标准，协议价格；

（五）入围产品升级换代规则；

（六）确定第二阶段成交供应商的方式；

（七）适用框架协议的采购人或者服务对象范围，以及履行合同的地域范围；

（八）资金支付方式、时间和条件；

（九）采购合同文本，包括根据需要约定适用的简式合同或者具有合同性质的凭单、订单；

（十）框架协议期限；

（十一）入围供应商清退和补充规则；

（十二）协议方的权利和义务；

（十三）需要约定的其他事项。

【条文主旨】

本条是关于框架协议内容的规定。

【条文解析】

框架协议的内容见表2-1。

框架协议主要构成及内容   表 2-1

主要构成	内　　　　容
项目基本信息	（一）集中采购机构或者主管预算单位以及入围供应商的名称、地址和联系方式
	（二）采购项目名称、编号
	（三）采购需求以及最高限制单价
	（四）封闭式框架协议第一阶段的入围产品详细技术规格或者服务内容、服务标准，协议价格
	（十）框架协议期限

主要构成	内　　　容
确定供应商成交的原则及供应商退出条款	（六）确定第二阶段成交供应商的方式
	（十一）入围供应商清退和补充规则
合同履行及费用结算	（七）适用框架协议的采购人或者服务对象范围，以及履行合同的地域范围
	（九）采购合同文本，包括根据需要约定适用的简式合同或者具有合同性质的凭单、订单
	（五）入围产品升级换代规则
	（八）资金支付方式、时间和条件
	（十二）协议方的权利和义务
兜底条款	（十三）需要约定的其他事项

其他兜底条款建议包括违反协议后的应承担民事法律责任、双方发生争议后的解决方式及相关条款等。

2.7　框架协议期限

条文原文

第十五条　集中采购机构或者主管预算单位应当根据工作需要和采购标的市场供应及价格变化情况，科学合理确定框架协议期限。货物项目框架协议有效期一般不超过1年，服务项目框架协议有效期一般不超过2年。

【条文主旨】

本条是关于框架协议有效期的规定。

【条文解析】

框架协议长短直接影响供应商参与竞争的响应程度，《贸易法委员会公共采购示范法颁布指南》认为封闭式框架协议有效期一般3～5年为宜，超出这一期限后，有可能出现抵制竞争的效果。为此，财政部对框架协议有效期采用了谨慎的态度，将货物的框架协议有效期限规定为1年，服务项目的框架协议有效期限设置为2年。一方面为了防止框架协议采购发展或演变成排斥其他供应商参与竞争的工具；另一方面，在一些技术更替革新较快的领域，例如信息技术和通信采购，由于采购需求很难在较长时间内保持不变，其框架协议采购的有效期可能会更短，同时考虑到服务需求相对于货物需求要相对稳定，故服务的框架协议采购有效期要长一些。

需要注意的是，《公共采购示范法》对开放式框架协议有效期限未作限制性规定，笔者认为，这可能是财政部在借鉴国际采购规则，制定《办法》时的一个"瑕疵"。因开放式框架协议竞争小，且始终对供应商开放，考虑到《办法》对开放式框架协议适用情形的限制，建议财政部门在后期修订时将开放式框架协议有效期适当延长。

2.8 框架协议履行管理

条文原文

第十六条 集中采购机构或者主管预算单位应当根据框架协议约定，组织落实框架协议的履行，并履行下列职责：

（一）为第二阶段合同授予提供工作便利；

（二）对第二阶段最高限价和需求标准执行情况进行管理；

（三）对第二阶段确定成交供应商情况进行管理；

（四）根据框架协议约定，在质量不降低、价格不提高的前提下，对入围供应商因产品升级换代、用新产品替代原入围产品的情形进行审核；

（五）建立用户反馈和评价机制，接受采购人和服务对象对入围供应商履行框架协议和采购合同情况的反馈与评价，并将用户反馈和评价情况向采购人和服务对象公开，作为第二阶段直接选定成交供应商的参考；

（六）公开封闭式框架协议的第二阶段成交结果；

（七）办理入围供应商清退和补充相关事宜。

【条文主旨】

本条明确了集中采购机构或者主管预算单位作为框架协议采购第二阶段的职责任务。

【条文解析】

框架协议采购第二阶段的实施主体是采购人或政府购买服务的服务对象，但这并不表示在第二阶段，集中采购机构或主管预算单位不需承担任何职责或履行任何的义务。本条规定了在第二阶段集中采购机构或主管预算单位的义务，总结为四项：

1. 协助义务

提供工作便利应当包括必要的政策宣贯与指导；协助处理采购合同签订与履行管理；在资金支付方面提供必要支持等。

2. 管理义务

《办法》授权集中采购机构或主管预算单位有以下管理义务：一是对第二阶段最高限价和需求标准执行情况进行管理；二是对第二阶段确定成交供应商情况进行管理；三是对入围供应商因产品升级换代、用新产品替代原入围产品的情形进行审核管理；四是用户反馈和评价机制管理。

需要注意的是，与政府采购其他采购方式相比，《办法》授权了集中采购机构对采购人或政府购买服务的服务对象在第二阶段的采购活动有了行政管理权，这让集中采购机构行使征集人的职权时能够敢于挺直腰杆，避免成为采购人与供应商之间的"夹心饼干"、采购犯错的"替罪羊"；这也是响应落实《深化政府采购制度改革方案》中关于"建立集中采购机构竞争机制"的具体举措,真正做到权责对等,有利于落实集中采购机构在框架协议采购中的主体责任。

3.公告义务

集中采购机构或主管预算单位应当公开封闭式框架协议的第二阶段成交结果。

(1)仅封闭式框架协议需要由征集人发布成交结果公告,开放式框架协议无须发布成交结果公告。

(2)主管预算单位可以自己公开(自行采购的),也可以委托采购代理机构公开(委托代理采购的)。

4.特殊情形处理义务

特殊情况处理包括两种:一是入围供应商的依法依约予以清退处理;二是符合规定的供应商实行补充征集处理。

集中采购机构或主管预算单位应当按照《办法》以及征集文件的规定依法依规实施。

2.9 合同授予和合同文本

条文原文

第十七条 采购人或者服务对象采购框架协议约定的货物、服务,应当将第二阶段的采购合同授予入围供应商,但是本办法第三十七条另有规定的除外。

同一框架协议采购应当使用统一的采购合同文本,采购人、服务对象和供应商不得擅自改变框架协议约定的合同实质性条款。

【条文主旨】

本条是关于授予采购合同和合同文本的有关规定。

【条文解析】

1. 采购合同原则上应当授予入围供应商

框架协议采购方式的特殊性之一在于其程序上的两阶段性，即第一阶段通常只确定入围供应商的范围；第二阶段才确定成交供应商。采购人或政府采购服务的服务对象在第二阶段确定成交供应商时，原则上只能在第一阶段确定的入围供应商中进行选择，以确保入围供应商的信赖与利益，也是诚实信用原则的运用和体现。

需要注意的是，开放式框架协议采购的，供应商可以随时申请加入，因此其入围供应商是动态更新的，但基于新申请的供应商还需要一定的审核时间，故有可能出现新申请加入的供应商无法参加本次采购，只能参加框架协议有效期内的下一阶段的采购活动。

有原则就一定会有例外，本《办法》第三十七条规定了授予非入围供应商采购合同的例外情形，其目的就是为了增加"鲶鱼效应"。

联合国国际贸易法委员会的《公共采购示范法》第六十二条第二款就明确规定：框架协议下的任何采购合同只可授予加入该框架协议的供应商或承包商。《办法》并未照搬这一规定，而是采取了一种开放的、更具创新性的制度设计，即当采购人证明能够以更低价格向非入围供应商采购相同货物，而入围供应商又不同意将价格降至非入围供应商报价以下的，可将合同授予该非入围供应商。当然，开放的合同授予机制具有相对严格的适用条件：首先，必须是相同的货物（因服务产品的同质性很难评判，为避免争议，仅限于货物），非入围供应商提供的更便宜，并且采购人能够提供相关证明，例如协议价格与非入围供应商价格的对比材料。其次，采购人必须先给予入围供应商降价机会，只有当入围供应商不同意将价格降至非入围供应商出价以下的，才可以向非入围供应商采购。最后，必须接受监督，采购人将合同授予非入围供应商的，要在确定成交供应商后1个工作日内，将成交结果抄送征集人，由征集人按照单笔公告要求发布成交结果公告，并且采购人要将相关证明材料和采购合同一并存档备查。这一机制的创设，主要是为了回应当前协议供货和定点采购中存在的采购产品"质次价高"的问题。这种开放的合同授予机制，一方面能够保护入围供应商的信赖与利益，避免采购人随意规避框架协议的约束。另一方面也能引入外部竞争，通过外部竞争来保护采购人的采购需求和目的得以实现（摘录自成协中的《框架协议采购新规是对现行政府采购制度的完善》）。

2．同一框架协议的采购应当使用统一的采购合同文本

使用统一的合同文本，且合同实质性条款在整个框架协议有效期内保持不变，根本目的是体现采购的公平性，由于框架协议采购的成交供应商可能是一个，也可能是多个。对成交供应商是多个的采购项目，如果合同实质性条款不一致，就会使成交供应商处在不同竞争水平线上，既违背了政府采购公平公正原则，又加大了采购人或政府购买服务的服务对象权力受阻风险。

2.10 货物项目框架协议委托代理商

条文原文

> 第十八条 货物项目框架协议的入围供应商应当为入围产品生产厂家或者生产厂家唯一授权供应商。入围供应商可以委托一家或者多家代理商，按照框架协议约定接受采购人合同授予，并履行采购合同。入围供应商应当在框架协议中提供委托协议和委托的代理商名单。

【条文主旨】

本条是关于货物项目框架协议委托代理商的相关规定。

【条文解析】

1．入围供应商资格条件

货物项目入围供应商应当为入围产品生产厂家或生产厂家唯一授权供应商。该规定是为了减轻评审工作量，避免产品的同质化竞争。

《办法》起草者之一徐舟老师指出，货物项目框架协议采购，一般采购标的众多，如果不加以适当限制，众多标的加众多供应商的组合，评审工作量将难以想象（摘选自中国财经报《权威解读政府采购框架协议》）。

需要注意的是，要求入围供应商如果是经销商的，必须由生产厂家出具唯一授权，这与《政府采购货物和服务招标投标管理办法》是有明显不同的,《政府采购货物和服务招标投标管理办法》与《办法》同属财政部门制定的部门规章,因此《办法》对框架协议采购另有规定的,从其规定。

2．入围供应商可委托代理商履行合同

《办法》允许入围供应商授权一个或多个代理商接受采购人合同授予,并履行采购合同,考虑到框架协议采购合同具有零散性和地域性,此规定有利于框架协议顺利实施。但凡事有利必有弊,实践中可能出现响应供应商凭着自身实力竞争入围,而后转包给其他供应商的现象,从而导致项目履约质量受影响。建议省级(直辖市)财政部门可以结合《办法》规定,另行制定、出台关于框架协议采购的实施细则文件,对响应供应商可以委托一个或多个代理商履约的情形应仅限于产品生产厂家。入围供应商若为经销商的,入围后不能转委托。

3．委托代理商资格条件

入围供应商应当在框架协议中提供委托协议和委托的代理商名单。考虑到框架协议是根据征集文件和供应商的响应文件签订的,框架协议不能违反征集文件与响应文件的实质性内容,因此入围供应商在框架协议中的委托协议和拟委托的代理商名单应当事先在响应文件中予以明确。

4．对货物项目框架协议代理商的管理

货物项目框架协议中,入围供应商委托一家或者多家代理商接受采购人合同授予并履行采购合同,委托代理商在框架协议有效期内发生变动的,入围供应商应当向征集人提供更新后的委托代理商名单和委托协议。征集人收到名单后应当及时在电子化采购系统更新相关信息,便于采购人和服务对象合理选择代理商。

框架协议有效期内,入围供应商委托的代理商存在无正当理由拒不接受合同授予,或者不履行合同义务或履行合同义务不符合规定的,经采购人请求履行后仍不履行或仍未按约定履行,或者存在因违法行为被禁止或限制参加政府采购活动的情形的,入围供应商应当终止与其签订的委托协议,并按照框架协议约定,积极协调其委托的其他代理商接受合同授予,履行合同义务,确保采购活动顺利实施。

2.11 入围供应商的清退机制

条文原文

第十九条 入围供应商有下列情形之一，尚未签订框架协议的，取消其入围资格；已经签订框架协议的，解除与其签订的框架协议：

（一）恶意串通谋取入围或者合同成交的；

（二）提供虚假材料谋取入围或者合同成交的；

（三）无正当理由拒不接受合同授予的；

（四）不履行合同义务或者履行合同义务不符合约定，经采购人请求履行后仍不履行或者仍未按约定履行的；

（五）框架协议有效期内，因违法行为被禁止或限制参加政府采购活动的；

（六）框架协议约定的其他情形。

被取消入围资格或者被解除框架协议的供应商不得参加同一封闭式框架协议补充征集，或者重新申请加入同一开放式框架协议。

【条文主旨】

本条是关于入围供应商的清理规定。

1. 入围供应商清理的必要性

框架协议采购的两阶段性质和履约期限的相对稳定性，决定了对入围供应商进行管理具有现实的必要性。在长达一年甚至两年的框架协议有效期内，供应商随时有可能发生影响履约情形，现有协议供货和定点供货出现的诸多弊端，更加凸显了建立入围供应商的动态调整机制的迫切性。为此，《办法》第十九条规定了对入围供应商的清理制度。

2. 清理的适用情形

清理情形主要包括三类：一是在第一阶段征集响应过程中存在违法违规的情形，例如恶意串通、提供虚假材料等；二是在合同签订和履约阶段存在违法违规情形，例如无正当理由拒不接受合同授予、不履行合同义务等；三是存在其他违法违规情形被限制参加政府采购活动。

3．清理方式

清理方式包括：取消入围资格、解除框架协议，以及禁止参加同一框架协议，包括不得参加同一封闭式框架协议补充征集或不得重新申请加入同一开放式框架协议。《办法》对于供应商的清理制度，将供应商的履约情况纳入评价范围，不仅直接影响采购结果和服务质量，更是实现政府采购从"程序导向型"向"结果导向型"转变的重要环节。对于政府采购其他采购方式的应用，也具有显著的借鉴意义。

2.12 框架协议入围供应商的退出机制

条文原文

　　第二十条　封闭式框架协议入围供应商无正当理由，不得主动放弃入围资格或者退出框架协议。

　　开放式框架协议入围供应商可以随时申请退出框架协议。集中采购机构或者主管预算单位应当在收到退出申请2个工作日内，发布入围供应商退出公告。

【条文主旨】

本条是关于框架协议入围供应商的退出机制规定。

【条文解析】

1．封闭式框架协议入围供应商不得随意退出

（1）不允许随意退出的原因

封闭式框架协议采购第二阶段只能向入围供应商授予合同，且原则上不得轻易补充征集入围供应商，这就必然要求入围供应商保持相对稳定，一方面是基于保持竞争的需要，特别是第二阶段采用二次竞价确定成交供应商的采购项目；另一方面供应商减少有可能影响采购项目的推进，为了确保框架协议采购项目的顺利实施，《办法》第二十条原则上禁止封闭式框架协议采购入围供应商放弃入围资格或者退出框架协议。

（2）退出可能构成违约

《民法典》第四百九十五条规定，当事人约定在将来一定期限内订立合同的认购书、订购书、预订书等，构成预约合同。当事人一方不履行预约合同约定的订立合同义务的，对方可以请求其承担预约合同的违约责任。封闭式框架协议一般属于预约合同，因此入围供应商无正当理由放弃入围资格或退出框架协议将构成违约，需要承担违约责任。

（3）有正当理由可以退出

本条规定无正当理由不得主动放弃或退出，意味着有正当理由时入围供应商可以主动放弃或退出，例如采购人在签订合同时向入围供应商提出其他不合理条件的，违反框架协议约定的情形等。

2．开放式框架协议的入围供应商可以随时退出

开放式框架协议不构成预约合同，因此在开放式框架协议有效期内，供应商可以随时申请加入或退出。

需要说明的是，基于存档备查的需要，入围供应商的退出必须以书面形式向集中采购机构或主管预算单位提出申请；集中采购机构或者主管预算单位应当在收到入围供应商退出申请2个工作日内，发布入围供应商退出公告。

2.13 采购档案保管

条文原文

第二十一条 征集人应当建立真实完整的框架协议采购档案，妥善保存每项采购活动的采购文件资料。除征集人和采购人另有约定外，合同授予的采购文件资料由采购人负责保存。

采购档案可以采用电子形式保存，电子档案和纸质档案具有同等效力。

【条文主旨】

本条是关于采购档案保管的规定。

【条文解析】

1．框架协议采购文件资料分类保管

（1）征集人建立并保存由征集人负责实施的采购文件资料。

征集人在框架协议采购中负责四类活动：一是框架协议采购的第一阶段由征集人负责实施；二是第二阶段成交供应商的管理；三是入围供应商清理；四是补充征集入围供应商。因此上述四类采购活动的采购文件资料均由征集人负责收集、整理并妥善保管。

采购文件资料包括但不限于：采购方案审批或备案文件、框架协议采购需求、征集公告、征集文件、响应文件及响应文件的评审情况、入围结果公告、入围通知书、框架协议、采购合同、入围供应商退出公告、入围信息、清理决定、成交结果公告、补充征集入围供应商的相关资料等。

（2）除征集人和采购人另有约定外，采购人负责第二阶段采购文件资料收集整理。

第二阶段由采购人负责确定成交供应商的，其采购文件资料理当由采购人负责收集整理，例如采购人和服务对象对入围供应商履行框架协议和采购合同情况的反馈与评价材料、供应商提供能证明其按照合同约定数量或者工作量清单履约的相关记录或凭证等。一是收集起来更加方便，二是也有利于合同履行情况的监督和管理。

（3）政府购买服务的采购文件资料统一由征集人负责收集整理并保管。

本条没有规定政府购买服务的采购文件资料管理，但根据征集人应当建立真实完整的框架协议采购档案，考虑到政府购买服务的服务对象无能力也无意愿收集整理采购文件资料，因此应由征集人统一完成框架协议采购的采购文件资料收集整理和保管工作。

2．采购档案可以电子形式保存，电子档案与纸质档案具备同等法律效力

《办法》第七条规定框架协议采购应当采用电子化采购，电子化采购就会形成电子文件，在实施框架协议电子化采购过程中，电子文件的收集、整理、归档与电子档案的编目、管理与处置的一般方法应严格依照《电子文件归档与电子档案管理规范》GB/T 18894—2016执行；《政府采购法实施条例》第四十六条规定：采购文件资料可以用电子档案方式保存。《中华人民共和国档案法》（2020年修订）第三十七条规定：电子档案与传统载体档案具有同等效力，可以以电子形式作为凭证使用。

需要注意的是，本条没有规定框架协议采购档案的保管年限，但根据《政府采购法》第四十二条规定，框架协议采购的采购档案保存期限为从采购结束之日起至少保存十五年。

2.14 用思维导图学110号令之框架协议采购流程及前期准备

框架协议采购流程图见图2-1（摘录自雷金辉的《框架协议采购程序》）。

框架协议采购前期准备思维导图见图2-2。

```
                        ┌──────────────────┐
                        │  框架协议采购程序  │
                        └──────────────────┘
              ┌──────────────────────┴──────────────────────┐
      ┌────────────────┐                          ┌────────────────┐
      │ 封闭式框架协议采购 │                          │ 开放式框架协议采购 │
      └────────────────┘                          └────────────────┘
                                                                      第一阶段的发起
                                                                      主体和程序组织
                                                                      主体是征集人
      ┌────────────┐                              ┌────────────┐
      │ 采购需求调查 │                              │ 采购需求调查 │
      └────────────┘                              └────────────┘
  框架协议采购不直接适                                                  无征集文件
  用《政府采购需求管理办  ┌────────────────┐    ①      ┌──────────┐
  法》，但可以"参照"      │ 征集公告和征集   │          │  征集公告  │
                        │     文件        │          └──────────┘
                        └────────────────┘                          无等标期要求，
      ┌────────────┐                                                供应商在框架协
      │   等标期    │                                                议期满前，可随
      └────────────┘                              ┌────────────┐    时提交申请
                        ┌────────────────┐        │ 供应商提交加入 │
  除非另有规定，封闭式框  │ 供应商提交响应   │        │ 框架协议申请  │
  架协议的公开征集程序，  │     文件        │        └────────────┘
  按照公开招标的规定执行  └────────────────┘
                        ┌────────────────┐                          注意区别评审主
                        │ 征集人开启响应   │                          体的差异，法律
                        │     文件        │                          不强制要求组建
                        └────────────────┘        ┌──────────┐      评审委员会
                        ┌────────────────┐        │ 征集人审核 │
                        │ 评审委员会评审   │        └──────────┘
                        └────────────────┘                          价格优先法是主
   ┌──────────┐     ┌────────────┐                                要的评审方法，
   │ 质量优先法 │─────│  价格优先法 │─────────────────────            质量优先法只适
   └──────────┘     └────────────┘                                用于特定项目
      ┌────────────┐                              ┌────────────┐
      │ 入围结果公告 │                              │ 入围结果公告 │
      └────────────┘                              └────────────┘
      ┌────────────┐                              ┌────────────┐
      │ 签订框架协议 │                              │ 可不签订书面 │
      └────────────┘                              │  框架协议   │
  "鲶鱼效应"条款，特定                            └────────────┘
  条件才可以授予非入围供  ┌────────────┐
  应商                  │ 补充征集供应商 │──────────────────          非必经程序
                        └────────────┘
                        ┌────────────┐    ②      ┌────────────┐
                        │ 确定成交供应商 │          │ 确定成交供应商 │      第二阶段的发起
                        └────────────┘          └────────────┘      主体由征集人转
             ┌──────┬──────┬────────┐                              为采购人或服务
         ┌──────┐┌──────┐┌────────┐    ┌────────┐                对象
         │二次竞价││顺序轮候││ 直接选定 │    │ 直接选定 │
         └──────┘└──────┘└────────┘    └────────┘            直接选定是第二
   ┌──────────┐                                                阶段确定成交供
   │ 授予非入围 │                                                应商的主要方式
   │  供应商   │   ┌──────────┐
   └──────────┘   │ 单笔成交公告 │        ┌──────────┐
                  └──────────┘        │ 签订政府   │
                                      │ 采购合同   │          ┌──────────┐
                                      └──────────┘          │ 签订政府   │
                                      ┌──────────┐          │ 采购合同   │
                                      │ 发布成交汇总 │          └──────────┘
                                      │ 结果公告   │
                                      └──────────┘
```

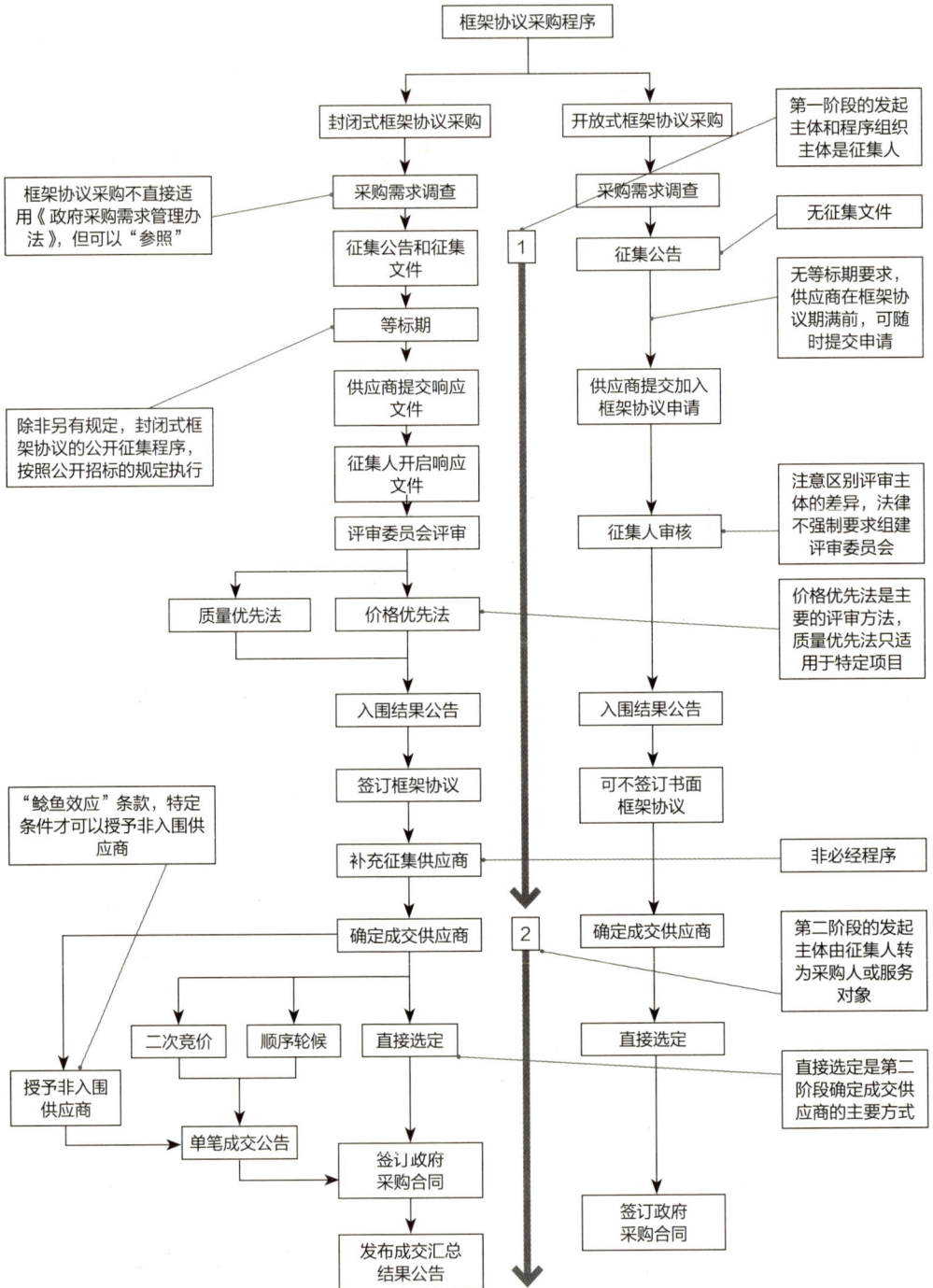

图2-1　框架协议采购流程图

框架协议
采购前期准备

- 开展采购需求调查
  - 听取采购人、供应商和专家等意见
  - 选择具有代表性的调查对象 —— 采购人和供应商一般各不少于3个

- 确定采购需求
  - 采购需求在框架协议有效期内不得变动
  - 在确保功能、性能和必要采购要求的情况下促进竞争
  - 不得超标准采购
  - 采购标的细化到底级品目 合理设置采购包
  - 货物项目应当明确货物的技术和商务要求 —— 包括功能、性能、材料、结构、外观、安全、包装、交货期限、交货的地域范围、售后服务等
  - 服务项目应当明确服务内容、服务标准、技术保障、服务人员组成、服务交付或者实施的地域范围，以及所涉及的货物的质量标准、服务工作量的计量方式等
  - ｝ 总体原则，标准明确、统一

- 确定最高限制单价
  - 由集中采购机构或主管预算单位确定
  - 可以明确量关系折扣
  - 有政府定价的，执行政府定价
  - 没有政府定价的，应当通过需求调查，并根据需求标准科学确定
  - 属于《办法》第十条第二款第一项规定情形的采购项目，需要订立开放式框架协议的，与供应商协商确定

- 确定框架协议期限
  - 货物项目框架协议有效期一般不超过1年
  - 服务项目框架协议有效期一般不超过2年

- 拟定框架协议条款
  - 基本情况
    - 集中采购机构或者主管预算单位以及入围供应商的名称、地址和联系方式
    - 采购项目名称、编号
    - 采购需求以及最高限制单价
  - 协议实施与履行条款
    - 封闭式框架协议第一阶段的入围产品详细技术规格或者服务内容、服务标准，协议价格 ｝ 此条款只能是确定入围供应商后补充填空
    - 入围产品升级换代规则
    - 确定第二阶段成交供应商的方式
    - 适用框架协议的采购人或者服务对象范围，以及履行合同的地域范围
  - 采购合同文本，包括根据需要约定适用的简式合同或者具有合同性质的凭单、订单
  - 双方权利义务及其他相关条款
    - 资金支付方式、时间和条件
    - 框架协议期限
    - 入围供应商清退和补充规则
    - 协议方的权利和义务
    - 需要约定的其他事项

- 采购方案报审或备案
  - 采购方案编制
    - （一）基本情况；（二）采购需求；（三）采购项目预（概）算、最高限制单价；（四）采购方式的选择及其风险分析；（五）开展采购活动的时间安排；（六）采购组织形式和委托代理安排；（七）采购包划分与合同分包；（八）框架协议采购形式；（九）供应商资格条件；（十）确定第一阶段入围供应商的评审方法；（十一）框架协议；（十二）确定第二阶段成交供应商的方式；（十三）合同管理。
  - 采购方案报审或备案
    - 集中采购机构编制的采购方案报同级财政部门审核
    - 主管预算单位的采购方案报同级财政部门备案

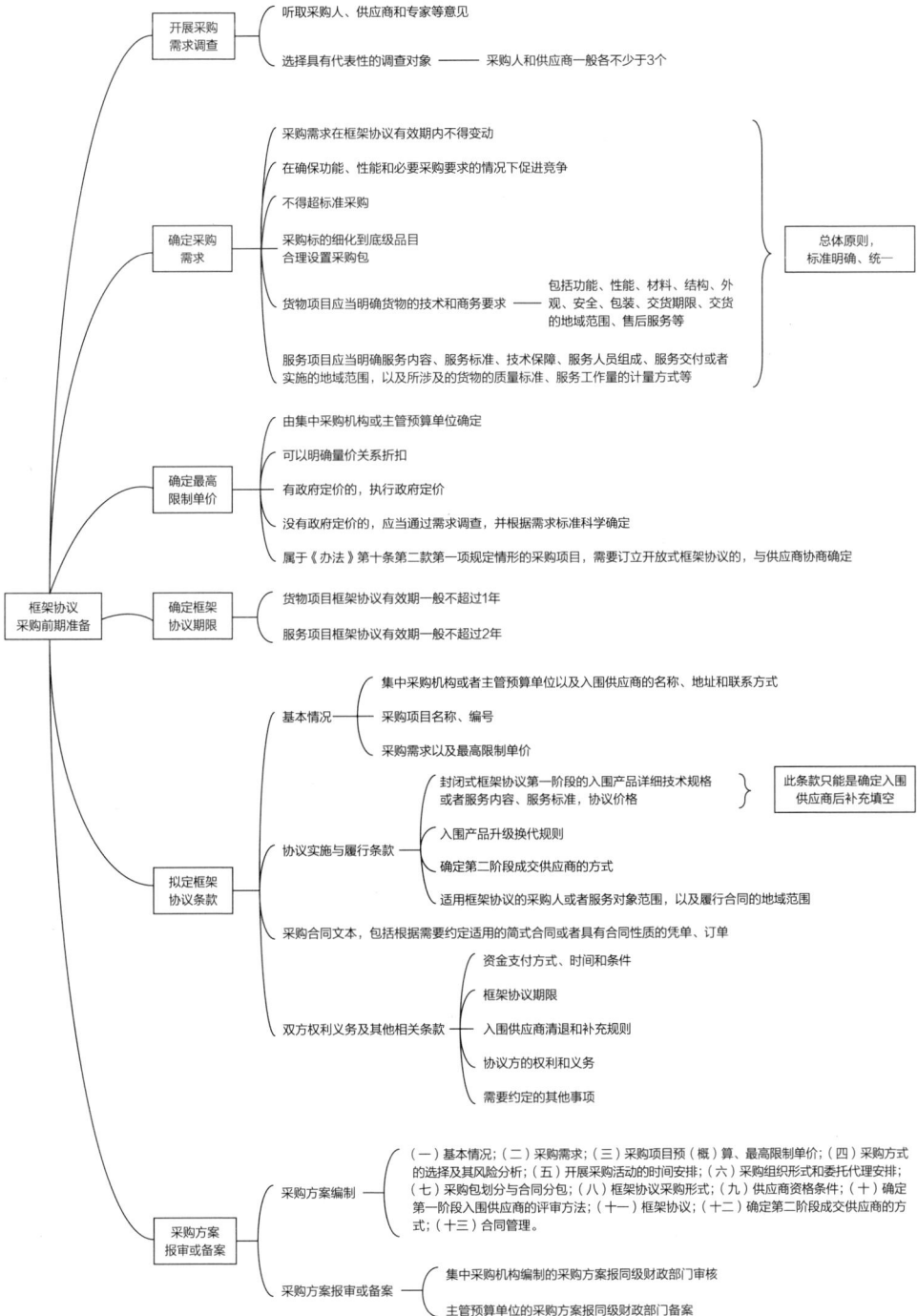

图2-2 框架协议采购前期准备思维导图

第三章

封闭式框架协议采购

3.1 征集公告内容

条文原文

第二十二条 征集人应当发布征集公告。征集公告应当包括以下主要内容：

（一）征集人的名称、地址、联系人和联系方式；

（二）采购项目名称、编号，采购需求以及最高限制单价，适用框架协议的采购人或者服务对象范围，能预估采购数量的，还应当明确预估采购数量；

（三）供应商的资格条件；

（四）框架协议的期限；

（五）获取征集文件的时间、地点和方式；

（六）响应文件的提交方式、提交截止时间和地点，开启方式、时间和地点；

（七）公告期限；

（八）省级以上财政部门规定的其他事项。

【条文主旨】

本条是关于封闭式框架协议采购征集公告内容的规定。

【条文解析】

征集公告是征集人发布的有关框架协议采购的基本信息，也是向不特定供应商发出的响应邀请书。与货物和服务招标不同的是，框架协议采购只能通过发布征集公告方式邀请供应商，而不能仅向特定供应商发出响应邀请书。

对封闭式框架协议采购而言，征集公告主要是为了让供应商通过阅读征集公告，能够判断自己是否有资格和有意愿参与竞争。至于响应文件需要提交哪些具体内容，则需要供应商通过阅读征集文件后才能得知。

供应商要判断自己是否有意愿参与竞争，是否有资格参与竞争，一般至少要了解以下几项信息：谁来采？采什么？什么时候采？花多少钱采？采多少？买谁的？如何参与？本条涵盖了上述所有内容，见表3-1。

征集公告内容 　　　　　　　　　　　　　　　　　　　　　　　表 3-1

公告要素	具体内容
谁来采？	征集人名称、地址、联系人和联系方式； 适用框架协议的采购人或者服务对象范围
采什么？	采购项目名称、编号，采购需求
什么时候采？	框架协议的期限
花多少钱采？	最高限制单价
采多少？	能预估采购数量的，还应当明确预估采购数量
买谁的？	供应商的资格条件
如何参与？	获取征集文件的时间、地点和方式； 响应文件的提交方式、提交截止时间和地点，开启方式、时间和地点

提示14 ▶ 征集公告最高限制单价要求。

与招标投标法体系下的招标公告中不强制包含最高投标限价不同的是，框架协议采购的征集公告中必须包含最高限制单价；与政府采购法体系下《政府采购货物和服务招标投标管理办法》（财政部令第87号）中公开招标是否设立最高限价由采购人自主决定不同的是，在封闭式框架协议采购必须设置最高限价，且该最高限价用单价表示。

提示15 ▶ 采购需求发布形式。

本条第二项要求在征集公告中公布采购需求，采购需求包含内容较多，一般无法用简要的描述通过公告方式表述清楚。实践中一般将采购需求放在征集公告中，以附件形式发布。

提示16 ▶ 征集公告的期限。

封闭式框架协议的公开征集程序，按照政府采购公开招标的规定执行，故征集公告的公告期限为5个工作日。

提示17 落实政策采购政策。

因政府采购需落实政府采购政策，故征集公告中还应当包括符合项目特点及国家规定的政策采购政策，例如采购国货、绿色采购、促进中小企业发展、科技创新、乡村振兴等。

示例1 征集公告示范文本

征集公告

项目概况

（采购标的）框架协议采购项目的潜在供应商应在（电子交易系统网址）获取征集文件，并于＿＿＿＿年＿＿＿月＿＿＿日＿＿＿点＿＿＿分（北京时间）前递交响应文件。

一、项目基本情况

项目编号（政府采购计划编号、采购计划备案文号、采购方案审批或备案文号等，如有）：

项目名称：

最高限制单价：

采购需求：（包括但不限于标的的名称、预估采购数量、简要技术需求或服务要求等）。

适用框架协议的采购人或者服务对象范围：

框架协议期限：

本项目（是/否）接受联合体。

二、申请人的资格要求：

1. 满足《中华人民共和国政府采购法》第二十二条规定；

2. 落实政府采购政策需满足的资格要求：（如属于专门面向中小企业采购的项目，供应商应为中小微企业、监狱企业、残疾人福利性单位）；

3. 本项目的特定资格要求：（如项目接受联合体投标，对联合体应提出相关资格要求；如属于特定行业项目，供应商应当具备特定行业法定准入要求）。

三、获取征集文件

时间：＿＿＿＿年＿＿＿月＿＿＿日至＿＿＿＿年＿＿＿月＿＿＿日（提供期限自本公告发布之日

起不得少于5个工作日），每天上午＿＿至＿＿，下午＿＿至＿＿（北京时间，法定节假日除外）。

地　　点：

方　　式：

售　　价：（电子化采购，根据财库〔2019〕38号文应当免费）

四、提交响应文件截止时间、开启时间和地点

＿＿＿＿年＿＿月＿＿日＿＿点＿＿分（北京时间）（自征集文件开始发出之日起至响应供应商提交响应文件截止之日止，不得少于20日）。

地　　点：

五、公告期限

自本公告发布之日起5个工作日。

六、其他补充事宜

1. CA办理：

2. 征集文件下载：

3. 响应文件编制与提交：

4. 电子交易系统技术支持联系方式：

5. 其他：

七、对本次框架协议采购活动提出询问，请按以下方式联系。

1. 征集人信息

名　　称：

地　　址：

联系方式：

2. 采购代理机构信息（如有）

名　　称：

地　　址：

联系方式：

3. 项目联系方式

项目联系人：（组织本项目采购活动的具体工作人员姓名）

电　　话：

3.2 征集文件内容

第二十三条 征集人应当编制征集文件。征集文件应当包括以下主要内容：

（一）参加征集活动的邀请；

（二）供应商应当提交的资格材料；

（三）资格审查方法和标准；

（四）采购需求以及最高限制单价；

（五）政府采购政策要求以及政策执行措施；

（六）框架协议的期限；

（七）报价要求；

（八）确定第一阶段入围供应商的评审方法、评审标准、确定入围供应商的淘汰率或者入围供应商数量上限和响应文件无效情形；

（九）响应文件的编制要求，提交方式、提交截止时间和地点，开启方式、时间和地点，以及响应文件有效期；

（十）拟签订的框架协议文本和采购合同文本；

（十一）确定第二阶段成交供应商的方式；

（十二）采购资金的支付方式、时间和条件；

（十三）入围产品升级换代规则；

（十四）用户反馈和评价机制；

（十五）入围供应商的清退和补充规则；

（十六）供应商信用信息查询渠道及截止时点、信用信息查询记录和证据留存的具体方式、信用信息的使用规则等；

（十七）采购代理机构代理费用的收取标准和方式；

（十八）省级以上财政部门规定的其他事项。

【条文主旨】

本条是关于征集文件具体内容的规定。

【条文解析】

1. 征集文件组成

封闭式框架协议采购，征集人应当严格依据采购需求、采购方案编制征集文件。征集文件应当完整反映采购人或服务对象关于采购需求的有关内容。一般应由以下章节构成：

（1）征集公告；

（2）供应商须知；

（3）评审方法；

（4）框架协议格式（包括采购合同格式）；

（5）采购需求；

（6）响应文件格式；

（7）其他内容。

2. 征集文件内容

（1）参加征集活动的邀请

框架协议采购按照公开招标规定，实施公开征集程序，因此参加征集活动的邀请是指征集公告。征集公告内容见本《办法》第二十二条。

（2）供应商应当提交的资格材料

供应商应当提交的资格材料包括法定资格条件、特定资格条件、禁止性规定三项。

法定资格条件是指供应商须符合《政府采购法》第二十二条的规定；特定资格条件是指根据采购需求与项目特点，要求供应商须具备的业绩等条件；禁止性规定包括《政府采购法实施条例》第十八条和第二十二条、《政府采购货物和服务招标投标管理办法》（财政部令第87号）第八条、《关于在政府采购活动中查询及使用信用记录有关问题的通知》（财库〔2016〕125号）等规定。

征集文件应明确要求供应商提交的证明材料准确名称、证明材料出具单位、材料内容格式、范围、形式、时间等。证明材料通常可分为：

①证照资料，如营业执照等；

②书证资料，如纳税凭证、社保缴纳记录等；

③自证材料，如中小企业声明函等。

框架协议采购的资格审查由征集人负责，为提升审查效率，方便评审，可要求供应商将资格材料、资信证明文件单独分册。

（3）资格审查方法和标准

需要注意的是，此处的资格审查方法既不是指资格预审、资格后审，也不是指资格预审的有限数量制和合格制；而是指确定第一阶段入围供应商的评审方法和标准，详见第二十五条的解读。

（4）采购需求以及最高限制单价

采购需求是判定供应商是否满足征集文件的依据，采购需求描述应当完整、明确。其中，货物项目应当明确货物的技术和商务要求，包括功能、性能、材料、结构、外观、安全、包装、交货期限、交货的地域范围、售后服务等；服务项目应当明确服务内容、服务标准、技术保障、服务人员组成、服务交付或者实施的地域范围，以及所涉及的货物的质量标准、服务工作量的计量方式等。

采购需求包括的内容还可以参考《政府采购货物和服务招标投标管理办法》（财政部令第87号）第十一条和《政府采购需求管理办法》的有关内容。

框架协议采购与财政部发文清理的"三库"相比，一个重要的区别就是框架协议采购设有明确的合同定价机制和价格竞争，且在成交方面具有一定的透明度和规范性。由于框架协议采购的第一阶段采购数量无法确定，因此只能用最高限制单价来代替最高限价。与《政府采购货物和服务招标投标管理办法》（财政部令第87号）不同的是，《政府采购货物和服务招标投标管理办法》规定采购人可以自主决定是否设置最高限价，但框架协议采购规定征集文件中必须设置最高限制单价。

最高限制单价是供应商第一阶段响应报价的最高限价。入围供应商第一阶段响应报价（有量价关系折扣的，包括量价关系折扣，以下统称协议价格）是采购人或者服务对象确定第二阶段成交供应商的最高限价。最高限制单价是响应报价的最高限价，入围供应商的响应报价形成了框架协议的协议价格，而框架协议的协议价格则是成交价格的最高限价。形成了最高限制单价—协议价格—成交价格三者之间的制约关系，使得框架协议采购定价机制公开透明，具有可操作性。

提示18 最高限制单价表现形式。

最高限制单价可以是具体数额，也可以是以费率、折扣率等形式体现。

（5）政府采购政策要求以及政策执行措施

政府采购活动不同于个人或民营企业采购活动。由于政府采购的资金来源于政府向全社会征收的税收和非税资金，采购资金具有公共性特点。在实施采购时除了应满足正常的采购需求外，政府采购还承载着公平社会、匡扶正义、扶助弱势等社会责任。对此，《政府采购法》和《政府采购法实施条例》都作了相应规定。

《政府采购法》第九条规定：政府采购应当有助于实现国家的经济和社会发展政策目标，包括保护环境，扶持不发达地区和少数民族地区，促进中小企业发展等。《政府采购法实施条例》第六条规定：国务院财政部门应当根据国家的经济和社会发展政策，会同国务院有关部门制定政府采购政策，通过制定采购需求标准、预留采购份额、价格评审优惠、优先采购等措施，实现节约能源、保护环境、扶持不发达地区和少数民族地区、促进中小企业发展等目标。上述规定都很有原则，采购人在实际采购时，执行政府采购政策应依据财政部门的有关规定执行。财政部门已经出台了关于节约能源、保护环境和促进中小企业发展等政府采购政策。

1）政府优先采购和强制采购政策

财政部等四部委发布的《关于调整优化节能产品、环境标志产品政府采购执行机制的通知》（财库〔2019〕9号）对政府采购节能产品、环境标志产品实施品目清单管理。依据品目清单和认证证书实施政府优先采购和强制采购。采购人拟采购的产品属于品目清单范围的，采购人及其委托的采购代理机构应当依据国家确定的认证机构出具的、处于有效期之内的节能产品、环境标志产品认证证书，对获得证书的产品实施政府优先采购或强制采购。

财政部《关于印发环境标志产品政府采购品目清单的通知》（财库〔2019〕18号）、《关于印发节能产品政府采购品目清单的通知》（财库〔2019〕19号）对环境标志产品政府采购品目清单、节能产品政府采购品目清单作了相关要求。

2）促进中小企业发展政策

《政府采购促进中小企业发展管理办法》（财库〔2020〕46号）规定的促进中小企业发展政策有以下要点：

①采购人在政府采购活动中应当通过加强采购需求管理，落实预留采购份额、价

格评审优惠、优先采购等措施，提高中小企业在政府采购中的份额，支持中小企业发展。

②采购人在政府采购活动中应当合理确定采购项目的采购需求，不得以企业注册资本、资产总额、营业收入、从业人员、利润、纳税额等规模条件和财务指标作为供应商的资格要求或者评审因素，不得在企业股权结构、经营年限等方面对中小企业实行差别待遇或者歧视待遇。

③采购限额标准以上，200万元以下的货物和服务采购项目、400万元以下的工程采购项目，适宜由中小企业提供的，采购人应当专门面向中小企业采购。

④超过200万元的货物和服务采购项目、超过400万元的工程采购项目中适宜由中小企业提供的，预留该部分采购项目预算总额的30%以上专门面向中小企业采购，其中预留给小微企业的比例不低于60%。

⑤对于经主管预算单位统筹后未预留份额专门面向中小企业采购的采购项目，以及预留份额项目中的非预留部分采购包，采购人、采购代理机构应当对符合本办法规定的小微企业报价给予6%~10%（工程项目为3%~5%）的扣除，用扣除后的价格参加评审。

⑥接受大中型企业与小微企业组成联合体或者允许大中型企业向一家或者多家小微企业分包的采购项目，对于联合协议或者分包意向协议约定小微企业的合同份额占到合同总金额30%以上的，采购人、采购代理机构应当对联合体或者大中型企业的报价给予2%~3%（工程项目为1%~2%）的扣除，用扣除后的价格参加评审。

⑦价格扣除比例或者价格分加分比例对小型企业和微型企业同等对待，不作区分。

3）进口产品政策

《政府采购进口产品管理办法》（财库〔2007〕119号）、《财政部办公厅关于政府采购进口产品管理有关问题的通知》（财办库〔2008〕248号）及《政府采购进口产品审核指导标准》（2021版）（财库便函〔2021〕551号）对政府采购进口产品采购作了相应规定，框架协议采购时也应当予以遵守。

提示19 进口产品供应商入围。

对于实行框架协议采购的检测、实验、医疗等仪器设备，集中采购机构在组织采购时，可以不限制进口产品入围，但采购人在采购入围进口产品前，需按规定报财政部门审核同意。

4）其他政策

根据财政部 司法部《关于政府采购支持监狱企业发展有关问题的通知》（财库〔2014〕68号）和财政部等三部门《关于促进残疾人就业政府采购政策的通知》（财库〔2017〕141号），监狱企业和残疾人福利性单位视同小型和微型企业、享受相关政策优惠。

（6）框架协议的期限

货物项目框架协议有效期一般不超过1年，服务项目框架协议有效期一般不超过2年。针对某些服务采购项目，采购人需要与供应商一次签订不超过3年期的采购合同，在此需要注意的是，框架协议期限不等于合同期限。

（7）报价要求

报价要求包括征集人可以在征集文件中约定，响应文件应同时对产品的选配件、耗材进行报价；对服务项目包含货物的，要求响应文件中列明货物清单及质量标准等。

对耗材使用量大的复印、打印、实验、医疗等仪器设备进行框架协议采购的，还应当要求供应商同时对3年以上约定期限内的专用耗材进行报价。

需要注意的是，对选配件、耗材的报价要求由征集人根据项目的特点和需求自主决定，《办法》未作强制性要求。

（8）确定第一阶段入围供应商的评审方法、评审标准、确定入围供应商的淘汰率或者入围供应商数量上限和响应文件无效情形

响应文件无效情形可以分为法定无效情形（例如《政府采购法实施条例》第十八条、第三十三条规定）和约定无效情形（例如未按征集文件规定进行报价）。法定无效情形应当如实写入征集文件，约定无效情形应当公平合理，不得以不合理条件限制和排斥潜在供应商参与竞争。

实践中常见的响应文件无效的情形主要包括：

①未按要求提交响应保证金；

②响应文件未按征集文件要求签署或盖章；

③不具备征集文件规定的资格条件要求；

④报价超过征集文件规定的最高限制单价；

⑤响应文件中包含有征集人不能接受的附加条件的；

⑥供应商提供的货物或服务技术标准和商务要求不符合征集文件规定的；

⑦法律、法规、财政部规定的其他无效情形；

⑧征集文件约定的其他无效情形。

提示20 评审方法和评审标准。

评审小组只能按征集文件规定的评审方法和评审标准进行评审。除法律法规另有规定外，征集文件中没有规定的评审方法和评审标准不得作为评审依据。

提示21 竞争规则设置。

为增强竞争性，征集人可以同时要求对确定入围供应商的淘汰率和入围供应商数量上限。

（9）响应文件的编制要求，提交方式、提交截止时间和地点，开启方式、时间和地点，以及响应文件有效期

响应文件编制要求包括响应文件格式、盖章签字、加密解密要求等。

响应文件提交方式是指线上提交还是线下提交。实践中电子交易有半流程和全流程两种方式。半流程是指仅在交易系统上发布公告、下载采购文件，但响应文件的递交、开启、评审均在线下进行。全流程是指框架协议采购的交易活动全部在网上进行。为进一步提升采购效率，降低供应商的交易成本，鼓励采用全流程方式采购。

自征集文件开始发出之日起至供应商提交响应文件截止之日止，不得少于20日。

征集文件应当设定合理的响应文件有效期，以满足在入围通知书发出之日起30日内和入围供应商签订框架协议和预留因可能发生的质疑投诉处理影响框架协议签订的时间。建议设置为60日以上。

（10）拟签订的框架协议文本和采购合同文本

《民法典》第四百九十五条规定：当事人约定在将来一定期限内订立合同的认购书、订购书、预订书等，构成预约合同。当事人一方不履行预约合同约定的订立合同义务的，对方可以请求其承担预约合同的违约责任。

在框架协议采购中，第一阶段签订的框架协议是预约合同，第二阶段授予的政府采购合同是本约合同。任何一方不履行框架协议约定的订立合同义务的，依《民法典》第四百九十五条规定，应承担框架协议的违约责任。

（11）确定第二阶段成交供应商的方式

《办法》第三十二条明确了封闭式框架协议第二阶段授予合同的三种办法，即直接

选定、二次竞价、顺序轮候。《办法》第四十二条明确了开放式框架协议第二阶段授予合同的办法是直接选定。征集人应根据框架协议采购的形式以及采购项目的需求与特点合理选择确定第二阶段成交供应商的方式。

（12）采购资金的支付方式、时间和条件

《保障中小企业款项支付条例》对政府采购资金支付有明确的规定，主要有以下条款：

第八条第一款　机关、事业单位从中小企业采购货物、工程、服务，应当自货物、工程、服务交付之日起30日内支付款项；合同另有约定的，付款期限最长不得超过60日。

第八条第三款　合同约定采取履行进度结算、定期结算等结算方式的，付款期限应当自双方确认结算金额之日起算。

第九条　机关、事业单位和大型企业与中小企业约定以货物、工程、服务交付后经检验或者验收合格作为支付中小企业款项条件的，付款期限应当自检验或者验收合格之日起算。

合同双方应当在合同中约定明确、合理的检验或者验收期限，并在该期限内完成检验或者验收。机关、事业单位和大型企业拖延检验或者验收的，付款期限自约定的检验或者验收期限届满之日起算。

第十条　机关、事业单位和大型企业使用商业汇票等非现金支付方式支付中小企业款项的，应当在合同中作出明确、合理约定，不得强制中小企业接受商业汇票等非现金支付方式，不得利用商业汇票等非现金支付方式变相延长付款期限。

第十一条　机关、事业单位和国有大型企业不得强制要求以审计机关的审计结果作为结算依据，但合同另有约定或者法律、行政法规另有规定的除外。

（13）入围产品升级换代规则

框架协议有效期内，产品有可能升级换代，从而影响履约，因此征集文件可以约定在质量不降低、价格不提高的前提下，对入围供应商因产品升级换代、用新产品替代原入围产品提出明确要求。

（14）用户反馈和评价机制

采购人和服务对象可以对入围供应商履行框架协议和采购合同情况予以反馈与评价，并将用户反馈和评价情况向其他采购人和服务对象公开，作为第二阶段直接选定成交供应商的参考，这就要求电子化采购系统能动态、实时更新采购人和服务对象的反馈评价情况。

党的十九大报告指出要全面实施绩效管理。《深化政府采购制度改革方案》要求强化采购人主体责任。《办法》第十六条规定：建立用户反馈和评价机制。采购人可以根据采购经验或者其他采购人（或服务对象）的评价，决定成交供应商的选择，这无疑是绩效评价结果的现实运用，也是强化采购人主体责任的重要措施；同时评价数据的实时更新，确保了绩效评价结果的动态运用。

（15）入围供应商的清退和补充规则

《办法》第十九条规定了入围供应商的清退规则。第三十一条规定了补充征集供应商的适用情形和程序。

入围供应商的清退机制有利于入围供应商的优胜劣汰，也有利于供应商诚信履约。入围供应商的补充规则，又有利于入围供应商之间保持竞争性。

封闭式框架协议采购在协议有效期内一般不再征集供应商，这是封闭式框架协议与开放式框架协议采购的主要区别。但在封闭式框架协议采购有效期内，剩余入围供应商不足入围供应商总数70%且影响框架协议执行的情形外，征集人可以补充征集供应商。补充征集规则应当在框架协议中约定，补充征集的条件、程序、评审方法和淘汰比例应当与初次征集相同。补充征集应当遵守原框架协议的有效期。补充征集期间，原框架协议继续履行。

（16）供应商信用信息查询渠道及截止时点、信用信息查询记录和证据留存的具体方式、信用信息的使用规则等

根据财政部《关于在政府采购活动中查询及使用信用记录有关问题的通知》（财库〔2016〕125号），征集人应当在征集文件中应作以下规定：

1）供应商信用信息的查询主体

征集人是供应商信用信息的查询主体。征集人应在对供应商资格进行审查时，查询供应商的信用信息。查询信息查询记录和证据应采取复印、录像等必要方式留存。要求供应商自己查询信用信息，并将查询结果作为响应文件内容的做法是不符合财政部关于促进政府采购公平竞争优化营商环境的政策要求的。

2）供应商信用信息的查询渠道及截止时点

供应商信用信息的查询渠道是"信用中国"网（www.creditchina.gov.cn）和中国政府采购网（www.ccgp.gov.cn）。信用信息的查询截止时点一般应为资格审查的当日。由于供应商的信用信息是不断变化的，征集文件中应明确供应商的信用信息的查询时点，

以免由于供应商的信用信息的改变而引起质疑。资格审查时，只依据征集文件规定的查询时点查询到的供应商的信用信息进行审查。

3）信用记录的使用

信用信息的使用有两种方式，一种是用于禁止供应商参加竞争；另一种是允许供应商参加竞争，但评审时做扣分处理。对列入失信被执行人、重大税收违法案件当事人名单、政府采购严重违法失信行为记录名单及其他不符合政府采购法第二十二条规定条件的供应商，应当拒绝其参与政府采购活动。对于其他被行政机关处罚、在政府采购合同中有违约行为以及其他失信行为的，可以在评审时做扣分处理，但应当在征集文件中予以明示。

4）联合体投标的信用查询

联合体投标的，应当对联合体所有成员进行信用记录查询，任何一个联合体成员存在不良信用记录的，视同联合体存在不良信用记录。

（17）采购代理机构代理费用的收取标准和方式

财政部《关于促进政府采购公平竞争优化营商环境的通知》（财库〔2019〕38号）规定，实现电子化采购的，采购人、采购代理机构应当向供应商免费提供电子采购文件。因此征集文件应当免费提供。

采购代理机构收取的代理服务费用的取费标准目前实行的是市场调节制，即由征集人与采购代理机构协商确定。代理服务费用的收取方式是指向征集人收费还是向入围供应商收费，但绝对不允许出现既向征集人收费又向入围供应商收费的情形。

提示22 集中采购机构不得收取采购代理服务费。

《国务院办公厅关于进一步加强政府采购管理工作的意见》（国办发〔2009〕35号）规定，集中采购机构要严格按照《中华人民共和国政府采购法》规定组织采购活动，规范集中采购操作行为，增强集中采购目录执行的严肃性、科学性和有效性。在组织实施中不得违反国家规定收取采购代理服务费用和其他费用。

（18）省级以上财政部门规定的其他事项

《办法》授权省级以上财政部门可以根据各地实际对框架协议采购制定实施细则，故设置该兜底条款。

3.3 供应商响应要求

条文原文

第二十四条 供应商应当按照征集文件要求编制响应文件，对响应文件的真实性和合法性承担法律责任。

供应商响应的货物和服务的技术、商务等条件不得低于采购需求，货物原则上应当是市场上已有销售的规格型号，不得是专供政府采购的产品。对货物项目每个采购包只能用一个产品进行响应，征集文件有要求的，应当同时对产品的选配件、耗材进行报价。服务项目包含货物的，响应文件中应当列明货物清单及质量标准。

【条文主旨】

本条是关于供应商的响应要求的规定。

【条文解析】

1. 响应文件应当按照征集文件提出的要求和条件作出明确响应

征集人在编制征集文件时，应要求供应商对征集文件的要求作出响应，为了避免供应商没有对征集文件的要求作出全面响应，或者遗漏某些内容，征集人应通过制定响应文件目录、响应文件格式、技术指标和商务指标响应表或偏离表等形式，要求供应商按要求编制响应文件。征集文件中的框架协议、采购合同主要条款和技术要求只有得到供应商的响应才可以作为签订框架协议和采购合同的内容。

在实践中，评审供应商提交的响应文件只能基于响应文件提供的材料。需要把握的是实质性条款和一般性条款，对于征集文件明确不允许偏离的实质性要求，供应商提交的响应文件必须完全响应和满足，否则响应文件无效。对于一般性条款的偏离，不会导致响应文件无效，但可能会导致响应文件评审时被作为不利于供应商的扣分处理。

2．供应商对响应文件的真实性和合法性承担相应法律责任

《政府采购法》《政府采购法实施条例》均对供应商提供虚假材料或者串通投标等违法行为作了禁止性规定，以及因上述违法行为而应承担相应的法律责任，《办法》第十九条对提供虚假材料或者串通投标等违法行为规定了清退的法律责任。

3．货物项目响应要求

货物原则上应当是市场上已有销售的规格型号，不得是专供政府采购的产品。此条主要是为了防止供应商所投产品出现价格不可比、有价无市的情形；或是以专供之名行价高之实，从而引发竞争不足，导致政府采购价格虚高。同时采购市场已有销售的规格型号有利于征集人合理制定最高限制单价，尽可能避免"天价采购"的出现。

封闭式框架协议下货物项目每个采购包只能用一个产品进行响应，如此规定的目的是促进公平竞争。框架协议采购不同于单一项目采购，涉及多采购标的和多个入围供应商。采购标的明确，是价格具有可比性和约束力的前提。《办法》致力于建立供应商、响应（入围）产品与采购需求（采购包）之间的唯一对应关系，从而为公平竞争奠定基础。假设，允许供应商用多个产品对同一个采购包进行响应，那么对征集人来说，就不必在采购需求管理上费工夫，分设采购包并一一拟定采购需求。而是可以像目前实践中的一些协议供货一样，让生产厂商对自己的产品一股脑儿报价，甚至可以提出所谓的投标报价折扣率。对供应商来说，如果按照响应供应商计算淘汰率，则可以运用不平衡报价策略进行多产品组合报价（例如对热销产品报低折扣率，对冷门产品报高折扣率）；如果按照响应产品计算淘汰率，产品线长的厂家则可以利用其产品数量优势，有保有弃，确保有产品入围。如此一来就会弱化市场竞争，甚至竞争失效，有失公平（摘录自徐舟的《权威解读政府采购框架协议》）。

征集文件要求对配件耗材进行报价的，供应商应当予以响应，是引入产品全寿命周期成本理念，防止出现"买得便宜用得贵"现象。

3.4 封闭式框架协议第一阶段评审方法

条文原文

第二十五条 确定第一阶段入围供应商的评审方法包括价格优先法和质量优先法。

价格优先法是指对满足采购需求且响应报价不超过最高限制单价的货物、服务，按照响应报价从低到高排序，根据征集文件规定的淘汰率或者入围供应商数量上限，确定入围供应商的评审方法。

质量优先法是指对满足采购需求且响应报价不超过最高限制单价的货物、服务进行质量综合评分，按照质量评分从高到低排序，根据征集文件规定的淘汰率或者入围供应商数量上限，确定入围供应商的评审方法。货物项目质量因素包括采购标的的技术水平、产品配置、售后服务等，服务项目质量因素包括服务内容、服务水平、供应商的履约能力、服务经验等。质量因素中的可量化指标应当划分等次，作为评分项；质量因素中的其他指标可以作为实质性要求，不得作为评分项。

有政府定价、政府指导价的项目，以及对质量有特别要求的检测、实验等仪器设备，可以采用质量优先法，其他项目应当采用价格优先法。

【条文主旨】

本条是关于第一阶段入围供应商的评审方法的规定。

【条文解析】

1. 两种评审方法适用情形

框架协议采购区别于"三库"的根本在于框架协议采购的竞争机制，竞争通常分为价格因素的竞争和质量等其他因素的竞争。考虑到框架协议采购的适用条件是技术、服务等标准明确、统一，因此《办法》将价格优先法作为默认的评审方法，即满足需求只比价格；规则越简单，对需求标准要求越高；质量优先法有其特殊的适用前提，即有政府定价、政府指导价的项目，以及对质量有特别要求的检测、实验等仪器设备。

提示23 ▶ 有政府定价、指导价的项目也可以采用价格优先法。

《办法》第二十五条第四款用的是"可以"采用质量优先法而不是"必须"采用质量优先法，因此集中采购机构或主管预算单位为了增强竞争性，对通用产品采购也可以采用价格优先法。

问题10 ▶ 封闭式框架协议采购需要抽取专家吗？抽取的专家应当符合哪些规定？

《办法》聚焦实体管理，简化了程序规定。《办法》第九条第二款明确规定，封闭式框架协议的公开征集程序，按照政府采购公开招标的规定执行，本办法另有规定的，从其规定。因此对于封闭式框架协议采购第一阶段的评审，应当按照《政府采购货物和服务招标投标管理办法》（财政部令第87号）的规定抽取专家，《政府采购货物和服务招标投标管理办法》中评标委员会组成、专家回避等规定适用于封闭式框架协议采购。

2．价格优先法的实务要点

提示24 ▶ 落实中小企业扶持的价格折扣。

价格比较时应当首先对中小企业的报价进行价格折扣，然后对各供应商的评审报价进行比较。

案例：某教育局采购某类型的货物，该货物制造商既有中小企业，又有大型企业，征集文件规定中小企业价格折扣为6%。在规定时间内提交响应文件的供应商共10家，A供应商提供的产品为中小企业制造，提供了中小企业声明函，响应文件报价为100元/台；B供应商提供的产品为大型企业制造，响应文件报价为100元/台（为方便比较，只选取A、B两家供应商）。经资格审查和初步审查，供应商A、B均满足征集文件要求，当A、B进行报价比较时，因A的制造商属中小企业，报价享受中小企业扶持政策，A的评审价应为94元/台，B的制造商属大型企业，不享受价格折扣，评审价为100元/台，因此A的排序比B的排序要靠前。

提示25 ▶ 明确评审报价相同的处理规则。

征集文件评审办法对多供应商经享受中小企业价格折扣后评审价相同的情形，该如何处理应当予以明确。

案例：共有10名供应商递交响应文件，经资格审查和符合性审查均合格，有4家供应商的评审价相同且报价最高。按征集文件规定淘汰率30%，本次框架协议采购必须至少淘汰3家，那么通过某种规则只淘汰3家，是保留1家，还是将4家都淘汰？如果征集文件未作规定，遇到此类情形将无所适从。

3．质量优先法的实务要点

（1）评审因素应当与采购需求和质量要求有关

首先，评审的最终目的是选择优质供应商，实现采购的基本需求，因此与采购需求无关的因素，例如供应商的成立年限、规模条件等均不能作为评审因素。

其次，质量优先法只对质量有关的因素进行评审，因此与质量无关的需求，亦不能作为评审因素。

提示26 质量优先法的质量应作广义理解。

质量优先法的质量既包括产品质量又包括服务质量，例如安装调试、售后培训、保养维修服务等。

（2）评审因素设置不能排斥潜在供应商

征集文件评审因素设置应当遵守《政府采购法实施条例》第二十条和《政府采购货物和服务招标投标管理办法》（财政部令第87号）第十七条评审因素设置的禁止性规定。

征集文件有下列情形之一的，属于以不合理的条件对供应商实行差别待遇或者歧视待遇：

①就同一采购项目向供应商提供有差别的项目信息；

②设定的资格、技术、商务条件与采购项目的具体特点和实际需要不相适应或者与合同履行无关；

③采购需求中的技术、服务等要求指向特定供应商、特定产品；

④以特定行政区域或者特定行业的业绩、奖项作为加分条件或者中标、成交条件；

⑤对供应商采取不同的资格审查或者评审标准；

⑥限定或者指定特定的专利、商标、品牌或者供应商；

⑦非法限定供应商的所有制形式、组织形式或者所在地；

⑧以其他不合理条件限制或者排斥潜在供应商（例如将投标人的注册资本、资产总额、营业收入、从业人员、利润、纳税额等规模条件作为资格要求或者评审因素）。

（3）评审因素应当予以量化，无法量化的质量因素不可以作为评审因素

要求评审因素必须量化，就是为了减少评委的自由裁量权。评审标准要具体明确，评审结果具有唯一性的，不得采用非量化的"优秀、良好、一般"或"国际一线品牌、国内知名品牌"等形容词或民间组织的评议结果作为评审因素项，评委也不得对各家供应商的响应文件进行横向比较后赋分。

提示27 质量因素中的其他指标可以不作为实质性要求。

关于质量因素中的其他指标是否可以作为实质性要求的问题，《办法》用的是"可以"而不是"应当"，这就意味着质量因素中的其他指标是否作为征集文件的实质性要求，由征集人自主决定。

3.5 耗材使用量大的设备采购要求

条文原文

第二十六条 对耗材使用量大的复印、打印、实验、医疗等仪器设备进行框架协议采购的，应当要求供应商同时对3年以上约定期限内的专用耗材进行报价。评审时应当考虑约定期限的专用耗材使用成本，修正仪器设备的响应报价或者质量评分。

征集人应当在征集文件、框架协议和采购合同中规定，入围供应商在约定期限内，应当以不高于其报价的价格向适用框架协议的采购人供应专用耗材。

【条文主旨】

本条是关于耗材使用量大的设备采购要求的规定。

【条文解析】

1. 适用对象

对耗材使用量大的复印、打印、实验、医疗等仪器设备进行框架协议采购的，适用本规定。

仪器设备使用年限相对较长，且耗材使用量较大，如果不对专用耗材加以规定，就一定会造成供应商利用专用耗材单一来源采购的机会变相提升整体采购价格。例如实践中打印机一般都很便宜，但其硒鼓一般很贵，且有些耗材无法用其他同类耗材代替，通用性不强，单一来源采购下耗材价格虚高，因此在封闭式框架协议采购时建议优先选用标准型产品，减少必须使用专用耗材的产品采购；必须采购使用专用耗材产品的，应当要求供应商对3年以上约定期限内的专用耗材进行报价；《办法》第二十四条也进行了相应的规定，即在供应商对货物项目进行响应时，应当同时对产品的选配件、耗材进行报价，便于评审小组按照全生命周期成本的理念评估供应商，避免出现重视采购初始成本、忽视后续使用成本的现象，导致采购人"买得起而用不起"的情形。

2. 修正仪器设备的响应报价或者质量评分

（1）修正的基础

以征集文件中约定期限计算各供应商的专用耗材使用成本。需要注意的是，不同产品耗材损耗或更新时间不同，因此要根据耗材的使用年限和耗材的单价以及约定期限计算专用耗材使用成本。例如某耗材单价100元/件，使用寿命1年，约定期限5年，则其耗材成本应当是500元。实践中仪器设备专用耗材可能不限于一种，应当予以合并计算。

（2）修正仪器设备的响应报价

修正仪器设备的响应报价适用于价格优先法。

修正后仪器设备的响应报价=（供应商的响应文件报价+约定期限的专用耗材使用成本）×（1-中小企业扶持的价格折扣率）；非中小企业无价格扣除修正。

（3）修正仪器设备的质量评分

修正仪器设备的质量评分适用于质量优先法。

根据《办法》第二十五条的规定，质量优先法仅对有政府定价、政府指导价的项目，以及对质量有特别要求的检测、实验等仪器设备进行质量综合评分，不涉及供应商的报价得分，因此，修正仪器设备的质量评分只能对约定期限的专用耗材使用成本进行质量评分。

《办法》未对如何修正仪器设备的质量评分作出具体规定，征集人可以自由裁量。例如，以所有响应征集文件要求的约定期限的专用耗材使用成本最低的为基准价，每低于一个百分点在其质量综合得分基础上减多少分，减完为止或者最多减多少分，等于基本价的不扣分。再例如，可将专用耗材使用成本设置多个区间值，采用区间法对供应商的质量综合得分进行相应的扣减等等。

（4）专用耗材采购的最高限价

《办法》规定，入围供应商在约定期限内，应当以不高于其专用耗材报价的价格向适用框架协议的采购人供应专用耗材。这就意味着在实际采购中，采购人可以与入围供应商就专用耗材在最高限价范围内协商具体采购价格。

3.6　第一阶段入围供应商竞争性要求

条文原文

第二十七条　确定第一阶段入围供应商时，提交响应文件和符合资格条件、实质性要求的供应商应当均不少于2家，淘汰比例一般不得低于20%，且至少淘汰一家供应商。

采用质量优先法的检测、实验等仪器设备采购，淘汰比例不得低于40%，且至少淘汰一家供应商。

【条文主旨】

本条是关于封闭式框架协议采购确定第一阶段入围供应商竞争性要求的规定。

【条文解析】

1. 供应商数量要求

考虑到框架协议采购可能发生因受基础设施、行政许可、知识产权等限制，供应商数量仅有3家以下的情形,本条突破了《政府采购法》第三十六条"符合专业条件的供应商或者对招标文件作实质响应的供应商不足三家,应予废标"的规定,对提交响应文件和符合资格条件、实质性要求共三个环节的响应供应商数量均只要求不少于2家即可。

2．淘汰比例要求

(1)采用价格优先法的,淘汰比例一般不得低于20%,且至少淘汰一家供应商;

(2)采用质量优先法的有政府定价、政府指导价的项目,淘汰比例一般不得低于20%,且至少淘汰一家供应商;

(3)采用质量优先法的检测、实验等仪器设备采购,淘汰比例不得低于40%,且至少淘汰一家供应商。

提交响应文件和符合资格条件家数的要求,以及淘汰比例的规定,使得公开征集规则明显有别于公开招标规则,这主要基于竞争规则上进行要求,框架协议采购存在多家供应商入围的情形,可能参与响应的供应商人数众多,规定一定的淘汰率符合竞争规则。

对采用质量优先法的检测、实验等仪器设备采购,设置更高的淘汰比例要求是基于此类设备采购没有政府定价和政府指导价,在入围阶段供应商也不竞争价格,因此会导致两种结果:一种是产品质量好但市场价格较高的供应商为了参与政府采购,不得已降低其报价,从而达到框架协议采购节约财政性资金的效果;还有一种则是供应商响应的产品质量一般,但也能满足征集人的采购需求,因质量优先法不竞争价格,故响应供应商会贴近征集文件规定的最高限制单价进行报价,变相导致此类供应商的产品价格高于市场价格,这是征集人不愿意看到的采购结果。为减少这种现象,《办法》对此类采购项目抬高了淘汰比例,通过降低质量差、价格高的供应商入围概率,从而平衡价格与质量的关系。

提示28 征集人可以在征集文件中设置淘汰比例要求。

本条规定的淘汰比例为最低淘汰比例,征集人可以根据项目的特点和需求,设置不低于最低要求的合理淘汰比例。

提示29 淘汰比例的计算基数。

淘汰比例的计算基数是以最终通过资格审查和符合性审查的供应商为基数。计算结果包含小数的,应当取整数。

案例：某项货物，采用封闭式框架协议采购，提交响应文件供应商为20家，通过资格审查和符合性审查后，还剩16家，征集文件规定的最低淘汰比例为20%，则至少应淘汰4家。

提示30 淘汰比例与入围供应商数量上限同时设置。

征集人可以根据项目特点和竞争程度，在征集文件中既设置最低淘汰比例，又设置入围供应商数量上限。

案例：某框架协议采购征集文件规定，最低淘汰比例为30%，入围供应商数量上限为6家。第一阶段，共有10家供应商递交响应文件，资格审查和符合性审查均合格。根据征集文件规定，最低淘汰为10×30%=3（家），但征集文件同时规定入围供应商数量上限为6家，因此第一阶段应淘汰的供应商为4家。

案例：某框架协议采购征集文件规定，最低淘汰比例为40%，入围供应商数量上限为7家。第一阶段，共有10家供应商递交响应文件，资格审查和符合性审查均合格。根据征集文件规定，最低淘汰为10×40%=4（家），淘汰4家后满足征集文件规定入围供应商数量上限为7家的要求，因此第一阶段应淘汰的供应商为4家。

提示31 入围供应商允许只有一家。

因提交响应文件和符合资格条件、实质性要求的供应商可以仅为2家，考虑到无论是价格优先法还是质量优先法均有至少淘汰一家供应商的要求，因此入围供应商有可能出现只有一家的情形。

3.7 入围结果公告内容

条文原文

第二十八条 入围结果公告应当包括以下主要内容：

（一）采购项目名称、编号；

（二）征集人的名称、地址、联系人和联系方式；

（三）入围供应商名称、地址及排序；

（四）最高入围价格或者最低入围分值；

（五）入围产品名称、规格型号或者主要服务内容及服务标准，入围单价；

（六）评审小组成员名单；

（七）采购代理服务收费标准及金额；

（八）公告期限；

（九）省级以上财政部门规定的其他事项。

【条文主旨】

本条是关于封闭式框架协议入围结果公告内容的规定。

【条文解析】

1. 入围结果公告内容

（1）入围结果公告

入围结果公告内容应当包括采购项目名称、编号、征集人的名称、地址、联系人和联系方式等采购基本信息；入围供应商名称、地址及排序、最高入围价格或者最低入围分值、入围产品名称、规格型号或者主要服务内容及服务标准，入围单价等入围供应商的信息。

最高入围价格是指采用价格优先法的，其入围供应商中排序最末名的供应商报价。最低入围分值是指采用质量优先法的，入围供应商中排名最末的供应商评审得分。

入围结果的相关信息公开有两个方面的考量，一方面是接受监督的需要。政府采购被誉为"阳光下的交易"，将入围供应商的信息予以公开，可以接受其他参与入围竞争的供应商和社会公众等监督，从而减少入围供应商虚假响应、相互串通等违法行为。另一方面基于第三十七条"鲶鱼效应"的需要。入围供应商相关信息的公开有利于非入围供应商根据入围供应商的产品、价格等信息，以更低价格的相同产品参与第二阶段竞争，尽可能减少因框架协议采购先天性竞争不足导致采购价格虚高的问题。

（2）评审小组成员名单

公开评审小组成员名单是为了接受公众监督，但需要注意的是，与《政府采购货物和服务招标投标管理办法》（财政部令第87号）中标结果公告仅要求公开评审专家名单，不强制要求必须公开采购人代表不同的是，《办法》要求公布的是评审小组成员名单。征集人代表属评审小组成员之一，因此评审小组成员中的征集人代表名单也应当公布。

（3）公告期限

本条未对公告期限作出具体规定，根据第九条的规定，按《政府采购货物和服务招标投标管理办法》（财政部令第87号）规定入围成交结果公告期限为1个工作日。

2．发出入围成交通知书和评审结果告知书

结合第二十九条规定可以看出，向入围供应商发出入围结果通知书属征集人规定的动作。本条未作规定是基于《政府采购货物和服务招标投标管理办法》（财政部令第87号）已有规定，为避免重复，本条未作具体要求，实践中按《政府采购货物和服务招标投标管理办法》的规定执行，即在发布入围成交结果公告的同时，征集人向入围供应商同步发出入围成交通知书。对未入围供应商应当告知其未入围原因。采用质量优先法的，还应告知未入围供应商的评审得分与排序。

提示32 发布入围成交公告同时应公告征集文件。

本条没有规定发布入围结果公告时是否同步公告征集文件，但是结合第三十条第三款，征集人应当确保征集文件和入围成交结果信息在整个框架协议有效期内随时可供公众查阅的规定，征集人应参考《政府采购货物和服务招标投标管理办法》（财政部令第87号）中标结果公告发布要求，即在发布入围成交结果公告同时公告征集文件。

示例2 入围结果公告示范文本

入围结果公告

一、项目编号

二、项目名称

三、入围结果信息

入围供应商名称	地址	排序	入围单价

入围产品名称、规格型号或者主要服务内容及服务标准见附件。

四、公告期限

自本公告发布之日起1个工作日。

五、其他补充事宜

1. 最高入围价格或者最低入围分值

2. 评审小组成员名单

3. 采购代理服务收费标准及金额

4. 其他

六、凡对本次公告内容提出询问，请按以下方式联系

1. 征集人信息

名　　称：

地　　址：

联 系 人：

联系方式：

2. 采购代理机构信息（如有）

名　　称：

地　　址：

联 系 人：

联系方式：

七、附件

入围产品名称、规格型号或者主要服务内容及服务标准明细表（略）

3.8 框架协议签订与备案

条文原文

> 第二十九条 集中采购机构或者主管预算单位应当在入围通知书发出之日起30日内和入围供应商签订框架协议，并在框架协议签订后7个工作日内，将框架协议副本报本级财政部门备案。
>
> 框架协议不得对征集文件确定的事项以及入围供应商的响应文件作实质性修改。

【条文主旨】

本条是关于封闭式框架协议采购的框架协议签订及备案相关规定。

【条文解析】

1. 封闭式框架协议采购的框架协议签订

（1）签订主体

封闭式框架协议采购的框架协议由集中采购机构或者主管预算单位与入围供应商签订。

提示33 框架协议是分别签订的。

由于各入围供应商的入围产品型号、规格、价格或者提供的服务方案、服务标准等均不同，因此框架协议的签订应当是集中采购机构或主管预算单位分别与各入围供应商进行签订，而不是各入围供应商在一份框架协议上共同签署。

（2）签订时间要求

当事人订立合同，可以采用书面形式、口头形式或者其他形式。政府采购活动由于档案管理和便于追溯的要求，按《政府采购法》第四十四条规定政府采购合同应当采用书面形式。因此集中采购机构或者主管预算单位应当在入围成交通知书发出之日起30日内和入围供应商签订书面框架协议。

（3）签订依据

集中采购机构或主管预算单位与入围供应商签订框架协议的主要依据是征集文件和入围供应商的响应文件。征集人对征集文件的澄清修改也属于征集文件组成部分，评审时供应商对评审委员会做出的澄清或补正说明也属于响应文件的组成部分，以上两部分也是签订框架协议的依据与参考。

（4）集中采购机构或主管预算单位不得向入围供应商提出不合理要求作为签订框架协议的前提条件

在实践中，集中采购机构或主管预算单位与入围供应商签订框架协议时，又额外提出超出征集文件和响应文件之外的不合理要求。如征集人提出的不合理要求，没有改变响应文件的实质性内容，且供应商能够接受，则应受法律保护。但如果征集人提出的要求增加了入围供应商的负担，例如要求入围供应商再度降价或增加服务年限、要求其赠送零配件或耗材或提高服务标准等，这是法律所不允许的。

2．框架协议不得对征集文件确定的事项以及入围供应商的响应文件作实质性修改

为避免出现"黑白合同""阴阳合同"等行为，本条规定了框架协议不得对征集文件和响应文件确定的内容作实质性修改的要求。实质性内容一般包括入围价格、产品型号、规格、服务年限、服务标准和要求、付款条件等。

3．框架协议的备案

本条对框架协议的备案严格依照《政府采购法》第四十七条规定：政府采购项目的采购合同自签订之日起七个工作日内，将合同副本报同级政府采购监督管理部门和有关部门备案的要求。

需要注意的是，备案方式有两种：一种是线下备案，一种是在电子化采购系统里备案（也称线上备案）。在电子化采购模式下，征集人完全可以进行线上备案，以减少不必要的费用支出。

3.9　入围信息告知

　　第三十条　征集人应当在框架协议签订后3个工作日内通过电子化采购系统将入围信息告知适用框架协议的所有采购人或者服务对象。

　　入围信息应当包括所有入围供应商的名称、地址、联系方式、入围产品信息和协议价格等内容。入围产品信息应当详细列明技术规格或者服务内容、服务标准等能反映产品质量特点的内容。

　　征集人应当确保征集文件和入围信息在整个框架协议有效期内随时可供公众查阅。

【条文主旨】

本条是关于封闭式框架协议采购入围信息告知的规定。

【条文解析】

1. 入围信息的意义

入围信息告知是为了方便采购人或服务对象充分了解入围供应商的相关信息，便于采购人或服务对象在框架协议采购第二阶段对入围供应商进行比较和选择，从而有针对性地确定成交供应商。因此告知入围信息应当尽可能充分和全面、完整，技术规格或者服务内容、服务标准等能反映产品质量特点的内容应当尽可能详细。

2. 入围信息告知的方式

考虑到入围供应商信息量大，因此本条规定了入围供应商信息应通过电子化采购系统告知的方式。电子化采购系统运营机构应当开发建设入围供应商信息查询功能模块或子系统，并在电子交易系统中预留接口，实现入围供应商数据的导入和采购人或服务对象的查询搜索功能。

3．入围供应商信息告知时间

要求征集人应当在框架协议签订后3个工作日内通过电子化采购系统将入围信息告知适用框架协议的所有采购人或者服务对象，是为了提升采购效率，防止因征集人告知不及时，从而影响采购效率。

4．入围信息公开的常态化

征集文件和入围信息在整个框架协议有效期内随时可供公众查阅，是为了通过信息公开，实现公众监督的常态化。

提示34 入围供应商信息应当适时更新。

入围供应商在框架协议期间可能发生变化，因此征集人应当及时关注入围供应商的相关信息，并对入围供应商的信息及时予以更新，避免采购人或服务对象因信息的不对称造成错选入围供应商的情形。

提示35 入围供应商和入围产品标识。

为进一步落实支持中小企业、绿色采购等政策，征集人应当对属于政策支持范围的入围供应商和入围产品在入围信息查询系统进行标识，引导采购人或者服务对象在确定第二阶段成交供应商时优先选择。

3.10 补充征集供应商

条文原文

第三十一条 除剩余入围供应商不足入围供应商总数70%且影响框架协议执行的情形外，框架协议有效期内，征集人不得补充征集供应商。

征集人补充征集供应商的，补充征集规则应当在框架协议中约定，补充征集的条件、程序、评审方法和淘汰比例应当与初次征集相同。补充征集应当遵守原框架协议的有效期。补充征集期间，原框架协议继续履行。

【条文主旨】

本条是关于封闭式框架协议采购补充征集机制的规定。

【条文解析】

1．封闭式框架协议采购补充征集的适用条件

封闭式框架协议采购原则上不得在框架协议有效期内增加入围供应商，这是对已入围供应商的一种信赖与利益保护，也是契约精神的体现。但有原则就会有例外，补充征集供应商就是一种特殊的例外情形。

补充征集需要同时满足两个条件：一是剩余入围供应商不足入围供应商总数的70%；二是因入围供应商数量不足而影响了框架协议的执行。只要以上有一个条件不满足，均不得实施补充征集程序。征集人在适用此类情形时应当从严把握。

提示36 如何理解剩余入围供应商？

在框架协议期间，因入围供应商出现本《办法》第十九条解除框架协议情形或被取消入围资格的情形，最终导致入围供应商数量减少，保留下来的供应商称之为剩余入围供应商。

2．封闭式框架协议采购补充征集的规则

（1）补充征集规则应在框架协议中明确约定

为体现政府采购的诚实信用原则，征集人有权但不可任性，即不得采用未在框架协议中规定的补充征集规则。

（2）补充征集的条件、程序、评审方法和淘汰比例应当与初次征集规则相同

补充征集的规则与初次征集规则相同是为了体现公开、公平、公正原则，同一个征集标准确保了补充征集供应商与入围供应商站在同一起跑线上，尽可能避免出现"以次充好"现象。

（3）补充征集应当遵守原框架协议的有效期

补充征集供应商的框架协议有效截止日期与入围供应商的框架协议有效截止日期应当一致，本条规定的目的是防止征集人利用补充征集规则变相延长框架协议有效期，从而在延长的框架协议期内排斥其他供应商参与竞争。

案例：原入围供应商的框架协议有效期一年，补充征集后，原框架协议有效期剩余三个月，则补充征集的入围供应商的有效期限也限于三个月，而不能从补充征集完成之日起往后推算一年有效期的时间。

（4）补充征集期间，原框架协议继续履行

开展补充征集供应商期间，原框架协议不暂停。征集人不得以正在实施补充征集供应商为由，要求采购活动暂停或禁止采购人或服务对象在此期间确定成交供应商并授予采购合同。

提示37 封闭式框架协议采购与公开招标的区别。

封闭式框架协议采购与公开招标的区别见表3-2。

封闭式框架协议采购与公开招标的区别 　　　　　　　　　表 3-2

流程	框架协议采购	政府采购的公开招标
基本规则	两阶段采购，且第一阶段有竞争	政府采购中无两阶段招标的相关规定。
采购平台	电子化采购（《办法》第七条）	未强制
适用范围	四类（《办法》第三条）	达到公开招标数额标准的政府采购货物和服务
实施主体	第一阶段：征集人；第二阶段：采购人或服务对象	采购人
采购意向公开	《关于开展政府采购意向公开工作的通知》（财库〔2020〕10号）规定协议供货、定点采购方式实施的小额零星采购可以不公开采购意向，但建议封闭式框架协议采购参照公开	公开时间：原则上不得晚于采购活动开始前30日公开采购意向。因预算单位不可预见的原因急需开展的采购项目，可不公开采购意向

流程	框架协议采购	政府采购的公开招标
采购需求调查	确定框架协议采购需求应当开展需求调查；面向采购人和供应商开展需求调查时，调查对象一般各不少于3个（《办法》第十一条第二款）	特定项目才需要开展采购需求调查：①1000万元以上的货物、服务采购项目，3000万元以上的工程采购项目；②涉及公共利益、社会关注度较高的采购项目；③技术复杂、专业性较强的项目；④主管预算单位或者采购人认为需要开展需求调查的其他采购项目（《政府采购需求管理办法》第十一条）
确定采购需求的主体	集中采购机构或者主管预算单位	采购人
采购方案备案与审核	需审核或备案（《办法》第八条）	合同订立安排，合同管理安排。授权各级财政部门规定采购方案备案内容
采购需求风险管理	无要求（《办法》第十二条）	采购人应当建立审查工作机制，在采购活动开始前，针对采购需求管理中的重点风险事项，对采购需求和采购实施计划进行审查，审查分为一般性审查和重点审查
政府采购政策适用	可以不专门面向中小企业预留采购份额	适用
最高限价	最高限制单价→协议价格→合同价格（还需要考虑二次竞价的问题）	最高限价→投标价格=合同价格
采购标的	单一产品或服务（底级品目）	可以是单一产品或服务，也可以是非单一产品（品目）项目
供应商资格条件	货物项目框架协议的入围供应商应当为入围产品生产厂家或者生产厂家唯一授权供应商（《办法》第十八条）	除进口产品外，禁止将生产厂家授权书（函）作为资格条件
供应商产品响应	对货物项目每个采购包只能用一个产品进行响应，征集文件有要求的，应当同时对产品的选配件、耗材进行报价（《办法》第二十四条）	没有要求

续表

流程	框架协议采购	政府采购的公开招标
评审办法	封闭式框架协议采购确定第一阶段入围供应商的评审方法包括价格优先法和质量优先法（《办法》第二十五条）	评标方法分为最低评标价法和综合评分法（《政府采购货物和服务招标投标管理办法》（财政部令第87号）第五十三条）
合同授予方式	直接选定、二次竞价和顺序轮候	按评标委员会推荐的中标候选人顺序确定中标人
合同授予特例	合同可以有条件地授予非入围供应商。采购人证明能够以更低价格向非入围供应商采购相同货物，且入围供应商不同意将价格降至非入围供应商以下的，可以将合同授予非入围供应商。采购项目适用前款规定的，征集人应当在征集文件中载明并在框架协议中约定（《办法》第三十七条）	无此规定
合同授予对象	入围供应商可以委托一家或者多家代理商，按照框架协议约定接受采购人合同授予，并履行采购合同。入围供应商应当在框架协议中提供委托协议和委托的代理商名单	中标人
合同备案	增加了框架协议的备案要求（《办法》第二十九条）	政府采购项目的采购合同自签订之日起七个工作日内，采购人应当将合同副本报同级政府采购监督管理部门和有关部门备案（《政府采购法》第四十七条）

3.11 用思维导图学110号令之封闭式框架协议采购第一阶段流程图及思维导图

封闭式框架协议采购第一阶段思维导图见图3-1。

封闭式框架协议采购第一阶段流程图见图3-2。

封闭式框架协议采购第一阶段

- 编制并发布征集公告
  - 征集公告发布时间 —— 公告期限为5个工作日
  - 征集公告内容
    - 征集人的名称、地址、联系人和联系方式
    - 采购项目名称、编号，采购需求以及最高限制单价，适用框架协议的采购人或者服务对象范围，能预估采购数量的，还应当明确预估采购数量
    - 供应商的资格条件
    - 框架协议的期限
    - 获取征集文件的时间、地点和方式
    - 响应文件的提交方式、提交截止时间和地点，开启方式、时间和地点
    - 公告期限
    - 省级以上财政部门规定的其他事项
  - 征集公告和征集文件编制应同时进行
- 编制征集文件 —— 征集文件内容符合第二十三条规定
- 发售征集文件
  - 发售方式 —— 网络在线发售
  - 发售时间 —— 自征集公告发布之日起不得少于5个工作日
  - 发售价格 —— 根据财库〔2109〕38号，向潜在供应商免费提供电子化采购文件
  - 领取（下载）征集文件供应商数量 —— 不得少于两家
- 文件澄清修改 —— 按财政部令第87号执行
- 供应商
  - 下载征集文件
  - 递交响应文件 —— 等标期不得少于二十日
- 评审
  - 质量优先法 —— 有政府定价、政府指导价的项目，以及对质量有特别要求的检测、实验等仪器设备，可以采用质量优先法
  - 价格优先法 —— 其他项目应当采用价格优先法
  - 淘汰要求
    - 提交响应文件和符合资格条件、实质性要求的供应商应当均不少于2家
    - 淘汰比例一般不得低于20%，且至少淘汰一家供应商
    - 采用质量优先法的检测、实验等仪器设备采购，淘汰比例不得低于40%，且至少淘汰一家供应商
- 入围结果公告
  - 公告期限 —— 1个工作日
  - 公告发布时间 —— 入围供应商确定之日起2个工作日内公告
- 发入围通知书 —— 发入围结果公告，同步发出入围通知书
- 签订框架协议 —— 在入围通知书发出之日起30日内和入围供应商签订框架协议
- 框架协议备案 —— 在框架协议签订后7个工作日内，将框架协议副本报本级财政部门备案
- 入围信息告知
  - 在框架协议签订后3个工作日内通过电子化采购系统将入围信息告知适用框架协议的所有采购人或者服务对象
  - 征集文件、入围信息向社会公开，确保征集文件和入围信息在整个框架协议有效期内随时可供公众查阅

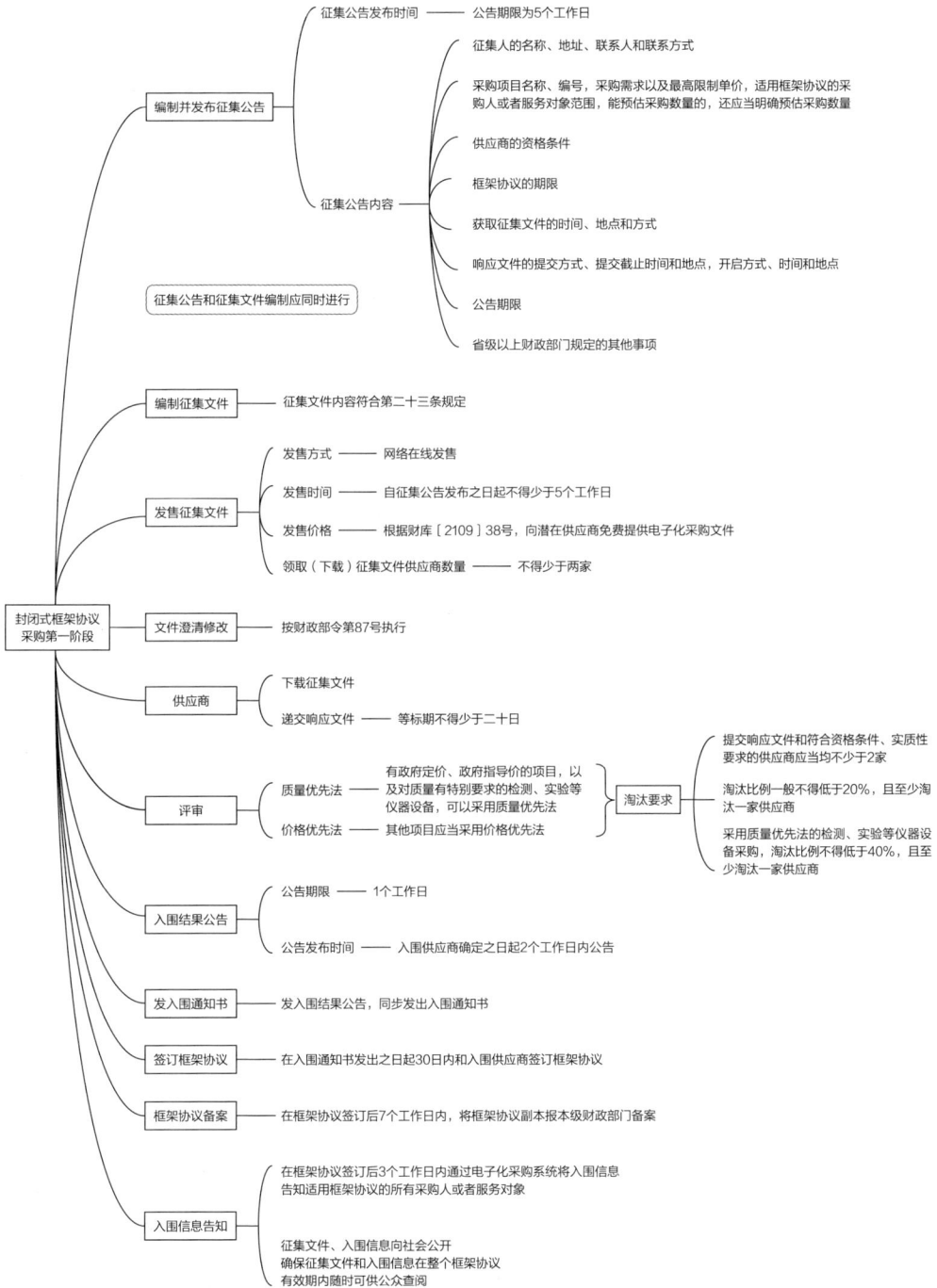

图3-1 封闭式框架协议采购第一阶段思维导图

```
┌─────────────┐
│     开始     │
└─────────────┘
       │
       ▼
┌─────────────┐      ┌──────────────┐    ┌──────────────┐    ┌──────────────┐
│ 框架协议采购 │      │ 开展采购需求调查 │──▶│  确定采购需求  │──▶│ 确定最高限制单价 │
│  前期准备   │ {    └──────────────┘    └──────────────┘    └──────────────┘
└─────────────┘      ┌──────────────┐    ┌──────────────┐    ┌──────────────┐
       │             │ 采购方案报审或备案 │◀──│ 拟定框架协议条款 │◀──│ 确定框架协议期限 │
       │             └──────────────┘    └──────────────┘    └──────────────┘
       ▼
┌─────────────┐      ┌──────────────┐
│ 编制并发布征集公告 │  │ 征集公告发布时间 │
│             │ {    │   5个工作日   │
└─────────────┘      └──────────────┘
       │             ┌──────────────┐
       │             │ 征集公告共8项内容 │
       │             └──────────────┘
       ▼
┌─────────────┐      ┌──────────────┐    ┌──────────────┐    ┌──────────────┐
│ 编制并发售征集文件 │  │ 发售方式：网络在线 │  │  发售价格：免费 │  │ 供应商下载、编制、 │
│             │ {    │     发售      │   └──────────────┘   │  递交响应文件   │
└─────────────┘      └──────────────┘    ┌──────────────┐    └──────────────┘
       │             ┌──────────────┐    │ 领取或下载征集文件 │
       │             │ 发售时间：不少于5 │  │ 供应商不得少于2家 │
       │             │   个工作日     │   └──────────────┘
       ▼             └──────────────┘
┌─────────────┐
│  文件澄清与修改 │
└─────────────┘
       │
       ▼
┌─────────────┐      ┌──────────────┐
│     评审     │      │  价格优先法   │
│             │ {    └──────────────┘
└─────────────┘      ┌──────────────┐
       │             │  质量优先法   │
       │             └──────────────┘
       ▼
┌─────────────┐      ┌──────────────┐
│ 发布入围结果公告 │  │  发入围通知书  │
└─────────────┘      └──────────────┘
       │
       ▼
┌─────────────┐
│  签订框架协议 │
└─────────────┘
       │
       ▼
┌─────────────┐
│  框架协议备案 │
└─────────────┘
       │
       ▼
┌─────────────┐
│  入围信息告知 │
└─────────────┘
       │
       ▼
┌─────────────┐
│ 第一阶段结束  │
│ 转入第二阶段  │
└─────────────┘
```

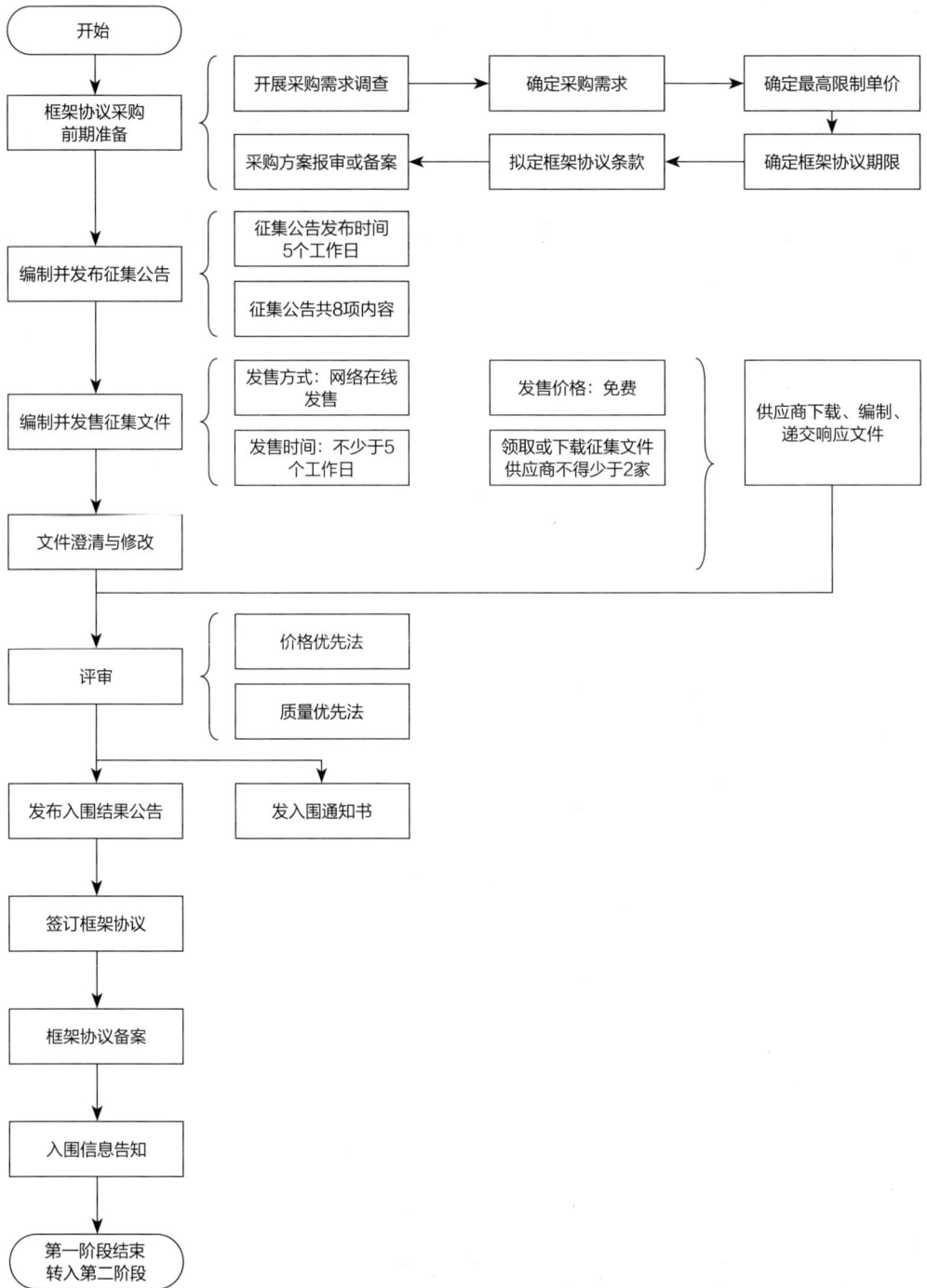

图3-2　封闭式框架协议采购第一阶段流程图

3.12 直接选定

第三十二条 确定第二阶段成交供应商的方式包括直接选定、二次竞价和顺序轮候。

直接选定方式是确定第二阶段成交供应商的主要方式。除征集人根据采购项目特点和提高绩效等要求，在征集文件中载明采用二次竞价或者顺序轮候方式外，确定第二阶段成交供应商应当由采购人或者服务对象依据入围产品价格、质量以及服务便利性、用户评价等因素，从第一阶段入围供应商中直接选定。

【条文主旨】

本条是关于封闭式框架协议采购第二阶段确定成交供应商的三种方式，应将直接选定作为确定第二阶段成交供应商的主要方式的规定。

【条文解析】

1. 确定第二阶段成交供应商方式

框架协议采购的第二个阶段是采购合同授予，即在采购人（或服务对象）出现具体需求时，按照框架协议条款的约定，随后和（或）定期将采购合同授予已加入框架协议的一个或多个供应商。

框架协议采购的特点决定了第一阶段采购程序结束后，采购人或服务对象将面临与多个供应商签订采购合同的选择，与谁签订采购合同、单个采购合同份额有多大等均需要通过内控制度予以规范。对封闭式框架协议采购第二阶段确定成交供应商的方式加以规定，就是为了避免在第二阶段采购人授予供应商合同的选择随意性大，进一步降低廉政风险、道德风险，稳定市场秩序。

（1）封闭式框架协议采购的分类

《公共采购示范法》将封闭式框架协议采购程序分为有第二阶段竞争的框架协议程序和无第二阶段竞争的框架协议程序。

①无第二阶段竞争的"封闭式"框架协议，与一个或多个供应商或承包商订立，其中载明所有采购条款和条件。第一阶段的提交书是最后提交书，在采购第二阶段供应商或承包商之间没有进一步竞争。此类框架协议与传统的采购合同之间唯一的区别是，物项是今后采购的，通常在一段时期内分批采购。这些框架协议之所以是"封闭式"的，因为在框架协议订立之后没有任何新的供应商或承包商能够加入该协议；

②有第二阶段竞争的"封闭式"框架协议，与不止一个供应商或承包商订立，其中载明采购的某些主要条款和条件。第一阶段的提交书是初步提交书，这是因为，虽然每份提交书都要评审，但要求已加入框架协议的供应商或承包商在第二阶段进行另一轮竞争。在第二阶段，这些供应商或承包商递交最后提交书；采购实体选出在这一时间点通过第二阶段竞争确定的中选提交书。这些框架协议也是上述的"封闭式"协议。

（2）确定第二阶段成交供应商的方式

第二阶段无竞争的封闭式框架协议采购，确定成交供应商的方式可以分为直接选定或顺序轮候。第二阶段无竞争的封闭式框架协议采购，确定成交供应商的方式为二次竞价。

（3）确定第二阶段成交供应商的权利主体

为进一步强化采购人主体责任，体现采购人或服务对象自主选择权，《办法》将封闭式框架协议第二阶段确定成交供应商的权利主体授予给采购人或政府购买服务的服务对象。对采购人而言符合权责对等原则，更有利于落实采购人主体责任，对于充分发挥框架协议采购方式的优势、防范采购风险至关重要；对服务对象而言，"政府花钱，我下订单"更有利于实现服务对象的需求，通过"用脚投票"实现供应商的优胜劣汰。

2. 直接选定方式的实施细则

（1）直接选定为封闭式框架协议采购第二阶段确定成交供应商的主要方式。

直接选定方式是第二阶段选择成交供应商的主要方式。这主要基于两个方面的考量：一是封闭式框架协议采购第一阶段的公开征集程序已实现了公开竞争；二是框架协议采购适用于小额零星采购，第二阶段采取直接选定方式有利于提高采购效率，降低采购成本。

（2）直接选定并非任意选定

直接选定不等于任意选定，直接选定也有其相应的约束和规范。对采购人和服务对象而言，有权必有责，权责必对等。采购人或者服务对象应当依据入围产品价格、质量以及服务便利性、用户评价等因素，按照综合效益最优的原则从第一阶段入围供应商中直接选定最适合的供应商签订合同。

第一阶段采用价格优先法，选择符合要求的价格最低的若干供应商入围，第二阶段采用直接选定方式的，应从价格最低且质量相当的供应商中选择质量最优的供应商成交；第一阶段采用质量优先法，选择质量最好的若干供应商入围，第二阶段采用直接选定方式的，应当从质量相差不大的供应商中选择价格最优的供应商成交。

（3）采购人应当建立健全内控机制

采购人采用直接选定方式的，应当符合内控管理要求。常见的直接选定决策方法有：

1）综合评分法

综合评分法，是指通过选择对不同的决策方案影响都比较大的经济技术指标，根据其在整个方案中所处的地位和重要性，确定各个指标的权重，再对各个方案的指标进行评分，最后根据权重进行加权计算得出总分数，以总分数的高低选择决策方案的方法。

案例：某高校采购空调，采用框架协议采购方式采购。在确定第二阶段成交供应商时采用综合评分法，见表3-3。

综合评分法评分表　　　　　　　　　　　　表 3-3

评审因素	权重（%）	得分
价格	70	
质量	12	
使用维护成本	8	
业绩	10	
合计		

价格分采用低价优先法计算。以所有入围供应商中协议价格最低价为基准价，价格分为满分。其他响应供应商的价格分统一按照下列公式计算：

$$协议价格得分=（基准价/协议报价）\times 100 \qquad （3-1）$$

$$总得分=F_1\times A_1+F_2\times A_2+\cdots+F_n\times A_n \qquad （3-2）$$

式中，F_1、$F_2\cdots F_n$分别为各项评审因素的得分；A_1、$A_2\cdots A_n$分别为各项评审因素所占的权重（$A_1+A_2+\cdots+A_n=1$）。

因落实政府采购政策进行价格调整的，以调整后的价格计算基准价和协议报价。

2）比较分析法

比较分析法，是指以采购人最关注的某个因素进行横向对比，从所有入围供应商中选择最有利于采购人的作为成交供应商。

案例：某采购仪器设备，第一阶段采用质量优先法；在第二阶段，采购人根据各供应商协议报价进行对比分析后，选择价格最低或次低的为成交供应商。

3）表决法

表决法，在实践中最常见和最常用的是从表决权归属角度进行分类，即将议事规则分为票决制和首长负责制。票决制是指表决权归全体议事成员共同享有，首长负责制是指表决权归会议首长享有。

①票决制。

罗伯特议事规则作为最广泛且受承认的议事规范，主要针对协商会议。协商会议是现代民主制度的一种体现，主要特征包括集体决策、充分讨论、投票表决、多数方通过等，具体表现为会议表决权归全体成员、全体成员的表决权权利得到充分保护，一项议题的达成必须经过半数表决权出席且投票等。

票决制实际上就是罗伯特议事规则的一种具体体现。票决制的优势在于决策权归全体成员享有，决策结果更能体现各议事成员的意志，使得决策过程更能吸收不同意见、决策结果更加全面、客观；劣势在于决策权分散，不利于结论的达成，往往需要经过多轮讨论才能达成一致意见，决策效率受到影响。

②首长负责制。

首长负责制是指各级政府及其部门的首长在民主讨论的基础上，对本行政组织所管辖的重要事务具有最后决策权，并对此全面负责，主要运用于政府部门，我国各级地方政府部门都是首长负责制。首长负责制并没有否定议事规则基本原则，即便在首长负责制下，依然需要保护各成员的发言权，需要充分的辩论，需要明确表达同意或不同意且要维护原有决策的效力。

首长负责制与票决制议事规则的差别在于决策权的归属上，首长负责制下决策权由首长单独享有，参与决策人员只有发言权，但没有决策权。首长负责制的优势在于集中表决权有利于提升决策效率；劣势在于权力集中易造成权力滥用，需要建立相关权力监督机制。

提示38 符合"三重一大"的决策不能采用首长负责制。

2005年中共中央颁布的《建立健全教育、制度、监督并重的惩治和预防腐败体系实施纲要》中提出：加强对领导机关、领导干部特别是各级领导班子主要负责人的监督。

要认真检查党的路线、方针、政策和决议的执行情况，监督民主集中制及领导班子议事规则落实情况，凡属重大决策、重要干部任免、重大项目安排和大额度资金的使用，必须由领导班子集体作出决定。

4）用户体验法

以采购电脑为例：高原地区对电脑的要求比平原地区的要高，海拔达到一定高度时，普通电脑无法正常运转或运转易出故障。当采购人在出现选择困难时，可以要求所有入围供应商提供样品在同样的体验环境下运行一定时间，以表现最优异的确定为成交供应商。

需要注意的是，此方法应当谨慎使用。因为通用产品的采购，采购人无论如何体验也很难分出胜负，例如教育局采购空调，同样规格要求的空调，格力空调和美的空调谁好谁坏很难说得清。

5）德尔菲法

采用匿名方式，通过几轮询征函来征求专家的意见，组织预测小组对每一轮的意见进行汇总整理后，作为参考再次发给各位专家，供他们分析判断来提出新的论证意见。在经过几轮反复后，专家意见趋于一致，最后供决策者进行最后的决策。

3.13 二次竞价

条文原文

第三十三条 二次竞价方式是指以框架协议约定的入围产品、采购合同文本等为依据，以协议价格为最高限价，采购人明确第二阶段竞价需求，从入围供应商中选择所有符合竞价需求的供应商参与二次竞价，确定报价最低的为成交供应商的方式。

进行二次竞价应当给予供应商必要的响应时间。

二次竞价一般适用于采用价格优先法的采购项目。

【条文主旨】

本条是关于通过二次竞价确定第二阶段成交供应商的相关规定。

【条文解析】

1. 二次竞价适用范围

首先，二次竞价一般适用于价格优先法的采购项目；其次，二次竞价的适用对象是采购人。对采购人而言，二次竞价可以节省采购人的采购资金，把有限的财政性资金用在单位最需要的地方，从而提升资金使用效率；但对政府购买服务的服务对象而言，其没有降价利益驱动，因此二次竞价的启动主体只能是采购人。

提示39 二次竞价也可以适用于质量优先法的采购项目。

第一阶段采用质量优先法确定入围供应商的，特别是对于有质量要求的用于实验检测的仪器设备采购，第一阶段没有竞争价格，在第二阶段可不可以采用二次竞价？答案当然是可以的。"一般适用"不等于"仅适用"，实践中对于第一阶段采用质量优先法选择入围供应商的，第二阶段确定成交供应商可以采用二次竞价。第一阶段通过质量优先法，选择质优产品入围；第二阶段通过二次竞价，从中选择价格较低的供应商成交，达到"先择优、再选廉"的目标。

既然可以，为何《办法》没有对此作出规定呢？财政部主要考虑对于此类仪器设备采购，之所以在第一阶段采用质量优先法，是基于采购人可能对这类产品某一些性能指标有特殊要求，如果光比价格，可能想买的这一款产品就有可能被淘汰掉了，所以财政部不强制对于采用质量优先法确定入围供应商的仪器设备类采购开展二次竞价，但是如果采购人认为第一阶段采用质量优先法的，已经对质量进行了筛选，因此只要是入围供应商均能满足采购需求，采用二次竞价可以实现利益最大化，这个也是完全可以的。

需要注意的是，对于有政府定价、政府指导价的项目，不宜在第二阶段采用二次竞价方式确定成交供应商，理由是有政府定价、政府指导价的项目，必须执行政府定价或政府指导价。

《价格违法行为行政处罚规定》（国务院令第585号）第十一条规定：经营者不执行政府指导价、政府定价，有下列行为之一的，责令改正，没收违法所得，并处违法所得5倍以下的罚款；没有违法所得的，处5万元以上50万元以下的罚款，情节较重的处50万元以上200万元以下的罚款；情节严重的，责令停业整顿：

①超出政府指导价浮动幅度制定价格的；

②高于或者低于政府定价制定价格的；

③擅自制定属于政府指导价、政府定价范围内的商品或者服务价格的；

④提前或者推迟执行政府指导价、政府定价的……

提示40 二次竞价有利于增强框架协议方式采购的竞争性。

与其他政府采购方式相比，框架协议方式采购竞争性天然不足，尽管在第一阶段设置有最低淘汰比例的要求，但供应商只需要入围即可，其报价可能高于市场价格，为了避免此类情形的发生，《办法》设置了二次竞价确定第二阶段成交供应商的方式，增强了框架协议采购的竞争性。

2．二次竞价的规则

（1）二次竞价的依据

二次竞价方式以框架协议约定的入围产品、采购合同文本等为依据。

（2）二次竞价的最高限价

与招标方式不同的是，框架协议采购二次竞价的最高限价是指各入围供应商在第一阶段响应文件中的响应报价，即协议报价。换句话讲就是各入围供应商的响应报价是不统一的，以各自入围时的协议报价为准。

（3）竞价需求

采购人可以在二次竞价时提出竞价需求，但这个竞价需求不是重新提出一个新的采购需求，让供应商重新以新的产品来响应报价，而是响应的产品还是原来的入围产品，只是在原采购需求基础上进一步细化，确定一个竞价范围。凡是符合竞价范围的，应该让入围供应商都参与二次竞价。

（4）二次竞价的方法

《办法》没有明确二次竞价的具体操作，到底是类似于询价一次性报出不可更改的价格还是类似于电子逆向竞价？

笔者认为，实践中应当具体情况具体分析，如果该产品降价空间大，则可以采用电子逆向竞价实现多次竞争，如果降价空间本身很小，则一次竞争就够了，没必要浪费时间和精力。对货物规格、标准统一、现货货源充足且价格变化幅度小的政府采购项目，一次竞价就够了，如果片面地为了低价多次竞价，可能会以牺牲质量为代价。同时必须指出，二次竞价是采用多次报价还是一次报价，还要看入围供应商的数量，如果入围供应商数量较少，很难形成有效竞争氛围，多次报价名存实亡，没有太大意义。

需要注意的是，由于入围供应商的信息是公开的，因此二次竞价时，供应商可能为了达到利益最大化，从而在竞价前相互串通，轮流坐庄操控报价。因此笔者认为，拟采用二次竞价确定成交供应商的，入围供应商的数量应当比框架协议采购的采购人数量多出一定比例，即尽可能创造"僧多粥少"的局面，尽可能避免出现"排排坐、分果果"的情形。

（5）供应商的响应报价应公开

《办法》没有对二次竞价过程中各供应商的响应报价是否公开作出明确的规定。参照询价和电子逆向拍卖的行业惯例，笔者认为，基于公平公正角度，对于采用一次性报价竞争的，响应时间截止后应该公开所有供应商响应报价；但对于多次报价竞争的，竞价过程中信息宜保密而不宜公开。众多实践经验表明，披露的信息越多，供应商串通的可能性就越大。披露领先价格可能促使其他参与竞争的供应商以极小幅度降低出价，从而使采购实体难以取得最佳结果；披露领先价格还可能促使供应商为了排挤其他供应商提交异常偏低报价，最终影响履约质量。

3．二次竞价要点

（1）征集文件和框架协议应明确第二阶段确定成交供应商的方式为二次竞价

《办法》第十四条规定，框架协议内容包括确定第二阶段成交供应商的方式；第二十三条规定，征集文件内容包括确定第二阶段成交供应商的方式。

（2）二次竞价应当从入围供应商中选择所有符合竞价需求的供应商参与二次竞价

《办法》没有规定如何从入围供应商中选择符合竞价需求的供应商参与二次竞价，结合框架协议采购电子化的要求，笔者认为有以下两种方式：

方式一：采购人发布二次竞价公告；所有入围供应商在规定时间内提交符合竞价需求的证明材料或承诺函，经审查合格后一次或多次报价。除否决异常低价外，确定报价最低的为成交供应商。

方式二：采购人发布二次竞价公告；所有入围供应商在规定时间内提交包含符合竞价需求的证明材料或承诺函在内的报价函。经审查不符合竞价需求的报价为无效报价；报价可一次或多次。除否决异常低价外，确定报价最低的为成交供应商。

（3）二次竞价可以不编制响应文件

二次竞价主要是竞争价格，因此对于供应商的响应可适当予以简化，不必非得编制响应文件。

供应商通过电子化采购系统实行网上在线报价的，为避免事后发生争议，可对每一次报价后形成报价记录表，由供应商通过电子签名（章）确认或要求成交的供应商与采购人签署成交确认书，对最终报价进行电子签章确认。

（4）二次竞价响应时间要求应当合理

《办法》没有规定二次竞价的响应时间，为体现公平公正和实现充分竞争，建议参考其他非招标采购方式的响应截止时间，即供应商响应时间应从发布二次竞价公告之日起不少于3个工作日。

（5）二次竞价是否需要组建评审委员会？评审委员会又该如何组成？

考虑到二次竞价需要对供应商的响应是否符合竞价需求以及异常低价评审，故应当组建评审委员会。

评审委员会如何组成由采购人自主决定。

（6）二次竞价单笔成交结果公告

《办法》第三十五条规定：以二次竞价方式确定成交供应商的，征集人应当在确定成交供应商后2个工作日内逐笔发布成交结果公告。

3.14 顺序轮候

条文原文

第三十四条 顺序轮候方式是指根据征集文件中确定的轮候顺序规则，对所有入围供应商依次授予采购合同的方式。

每个入围供应商在一个顺序轮候期内，只有一次获得合同授予的机会。合同授予顺序确定后，应当书面告知所有入围供应商。除清退入围供应商和补充征集外，框架协议有效期内不得调整合同授予顺序。

顺序轮候一般适用于服务项目。

【条文主旨】

本条是关于顺序轮候确定第二阶段成交供应商的相关规定。

【条文解析】

1. 顺序轮候的规则应当在征集文件中明确

顺序轮候的规则可以是入围供应商的排序（以报价或质量评分的高低），也可以是征集人事先明确地随机确定的规则，但无论采用何种规则，该规则均必须在征集文件中明确。征集文件明确的意义在于，所有入围供应商能够清楚地知道自己的轮候顺序，机会均等，公平公正。

2. 获得合同机会唯一

每个入围供应商在一个顺序轮候期内，只有一次获得合同授予的机会。

案例：某建设局采购造价咨询服务，采用框架协议方式采购，经评审A供应商入围，轮候顺序为第一位。采购人甲向A供应商发出成交通知书，A供应商以咨询团队手头有其他项目、暂时无力承揽为由，希望下一次再轮候，问是否可行？

答：不可以，入围供应商在一个顺序轮候期内，只有一次获得合同授予的机会，A供应商放弃合同授予，则这个轮候期间，A供应商不再有被授予合同的机会。根据《办法》第十九条规定，A供应商有可能被取消框架协议。

提示41 顺序轮候期不等于框架协议有效期。

顺序轮候期不等于框架协议有效期，一个框架协议有效期内可以有n个顺序轮候期。

案例：某个政府采购框架协议采购项目，入围供应商共有5个，轮候顺序分别是A、B、C、D、E；则第一个A、B、C、D、E顺序轮完之后，就开始第二个顺序轮候期的轮候。假设轮候到第三个轮候期的D时，框架协议有效期已满，则E不再有被授予合同的机会，理由是《民法典》第一百六十条规定：民事法律行为可以附期限，但是根据其性质不得附期限的除外。附生效期限的民事法律行为，自期限届至时生效。附终止期限的民事法律行为，自期限届满时失效。框架协议是附终止期限的合同，在框架协议有效期内，框架协议保持有效，但框架协议有效期满后，框架协议合同自动失效。

3．顺序轮候的基本要求

（1）合同授予顺序确定后，应当书面告知所有入围供应商

考虑到在第一阶段确定入围供应商后，需向所有入围供应商发放入围通知书，为提升采购效率，建议将合同授予顺序包含在入围通知书中一次性告知，减少人力、物力、资源的浪费。

（2）合同授予顺序原则上不得调整

除清退入围供应商和补充征集外，框架协议有效期内不得调整合同授予顺序。合同授予轮候顺序原则上不得调整是为了维护顺序轮候的公平性以及框架协议采购程序的严肃性，避免"挑肥拣瘦"。

（3）顺序轮候一般适用于服务项目

顺序轮候一般适用于服务项目，主要考虑货物项目有产品型号、规格、品牌等差异，可能不太适合采用顺序轮候。因为如果采用顺序轮候，可能会出现某供应商的产品满足不了采购人的特殊需求的情形。

> **提示42** 特定的货物项目也可以适用顺序轮候。

与二次竞价相同的是，对于顺序轮候的适用范围，《办法》规定的是"一般"而不是"只能"。因此在实践中，当采购人认为所要采购的产品属于标准化程度高度统一的货物，想在第二阶段采用顺序轮候，也是符合规定的。

3.15 成交结果公告

条文原文

第三十五条 以二次竞价或者顺序轮候方式确定成交供应商的，征集人应当在确定成交供应商后2个工作日内逐笔发布成交结果公告。

成交结果单笔公告可以在省级以上财政部门指定的媒体上发布，也可以在开展框架协议采购的电子化采购系统发布，发布成交结果公告的渠道应当在征

集文件或者框架协议中告知供应商。单笔公告应当包括以下主要内容：

（一）采购人的名称、地址和联系方式；

（二）框架协议采购项目名称、编号；

（三）成交供应商名称、地址和成交金额；

（四）成交标的名称、规格型号或者主要服务内容及服务标准、数量、单价；

（五）公告期限。

征集人应当在框架协议有效期满后10个工作日内发布成交结果汇总公告。汇总公告应当包括前款第一项、第二项内容和所有成交供应商的名称、地址及其成交合同总数和总金额。

【条文主旨】

本条是关于成交结果公告的相关规定。

【条文解析】

成交结果公告分为成交结果单笔公告和成交结果汇总公告。

1. 成交结果单笔公告

（1）发布成交结果单笔公告适用情形

1）适用于确定成交供应商的方式

以二次竞价或者顺序轮候方式确定成交供应商，即采用直接选定方式确定成交供应商情形的，无须发布成交结果单笔公告。之所以作出这样的规定，是因为采用二次竞价或者顺序轮候确定成交供应商的，可能涉及供应商的质疑投诉，例如采用二次竞价确定成交供应商的，成交供应商的报价不是最低价或者没有落实政府采购促进中小企业发展的政策功能等，再例如采购人没有按规定的顺序轮候规则选定成交供应商等。

征集人应当在确定成交供应商后2个工作日内逐笔发布成交结果公告，入围供应商认为权益受损的，可以依法提起质疑投诉，一方面以信息公开促采购结果公正；另一方面有利于供应商及时了解和掌握框架协议采购的相关信息，例如采用顺序轮候的，非成交供应商可以通过成交结果单笔公告知道顺序轮候轮到谁了，还有多久会轮到自己，如何应对可以争取利益最大化和确保履约等，采用二次竞价的，供应商会及时了解其他供应商的报价策略，从而在今后的二次竞价中调整自己的响应报价策略。

2）发布成交结果单笔公告的责任主体

发布成交结果单笔公告的责任主体是征集人，发布时限要求是征集人应当在确定成交供应商后2个工作日内逐笔发布成交结果公告。

提示43 采购人确定成交供应商应及时将成交结果抄送征集人。

《办法》没有采购人采用二次竞价、顺序轮候确定成交供应商后应当将成交结果及时抄送征集人的规定，但结合征集人应当在确定成交供应商后2个工作日内逐笔发布成交结果公告的时限要求，建议采购人参考第三十七条"采购人将合同授予非入围供应商的，应当在确定成交供应商后1个工作日内，将成交结果抄送征集人"的规定执行。

（2）成交结果单笔公告的发布媒介

1）可以仅在电子化采购系统发布

与其他政府采购方式发布公告要求不同的是：成交结果单笔公告既可以只在省级以上财政部门指定的媒体上发布，也可以仅在开展框架协议采购的电子化采购系统发布，还可以在省级以上财政部门指定的媒体和开展框架协议采购的电子化采购系统同时发布。

在多个不同媒介上同时发布的成交结果单笔公告，征集人应当确保发布内容的完全性和一致性。

2）发布渠道应事先告知

发布成交结果公告的渠道应当在征集文件或者框架协议中告知供应商。事先告知的意义在于避免信息的不对称，影响供应商在相应时限内提出质疑投诉事项。例如成交结果单笔公告仅在电子化采购系统发布，但供应商因事先不知道该发布渠道，没有及时关注，导致影响其质疑投诉权利。

（3）成交结果单笔公告的内容

成交结果单笔公告的内容基本上与《政府采购货物和服务招标投标管理办法》（财政部令第87号）第六十九条规定的中标结果公告内容相同，唯一不同的是没有评审专家名单。原因在于采用顺序轮候方式确定成交供应商的不需要评审专家；采用二次竞价方式确定成交供应商的，可以组建也可以不组建评审委员会。

《办法》规定，成交结果单笔公告内容包括公告期限，但未对公告期限作出具体规定，建议参照《政府采购货物和服务招标投标管理办法》第六十九条规定的关于中标结果公告期为一个工作日的规定。

2．成交结果汇总公告

（1）成交结果汇总公告适用

封闭式框架协议采购的第二阶段无论采用直接选定，还是二次竞价或顺序轮候确定成交供应商，征集人均应当在框架协议有效期满后10个工作日内发布成交结果汇总公告。

（2）发布成交结果汇总公告的责任主体

发布成交结果汇总公告的责任主体也是征集人。

（3）从供应商的视角公示成交结果公告

征集人以采购项目为统计单位发布成交结果汇总公告，即征集人一定时间内有 n 个框架协议采购项目，则汇总公告就应当是 n 个。

成交结果汇总公告要公示所有供应商的名称、地址以及其在框架协议期内成交的采购项目总数、总金额。

（4）成交结果汇总公告应在省级以上财政部门指定的媒体上发布

《办法》对成交结果汇总公告发布媒介没有作出具体规定，但根据《政府采购信息发布管理办法》（财政部令第101号）第八条以及《办法》第四十八条的规定，中央预算单位政府采购信息应当在中国政府采购网发布，地方预算单位政府采购信息应当在所在行政区域的中国政府采购网省级分网发布。除中国政府采购网及其省级分网以外，政府采购信息可以在省级以上财政部门指定的其他媒体同步发布。需要注意的是，在其他媒介发布的信息必须与中国政府采购网或中国政府采购网省级分网发布的内容保持一致。

示例3 成交结果汇总公告

一、项目编号

二、项目名称

三、成交结果汇总信息

成交供应商名称	地址	在框架协议期内成交项目的总数（笔）	在框架协议期内成交的总金额（万元）

四、公告期限

自本公告发布之日起1个工作日。

五、其他补充事宜

六、凡对本次公告内容提出询问，请按以下方式联系

1. A采购人信息

名　　称：

地　　址：

联系方式：

2. B采购人信息（如有）

名　　称：

地　　址：

联系方式：

七、附件

供应商在框架协议有效期内成交明细（由征集人自主决定是否公开）（略）

3.16　合同定价方式

条文原文

第三十六条　框架协议采购应当订立固定价格合同。

根据实际采购数量和协议价格确定合同总价的，合同中应当列明实际采购数量或者计量方式，包括服务项目用于计算合同价的工日数、服务工作量等详

> 细工作量清单。采购人应当要求供应商提供能证明其按照合同约定数量或者工作量清单履约的相关记录或者凭证，作为验收资料一并存档。

【条文主旨】

本条是关于合同定价方式的规定。

【条文解析】

1．框架协议采购应当订立固定价格合同

固定价格合同既包括固定单价合同，又包括固定总价合同。具体适用哪种方式，由采购人根据采购项目的特点自主决定。根据《办法》第二十二条规定，采购合同文本应当在征集文件中予以明确。固定单价合同适宜于货物采购项目，固定总价合同适宜于服务采购项目。

需要注意的是，本条所称的框架协议采购订立的合同不是征集人通过公开征集程序订立的框架协议，而是指在框架协议采购的第二阶段，采购人通过直接选定、二次竞价或顺序轮候方式确定成交供应商并与之签订的采购合同或者订单。

提示44 特定条件下，固定价格合同也可以对价格进行调整。

采购人在签订采购合同时，应当在合同中予以明确当发生不可抗力和出现重大情势变更情形时，可以对合同价格予以适度调整。具体调整办法在采购合同中明确约定或由双方协商解决。为防止不可抗力和重大情势变更情形乱用，建议采用列举式的方法列明不可抗力和重大情势变更的范围和适用条件等。

2．合同总价的确定依据

合同总价即合同的最终结算价。

采购合同采用固定总价，合同总价原则上就是采购合同中的固定总价。

采购合同采用固定单价，第二阶段采用直接选定、顺序轮候确定成交供应商的，根据实际采购数量和协议价格确定合同总价，框架协议中含量价关系折扣的，还应当依据量价关系折扣计算合同总价；第二阶段采用二次竞价确定成交供应商的，根据实际采购数量和二次竞价的成交价确定合同总价。固定单价的货物或服务采购，实际采购数量或

者计量方式应当在合同中列明，包括服务项目用于计算合同价的工日数、服务工作量等详细工作量清单。

3．履约验收要求

（1）履约验收主体

《办法》规定，履约验收的责任主体是采购人，谁负责采购，谁就负责验收，有利于进一步强化和落实采购人主体责任。同时也有利于采购人对采购项目进行PDCA管理，为后续的供应商履约评价、供应商淘汰机制、采购活动的绩效评价提供有力的参考依据。

（2）履约验收证明材料

履约验收时，采购人应当要求供应商提供能证明其按照合同约定数量或者工作量清单履约的相关记录或者凭证。相关记录包括实施日志、服务记录等；凭证包括视频、音频、图片资料、发货收货记录、产品交接单或服务工作量确认单等记录文件等。

（3）履约验收资料档案管理

履约验收资料档案管理由采购人负责。按《政府采购法》要求，保存期限不少于15年。

3.17　向非入围供应商采购

条文原文

第三十七条　采购人证明能够以更低价格向非入围供应商采购相同货物，且入围供应商不同意将价格降至非入围供应商以下的，可以将合同授予非入围供应商。

采购项目适用前款规定的，征集人应当在征集文件中载明并在框架协议中约定。

采购人将合同授予非入围供应商的，应当在确定成交供应商后1个工作日内，将成交结果抄送征集人，由征集人按照单笔公告要求发布成交结果公告。采购人应当将相关证明材料和采购合同一并存档备查。

【条文主旨】

本条是向非入围供应商采购的规定。

【条文解析】

1. 向非入围供应商采购的适用条件

属于框架协议涵盖范围内的采购，其合同应当授予入围供应商，这是实行框架协议采购的逻辑起点，也是框架协议采购主体对全体协议供应商的一项基本协议义务。《办法》第十七条第一款规定正是基于此。但是第三十七条第一款却规定：采购人证明能够以更低价格向非入围供应商采购相同货物，且入围供应商不同意将价格降至非入围供应商以下的，可以将合同授予非入围供应商。之所以通过第三十七条向非入围供应商采购"开口子"，意在激起框架协议采购的"鲶鱼效应"。

根据国内采购实践经验，在协议供货模式下，入围供应商通常以生产厂商为主导。由生产厂商供货的优势在于产品可靠性有保障，但短板也很明显，即产品在与采购需求匹配度、丰富性，尤其是产品型号及其价格与一般商业市场联动等方面存在明显不足。一些主流品牌一旦入围即可"坐享其成"，随之价格虚高现象久治不愈、屡禁不绝。为了破解上述难题，《办法》特引入"鲶鱼效应"机制，意在架起框架协议与一般商业市场之间的"溢洪道"，防止倒过来的"水位差"，促进框架协议采购在"货真"的基础上还要"价实"。

需要强调的是，为遵循诚信原则和契约精神，保护入围供应商的"信赖与利益"，《办法》对启动"鲶鱼效应"机制设置了严格的适用条件：首先，必须是同一品牌同一型号的货物（因服务产品的同质性很难评判，为避免争议，仅限于货物），非入围供应商提供的更便宜，并且采购人能够提供相关证明，例如协议价格与非入围供应商价格的对比材料；其次，采购人必须先给予入围供应商降价机会，只有当入围供应商不同意将价格降至非入围供应商出价以下的，才可以向非入围供应商采购；最后，必须接受监督，采购人将合同授予非入围供应商的，要在确定成交供应商后1个工作日内，将成交结果抄送征集人，由征集人按照单笔公告要求发布成交结果公告，并且采购人要将相关证明材料和采购合同一并存档备查。

之所以对此进行严格限制，除前述原因外，还有一个重要考虑就是防范道德风险。因为，入围供应商和非入围供应商一个在明、一个在暗，少数别有用心的人有可能盯住协议价格做象征性降价，造成框架协议涵盖下的采购合同外流，损害框架协议采购的严肃性和入围供应商权益，并滋生廉政风险（摘录自徐舟的《权威解读政府采购框架协议》）。

提示45 相同货物是指同一品牌同一型号的货物。

入围供应商与非入围供应商对货物的响应报价比较一定是同一品牌同一型号的，只有站在同一起跑线上才具备可比性，否则单纯的比价会导致"劣币驱逐良币"现象发生。

提示46 非入围供应商有意愿是向非入围供应商采购的首要前提。

实践中采购人发现存在比协议价格更低的供货价格并不困难，例如采购人通过市场调查发现或者采购人通过查询其他采购人的成交信息等均有可能发现，甚至同一供应商在不同时期提供给不同采购人的同类产品供货价格也不一定相同。但真正的难点在于是否有非入围供应商自愿以更低的价格供货。例如框架协议采购空调，甲品牌A区代理商为入围供应商，其报价和质量在所有入围供应商中最优。经采购人市场调查发现，该协议价格比甲品牌B区代理商价格高了500元/台，采购人联系B区代理商，B区代理商以供货将违反与厂家签订的地域代理协议为由拒绝，则尽管市场上存在更低价格的供应商，但因供应商无意愿参与竞争，则无法向非入围供应商采购。

实践中还有可能存在供应商入围时，因征集时生产成本（进货成本）相对较高，故协议价格相对也偏高，但采购人实际采购时，有可能出现产品降价（因生产成本或进货成本下调），此时采购人甚至可能发现该供应商在市场销售的价格也比协议价低，但采购人就是找不到愿意以市场价提供相同产品的供应商。

采购人应该如何应对上述情况呢？笔者认为，采购人应当在框架协议中建立调价机制，当协议价高于或低于市场价一定比例时，可以调整价格。

例如可参考《建设工程施工合同（示范文本）》GF—2017—0201中，11.1市场价格波动引起的调整的第（2）款规定：材料、工程设备价格变化的价款调整按照发包人提供的基准价格，按以下风险范围规定执行：

①承包人在已标价工程量清单或预算书中载明材料单价低于基准价格的：除专用合同条款另有约定外，合同履行期间材料单价涨幅以基准价格为基础超过5%时，或材料单价跌幅以在已标价工程量清单或预算书中载明材料单价为基础超过5%时，其超过部分据实调整。

②承包人在已标价工程量清单或预算书中载明材料单价高于基准价格的：除专用合同条款另有约定外，合同履行期间材料单价跌幅以基准价格为基础超过5%时，材料单价涨幅以在已标价工程量清单或预算书中载明材料单价为基础超过5%时，其超过部分据实调整。

③承包人在已标价工程量清单或预算书中载明材料单价等于基准价格的：除专用合同条款另有约定外，合同履行期间材料单价涨跌幅以基准价格为基础超过±5%时，其超过部分据实调整。

④承包人应在采购材料前将采购数量和新的材料单价报发包人核对，发包人确认用于工程时，发包人应确认采购材料的数量和单价。发包人在收到承包人报送的确认资料后5天内不予答复的视为认可，作为调整合同价格的依据。未经发包人事先核对，承包人自行采购材料的，发包人有权不予调整合同价格。发包人同意的，可以调整合同价格。

前述基准价格是指由发包人在招标文件或专用合同条款中给定的材料、工程设备的价格，该价格原则上应当按照省级或行业建设主管部门或其授权的工程造价管理机构发布的信息价编制。

2. 向非入围供应商采购的具体要求

（1）征集人应当在征集文件中载明并在框架协议中约定

公开征集最终目的是订立框架协议，框架协议是预约合同，基于诚实信用原则，征集人应当在征集文件中载明并在框架协议中约定具体程序，例如非入围供应商价格低于协议价格的证明材料，采购人与入围供应商协商降价的记录等。

（2）征集人发布成交结果公告

采购人将合同授予非入围供应商的，应当在确定成交供应商后1个工作日内，将成交结果抄送征集人，由征集人按照单笔公告要求发布成交结果公告。

提示47 向非入围供应商采购的成交结果公告发布要求与单笔公告发布要求一致。

征集人发布向非入围供应商采购的成交结果公告的，也应遵守《办法》第三十五条第二款关于成交结果单笔公告的规定，即成交结果公告可以在省级以上财政部门指定的媒体上发布，也可以在开展框架协议采购的电子化采购系统发布，发布成交结果公告的渠道应当在征集文件或者框架协议中告知供应商。发布的内容符合成交结果单笔公告的基本要求。

（3）采购文件由采购人负责收集整理

采购人应当将相关证明材料和采购合同一并存档备查。

示例4 向非入围供应商采购成交结果公告

一、项目编号

二、项目名称

三、非入围供应商信息

供应商名称：

供应商地址：

成交金额：

四、标的信息

货物名称：

品牌（如有）：

规格型号：

主要技术参数：

数　　量：

单　　价：

五、公告期限

自本公告发布之日起1个工作日。

六、其他补充事宜

七、凡对本次公告内容提出询问，请按以下方式联系

采购人信息

名　　称：

地　　址：

联系方式：

八、附件

1. 入围供应商的协议价格与非入围供应商价格的对比材料

2. 入围供应商谈判记录

3.18 用思维导图学110号令之封闭式框架协议采购第二阶段流程图及思维导图

封闭式框架协议采购第二阶段思维导图见图3-3。

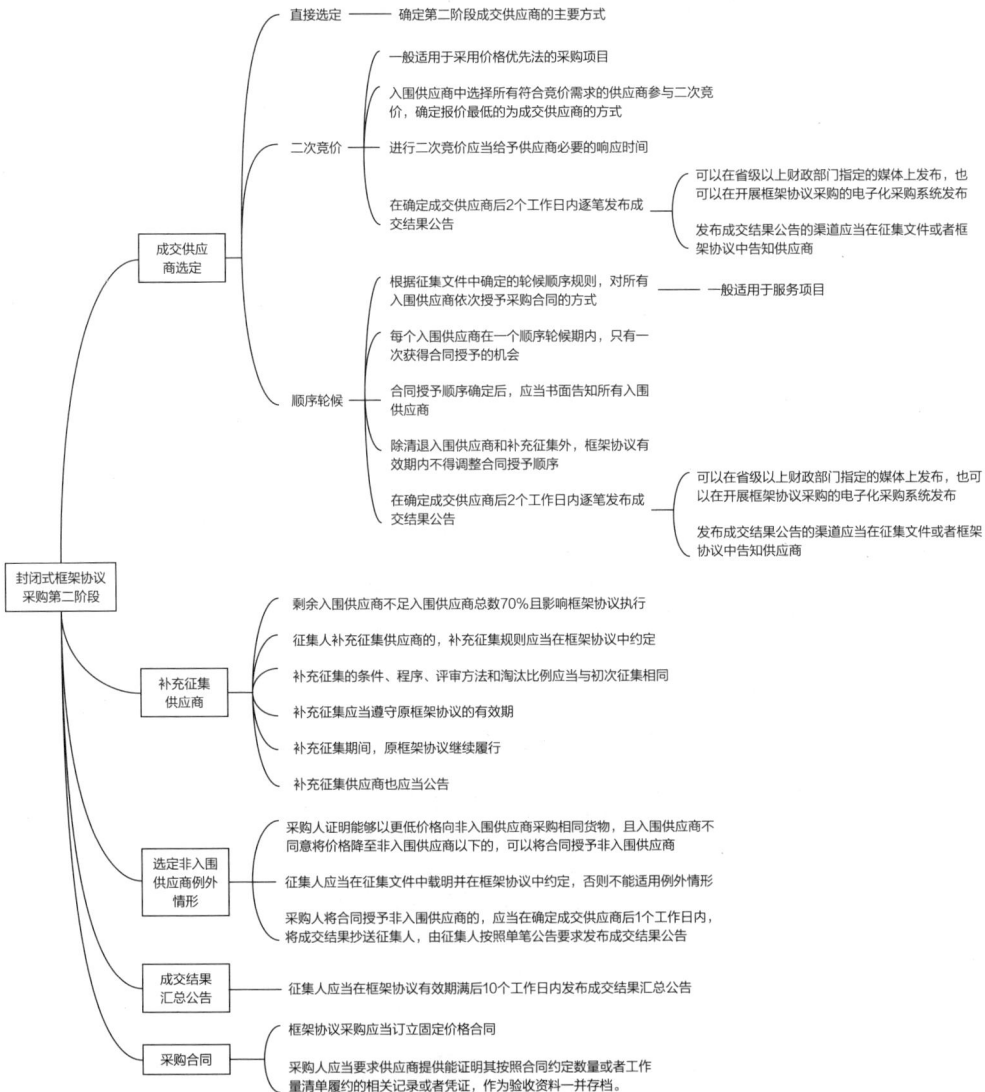

图3-3 封闭式框架协议采购第二阶段思维导图

封闭式框架协议采购第二阶段流程图见图3-4。

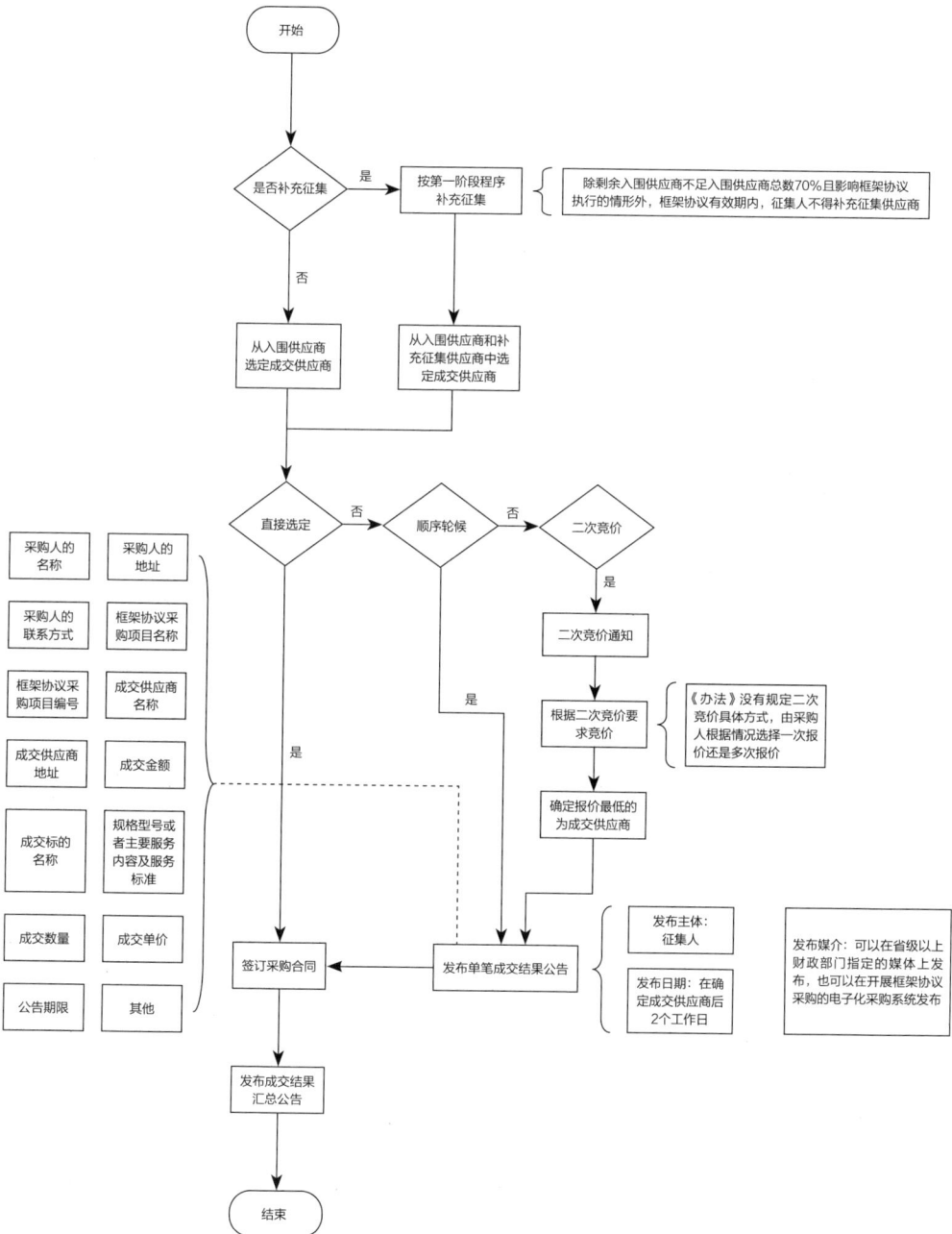

图3-4 封闭式框架协议采购第二阶段流程图

第四章

开放式框架协议采购

4.1 征集公告内容

条文原文

　　第三十八条　订立开放式框架协议的，征集人应当发布征集公告，邀请供应商加入框架协议。征集公告应当包括以下主要内容：

　　（一）本办法第二十二条第一项至四项和第二十三条第二项至三项、第十三项至十六项内容；

　　（二）订立开放式框架协议的邀请；

　　（三）供应商提交加入框架协议申请的方式、地点，以及对申请文件的要求；

　　（四）履行合同的地域范围、协议方的权利和义务、入围供应商的清退机制等框架协议内容；

　　（五）采购合同文本；

　　（六）付费标准，费用结算及支付方式；

　　（七）省级以上财政部门规定的其他事项。

【条文主旨】

本条是对开放式框架协议采购征集公告应当包括的主要内容的规定。

【条文解析】

1. 开放式框架协议采购征集公告的内容

本《办法》将框架协议采购分为封闭式框架协议采购和开放式框架协议采购两种形式，封闭式框架协议和开放式框架协议都要通过公开征集程序订立。《办法》第二十三条对封闭式框架协议采购征集公告应当包括的主要内容作了规定，第二十四条对征集文件应当包括的主要内容作了规定。

本条是对开放式框架协议采购征集公告应当包括的主要内容的规定，从本条内容上看，实际上也包含了对开放式框架协议采购征集文件应当包括的主要内容的规定。例如，第一项要求：第二十三条第二项至三项、第十三项至十六项内容；第二项要求：订立开放式框架协议的邀请；第四项要求：履行合同的地域范围、协议方的权利和义务、入围供应商的清退机制等框架协议内容；第五项要求：采购合同文本；第六项要求：付费标准，费用结算及支付方式。这些都属于开放式框架协议采购征集文件包括的主要内容。

2．封闭式框架协议和开放式框架协议二者的区别

一是入围阶段有无竞争存在区别。在封闭式框架协议采购中，确定入围供应商必须有竞争和淘汰，淘汰比例一般不低于20%，而且至少要淘汰一家供应商。因此，征集文件的主要内容上要明确"确定第一阶段入围供应商的评审方法、评审标准、确定入围供应商的淘汰率或者入围供应商数量上限和响应文件无效情形和确定第二阶段成交供应商的方式。"而在开放式框架协议采购中，供应商提出加入申请后，征集人会对申请文件进行审核，如果供应商符合资格条件，并对征集公告中的框架协议内容和付费标准进行了响应，就可以入围，不存在竞争和淘汰。

二是能否自由加入和退出存在区别。在封闭式框架协议有效期内，不能随意增加协议供应商，入围供应商无正当理由不允许退出；而在开放式框架协议有效期内，供应商可以随时申请加入和退出。

三是有无征集文件的区别。开放式框架协议采购不需要编制征集文件，其相关内容包含在征集公告中。

3．采购人、采购代理机构应当按规定的要求编制征集公告

本条对开放式框架协议采购征集公告应当包括的主要内容的规定，属于强制性规定，采购人、采购代理机构应当按规定的要求编制公告。发布征集公告的主要目的是发布征集信息，使那些感兴趣的供应商知悉，前来响应，编制申请文件并参与竞争。因此，征集公告应包括哪些内容，或者至少应包括哪些内容，对供应商来说至关重要。同时，政府采购信息直接影响政府采购活动的公开、公平、公正，应当及时向社会公布，提高政府采购的透明度，广泛接受社会监督。

值得注意的是，本条只是对主要内容作了统一要求，各地在执行时可通过实施细则，进一步对内容的要求进行细化和扩展，并提供规范、统一的格式。

4．征集公告发布相关要求

《办法》对征集公告的发布没有作具体要求，从体系解释法的角度，开放式框架协议征集公告的发布应当遵守《政府采购信息发布管理办法》（财政部令第101号）相关规定。

（1）发布媒介

根据《办法》第四十八条，结合《政府采购信息发布管理办法》规定，中央预算单位政府采购信息应当在中国政府采购网发布，地方预算单位政府采购信息应当在所在行政区域的中国政府采购网省级分网发布。

除中国政府采购网及其省级分网以外，政府采购信息可以在省级以上财政部门指定的其他媒体同步发布。

（2）公告期限

参考《关于做好政府采购信息公开工作的通知》（财库〔2015〕135号）的规定，开放式框架协议采购征集公告期限至少3个工作日。

（3）发布责任主体

与封闭式框架协议采购相同的是，开放式框架协议采购的征集公告也是由征集人负责发布。

提示48 ▷ 征集公告正文部分应简洁明了。

公告的目的是广而告知，通过公告吸引供应商产生参与竞争的兴趣，因此征集公告正文部分应当尽可能地简明扼要，避免出现长篇大论从而影响供应商参与的积极性。

在实务操作中，对于入围产品升级换代规则、用户反馈与评价机制、入围供应商清退与补充规则、框架协议、采购合同文本等内容完全可以放到附件中随征集公告正文一并发布。

4.2 供应商申请加入框架协议申请的审核

条文原文

第三十九条 征集公告发布后至框架协议期满前，供应商可以按照征集公告要求，随时提交加入框架协议的申请。征集人应当在收到供应商申请后7个工作日内完成审核，并将审核结果书面通知申请供应商。

【条文主旨】

本条是对开放式框架协议有效期内，供应商申请加入框架协议的规定。

【条文解析】

1. 供应商申请加入时间

开放式框架协议有效期内，供应商可以按照征集公告要求，随时提交加入框架协议的申请，也就是说可以随时增加符合条件的入围供应商，这是与封闭式框架协议采购的一个显著区别。开放指的是供应商的进与出都是自由的，可以随时申请进入，也可随时申请退出框架协议。这与框架协议采购的特点并不完全相符。框架协议采购第一阶段由集中采购机构或者主管预算单位通过公开征集程序，确定入围供应商并订立框架协议；第二阶段由采购人或者服务对象按照框架协议约定规则，在入围供应商范围内确定成交供应商并订立采购合同。因此，本《办法》对采用开放式框架协议采购作了限制性规定，框架协议采购原则上应当采用封闭式框架协议采购，只有两种情形可以采用开放式框架协议采购：一是前述框架协议采购第一种适用情形中，因执行政府采购政策不适合淘汰供应商的，例如疫苗采购；以及受基础设施、行政许可、知识产权等限制，供应商数量在3家以下，并且不适合淘汰供应商的，例如在一些地方电信服务商不足3家。二是前述框架协议采购第三种适用情形中，能够确定统一付费标准，并且为了更好地向公众提供服务，需要让所有愿意接受协议条件的供应商都加入的政府购买服务项目。例如，政府购买失业培训、养老、体检等服务，服务对象可持政府发放的代金券等凭单或其他证明，从入围供应商中自主选择服务机构。

2．征集人审核要求

（1）审核时间要求

征集人应当在收到供应商申请后7个工作日内完成审核，并将审核结果书面通知申请供应商。一是框架协议的征集人主要是集中采购机构、主管预算单位及其委托的采购代理机构。对于集中采购目录以内品目以及与之配套的必要耗材、配件等，由集中采购机构负责征集程序和订立框架协议；集中采购目录以外品目，由主管预算单位负责征集程序和订立框架协议。其他预算单位，如医院、高校等，确有需要的，经其主管预算单位批准，也可以作为征集人组织实施框架协议采购，并按照本《办法》关于主管预算单位的规定执行。二是工作日是指不包括法定节假日的天数。注意审核的人员可以变化，但审核标准应当是统一的、固定的；审核结果要书面通知申请供应商。

（2）审核重点

征集人主要从以下几个方面进行审核，一是资格审查，要对照申请文件对供应商法定资格条件、特定资格条件以及禁止性规定逐一审查，看是否符合征集公告对供应商的资格条件要求；二是符合性审查，看申请文件是否对征集公告规定的采购需求和付费标准等完全响应。

（3）审核主体

《办法》将审核的主体授权给征集人，但未规定征集人是否需要组建评审委员会、是否需要抽取专家，这是基于对供应商的申请文件审核本质上是资格审查，而根据《政府采购法》第二十三条规定，采购人可以要求参加政府采购的供应商提供有关资质证明文件和业绩情况，并根据本法规定的供应商条件和采购项目对供应商的特定要求，对供应商的资格进行审查。因此开放式框架协议采购申请加入框架协议供应商的申请文件审核由征集人负责，无须组建评审委员会，也不应当组建评审委员会。

提示49 征集人应当区分实质性偏差和细微性偏差的区别。

1）实质性偏差

征集人在编制征集公告时，对实质性要求应当以"*"号表示为重点条款（参数），不满足任一"*"号条款（参数）将被视为不满足征集公告实质性要求，并导致供应商的申请文件被否决。

2）细微性偏差

细微偏差是指申请文件在实质上响应征集公告要求，但在个别地方存在漏项或者提供了不完整的技术信息和数据等情况，并且补正这些遗漏或者不完整不会对其他供应商造成不公平的结果。细微偏差不影响申请文件的有效性。在评审结束前征集人可以要求申请人对细微偏差进行书面补正。申请人拒不按照要求对征集公告中细微偏差予以书面补正的，可以否决其响应。

为了提升竞争性，以及优中选优，征集人还可以在征集公告中作如下设置：细微性偏差达到多少项时，申请文件否决。

提示50 申请文件被否决的，应当告知供应商被否决的原因。

要告知供应商被否决的原因，基于两个方面的考虑，一是供应商可能自身满足要求，但在制作申请文件时因编制人员疏忽或业务能力低等原因导致申请文件不满足要求，可以在获悉被否决原因后修改申请文件重新申请，增加开放式协议采购的竞争性；二是公开透明的要求。政府采购信息公开，有利于减少不必要的纠纷，提升采购效率。

4.3 入围结果公告

条文原文

第四十条 征集人应当在审核通过后2个工作日内，发布入围结果公告，公告入围供应商名称、地址、联系方式及付费标准，并动态更新入围供应商信息。

征集人应当确保征集公告和入围结果公告在整个框架协议有效期内随时可供公众查阅。

【条文主旨】

本条是对随时增加的入围供应商发布入围结果公告的规定。

【条文解析】

1．发布入围结果公告的时间

征集人应当在审核通过后2个工作日内，发布入围结果公告。

与其他公告发布媒介要求不同的是，入围结果可以在省级以上财政部门指定的媒体上发布，也可以在开展框架协议采购的电子化采购系统发布，发布入围结果公告的渠道应当在征集公告中告知供应商。

2．入围结果公告的主要内容

入围结果公告内容包括：公告入围供应商名称、地址、联系方式及付费标准。在入围结果公告的同时，注意将新入围供应商加入到入围供应商名录库中，应将入围供应商的信息保持动态更新。

3．征集公告和入围结果公告信息公开

征集人应当确保征集公告和入围结果公告在整个框架协议有效期内随时可供公众查阅。无论是在省级以上财政部门指定的媒体上发布公告，还是在开展框架协议采购的电子化采购系统发布公告，一是公告一经发布，其内容应立即可见，而不是在有限范围或通过收费才可以查看；二是在整个框架协议有效期内不得擅自删除或者修改已发布内容。其目的一是确保政府采购的信息公开，社会公众监督的渠道畅通；二是为确保供应商在整个框架协议有效期内可随时申请入围，征集公告和入围结果公告应必须保持随时可供公众查阅。

4．入围供应商信息应动态更新

入围供应商信息动态更新主要体现在两个方面，一方面是对已经入围供应商的信息应当及时更新，例如供应商发生法定代表人变更、地址变更、信用信息变更、供应商申请退出信息等；另一方面是对新加入的供应商信息及时更新。

基于框架协议采购采用电子化采购，因此电子化采购系统应当具备供应商管理和查询子系统，以便征集人对入围供应商的信息进行动态维护和更新。

4.4 开放式框架协议订立

第四十一条 征集人可以根据采购项目特点，在征集公告中申明是否与供应商另行签订书面框架协议。申明不再签订书面框架协议的，发布入围结果公告，视为签订框架协议。

【条文主旨】

本条是对签订开放式框架协议的规定。

【条文解析】

1.开放式框架协议订立方式

本条规定了签订开放式框架协议的两种方式，一种方式是在征集公告中申明与供应商将另行签订书面框架协议；另一种方式是在征集公告中申明与供应商将不再签订书面框架协议的，发布入围结果公告，视为签订框架协议。法律上的"视为"一般是拟制性规定的标志词，与注意性规定相区别，其意义在于通过"视为"创设了一种新的法律规则，对于法律主体人的行为给出一个结论，即发布的入围结果公告就是双方签订的框架协议。在第一阶段与入围供应商明确付费标准，订立框架协议，在入围供应商范围内确定第二阶段成交供应商并订立采购合同。

2.不签订框架协议的，应当在征集公告中明确约定

选择哪一种方式订立开放式框架协议，应当根据采购项目特点，在征集公告中明确并申明。本《办法》将框架协议采购的竞争重点放在第一阶段。考虑到开放式框架协议第一阶段没有竞争，故而本《办法》将封闭式框架协议定为框架协议采购的主要形式，开放式框架协议仅为框架协议采购的特殊情形，是对封闭式框架协议的一种有益补充。开放式框架协议中也有一般情形和特殊情形之分。供应商数量众多、市场竞争充分属于开放式框架协议的一般情形，而因执行政府采购政策等原因，供应商数量少且不宜淘汰是开放式框架协议的特殊情形。对于一般情形，成交供应商由采购人或者服务对象从众多入围供应商中自主选定，通过消费者"用脚投票"来实现竞争。对于特殊情形，因市场本来就缺乏竞争，所以需要通过以量换价，统一确定付费标准，提高政府采购绩效。

4.5 确定第二阶段成交供应商的方式

条文原文

第四十二条 第二阶段成交供应商由采购人或者服务对象从第一阶段入围供应商中直接选定。

供应商履行合同后，依据框架协议约定的凭单、订单以及结算方式，与采购人进行费用结算。

【条文主旨】

本条是对开放式框架协议采购第二阶段成交供应商的选定及费用结算的规定。

【条文解析】

1．确定第二阶段成交供应商的方式

本条第一款规定：开放式框架协议采购第二阶段成交供应商由采购人或者服务对象从第一阶段入围供应商中直接选定。根据第三十二条的规定，封闭式框架协议采购第二阶段确定成交供应商的方式包括直接选定、二次竞价和顺序轮候。开放式框架协议采购只明确直接选定一种方式，这是因为开放式框架协议采购是框架协议采购的一种特殊情形，从适用的项目条件来看，并不适合采用二次竞价确定成交供应商；由于入围供应会随时增加或减少，因此不可能采取顺序轮候来确定成交供应商。直接选定在实践中应该"怎么选"？本《办法》只是作出了原则性规定，由采购人或者服务对象依据入围产品价格、质量以及服务便利性、用户评价等因素，从第一阶段入围供应商中直接选定，具体可由采购人通过建立健全相关内控制度和操作规程来进行规范。要结合《办法》规定，在采购需求确定、采购实施计划

编制、公开征集活动组织和框架协议履行管理等环节全面落实主体责任，做好有关工作。

2. 开放式框架协议采购合同结算

本条第二款规定：供应商履行合同后，依据框架协议约定的凭单、订单以及结算方式，与采购人进行费用结算。在实践中特别提醒采购人，政府采购项目在费用结算前，一定要按《政府采购法》及《政府采购法实施条例》的规定履行验收程序后，才能办理费用结算。《政府采购法实施条例》第四十五条对政府采购验收作了明确规定，规定采购人或者采购代理机构应当按照政府采购合同规定的技术、服务、安全标准组织对供应商履约情况进行验收，并出具验收书。验收书应当包括每一项技术、服务、安全标准的履约情况。政府向社会公众提供的公共服务项目，验收时应当邀请服务对象参与并出具意见，验收结果应当向社会公告。

提示51 《办法》中的开放式框架协议采购与《公共采购示范法》中的开放式框架协议程序不同。

按照框架协议采购程序的第二阶段是否需要竞争，将框架协议采购程序分为有第二阶段竞争的框架协议程序和无第二阶段竞争的框架协议程序。《公共采购示范法》按照上述分类。"无第二阶段竞争的框架协议程序"是指订立框架协议时已确定所有采购条款和条件的封闭式框架协议下的程序。"有第二阶段竞争的框架协议程序"是指有不止一个供应商或承包商的开放式框架协议或封闭式框架协议下的程序，在订立框架协议时无法充分准确确定的某些采购条款和条件将通过第二阶段竞争加以确定或细化。因此，从形式上看，这一分类的标准是采购合同的授予是否还需要通过竞争的方式。如果框架协议已经确定了所有采购条款和条件，合同就可以直接授予。而如果在订立框架协议时无法充分准确确定的某些采购条款和条件，那么就要通过第二阶段竞争加以确定或细化。

本条规定，第二阶段成交供应商由采购人或者服务对象从第一阶段入围供应商中直接选定。这意味着政府采购的开放式框架协议采购是无第二阶段竞争的开放式框架协议程序。故《办法》中的开放式框架协议采购程序并非《公共采购示范法》中的开放式框架协议程序，因为《公共采购示范法》对开放式框架协议程序在第二阶段是有竞争的。

提示52 合同授予的采购文件资料由采购人负责保存

根据《办法》第二十一条，除征集人和采购人另有约定外，合同授予的采购文件资料由采购人负责保存。根据《政府采购法》第四十二条规定，保管期限为十五年，保管资料包括凭单、订单、验收资料、结算文件等。

4.6 用思维导图学110号令之开放式框架协议采购流程图及思维导图

开放式框架协议采购流程图见图4-1。

开放式框架协议采购思维导图见图4-2。

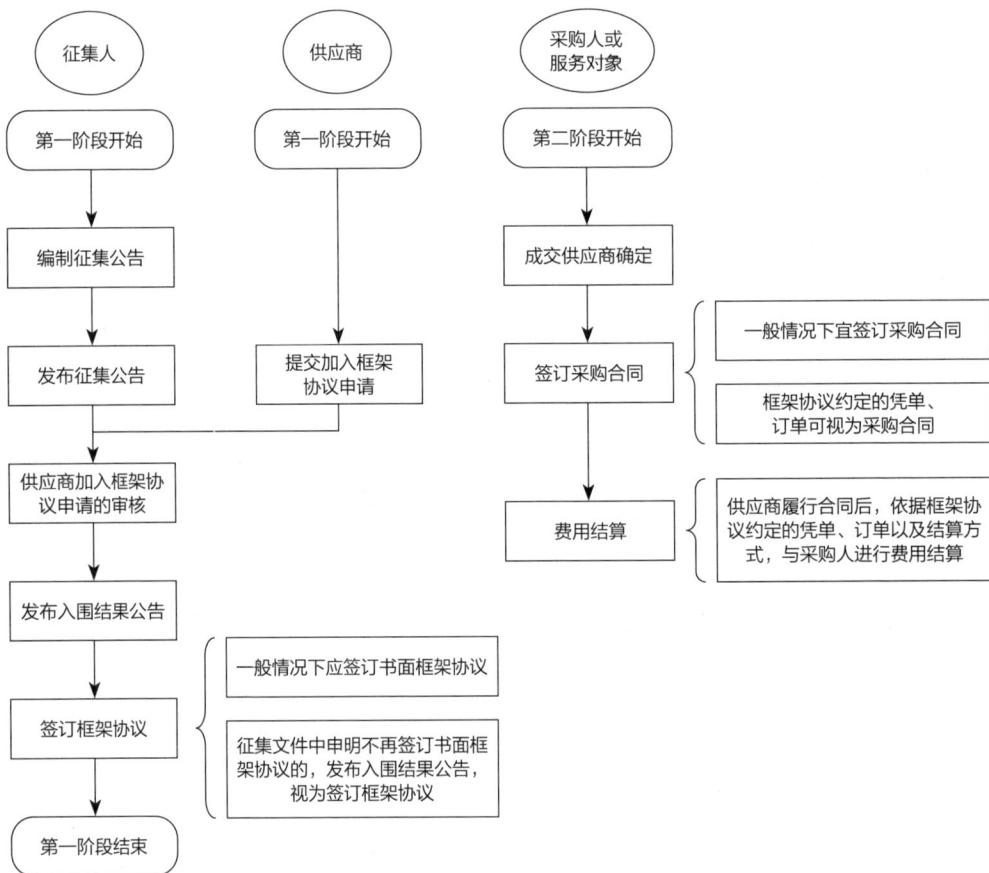

图4-1 开放式框架协议采购流程图

编制征集公告

《办法》第二十二条
第一项至四项
- 征集人的名称、地址、联系人和联系方式
- 采购项目名称、编号，采购需求以及最高限制单价，适用框架协议的采购人或者服务对象范围，能预估采购数量的，还应当明确预估采购数量
- 供应商的资格条件
- 框架协议的期限

《办法》第二十三条
第二项至三项
- 供应商应当提交的资格材料
- 资格审查方法和标准

《办法》第二十三条
第十三项至十六项
- 入围产品升级换代规则
- 用户反馈和评价机制
- 入围供应商的清退和补充规则
- 供应商信用信息查询渠道及截止时点、信用信息查询记录和证据留存的具体方式、信用信息的使用规则等

封闭式框架协议此内容包含在征集文件中，公告不包含

发布征集公告

开放式框架协议采购无征集文件，以公告代替
- 订立开放式框架协议的邀请
- 供应商提交加入框架协议申请的方式、地点，以及对申请文件的要求
- 履行合同的地域范围、协议方的权利和义务、入围供应商的清退机制等框架协议内容
- 采购合同文本
- 付费标准，费用结算及支付方式
  - 付费标准即最高限制单价
  - 属于《办法》第十条第二款第一项规定情形的采购项目，需要订立开放式框架协议的，与供应商协商确定
  - 属于《办法》第十条第二款第二项规定情形的采购项目，需要订立开放式框架协议的，与征集人统一定价
- 征集人可以根据采购项目特点，在征集公告中申明是否与供应商另行签订书面框架协议
- 省级以上财政部门规定的其他事项
- 在整个框架协议有效期内随时可供公众查阅

开放式框架协议采购

提交加入框架协议申请
- 征集公告发布后至框架协议期满前，供应商可以随时提交加入框架协议的申请

供应商申请审核
- 征集人应当在收到供应商申请后7个工作日内完成审核，并将审核结果书面通知申请供应商

入围结果公告
- 征集人应当在审核通过后2个工作日内，发布入围结果公告
- 公告入围供应商名称、地址、联系方式及付费标准，并动态更新入围供应商信息
- 在整个框架协议有效期内随时可供公众查阅

入围供应商的退出机制随时申请发布退出公告

签订框架协议
- 一般情况下应当签订书面框架协议
- 征集公告申明不再签订书面框架协议的，发布入围结果公告，视为签订框架协议

成交供应商的确定
- 由采购人或者服务对象从第一阶段入围供应商中直接选定

采购合同
- 有条件的，宜签订书面采购合同
- 框架协议约定的凭单、订单可视为合同，不再签订书面采购合同

合同结算
- 供应商履行合同后，依据框架协议约定的凭单、订单以及结算方式，与采购人进行费用结算

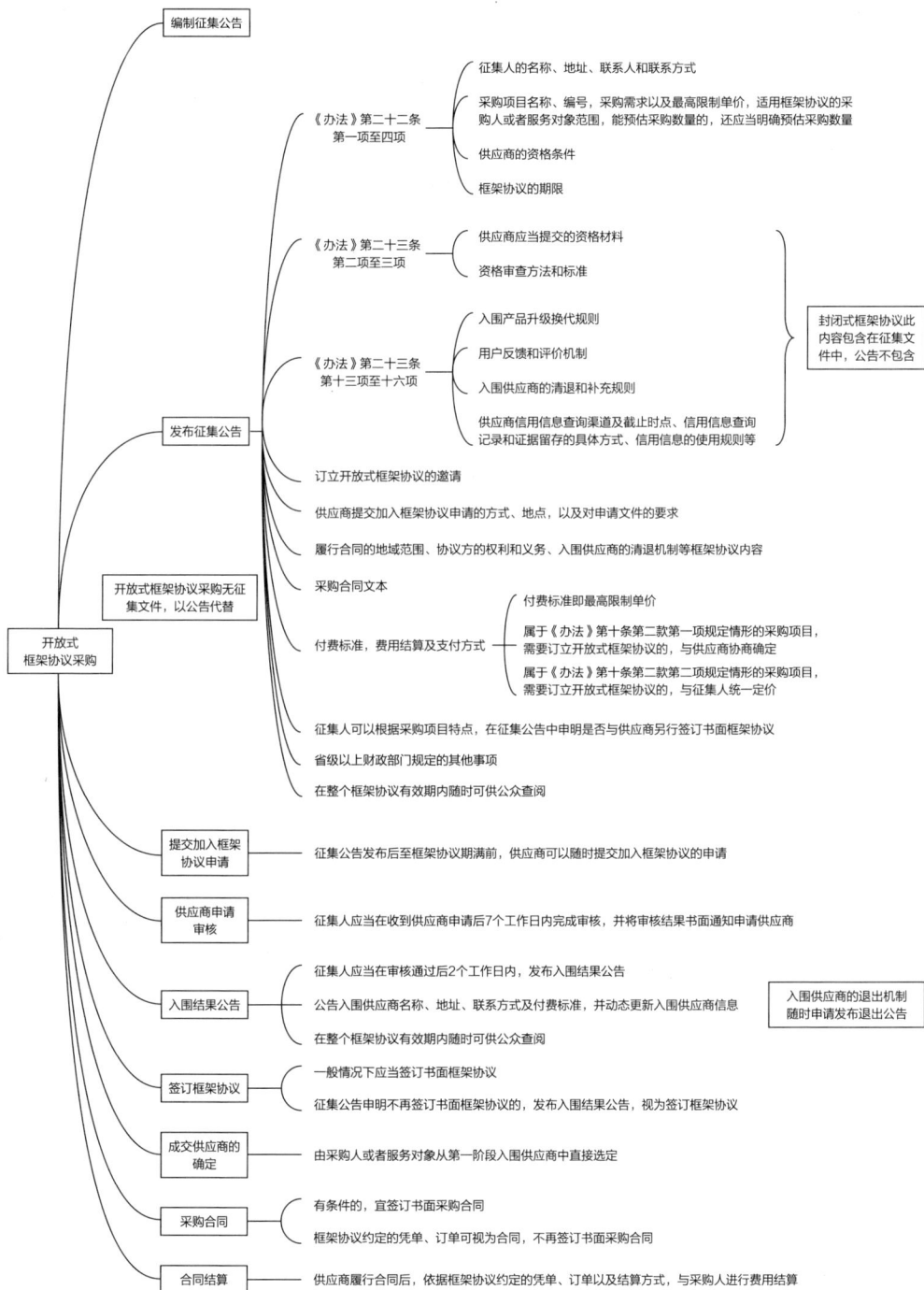

图4-2 开放式框架协议采购思维导图

法律责任

5.1 相关单位的法律责任

第四十三条 主管预算单位、采购人、采购代理机构违反本办法规定的，由财政部门责令限期改正；情节严重的，给予警告，对直接负责的主管人员和其他责任人员，由其行政主管部门或者有关机关依法给予处分，并予以通报。

【条文主旨】

本条是关于主管预算单位、采购人、采购代理机构违反本《办法》规定承担法律责任的规定。

【条文解析】

关键词：责令限期改正、警告、依法给予处分

本条针对主管预算单位、采购人和代理机构设定的法律责任，主要有三类：责令限期改正、警告、"处分+通报"。从合法性上看，《办法》作为部门规章，有权设定这三类法律责任，不存在与上位法相抵触的情形。

1．违反本《办法》的情形

违反本《办法》的情形包括但不限于：

（1）开展的框架协议采购不符合本办法规定的适用情形；

（2）未按本办法开展需求调查，确定采购需求的；

（3）未按本办法规定将采购方案报财政部门审核或备案的；

（4）未按本办法规定编制征集文件的；

（5）未按本办法规定确定入围供应商评审办法的；

（6）违反本办法规定确定框架协议期限的；

（7）向供应商提出不合理要求作为签订框架协议或者授予合同条件的；

（8）未按本办法规定落实框架协议履行管理责任的；

（9）未按本办法规定授予合同的；

（10）未按本办法规定确定入围供应商的；

（11）未按本办法规定发布入围结果公告的；

（12）未按本办法规定发布成交结果单笔公告的；

（13）未按本办法规定发布成交结果汇总公告的；

（14）未妥善保管采购文件资料的；

（15）其他违法本办法规定的情形。

2．法律责任

主管预算单位、采购人、采购代理机构违反本《办法》规定的包括：

（1）责令限期改正。责令限期改正是财政部门对违法行为采取的一种补救性行政措施，要求当事人在规定时间内停止违法行为，并予以纠正。严格来说，责令限期改正不是一种制裁，而是对违法行为及违法后果的纠正，以强制当事人履行法定义务。因此，责令限期改正只适用于能够改正的情况。

责令改正或限期改正也不属于行政处罚，首先，责令改正（或者限期改正）与行政处罚概念不同。行政处罚是行政主体对违反行政管理秩序的行为依法定程序所给予的法律制裁；而责令改正或限期改正违法行为是指行政机关在实施行政处罚过程中对违法行为人发出的一种作为命令。其次，二者性质、内容不同。行政处罚是法律制裁，是对违法行为人的人身自由、财产权利的限制和剥夺，是对违法行为人精神和声誉造成损害的惩戒；而责令改正或者限期改正违法行为，其本身并不是制裁，只是要求违法行为人履行法定义务，停止违法行为，消除不良后果，恢复原状。再次，二者的规制角度不同。行政处罚是从惩戒的角度，对行政相关人员进行处分，以告诫违法行为人不得再违法，否则将受罚；而责令改正或者限期改正则是命令违法行为人履行既有的法定义务，纠正违法，恢复原状。最后，二者形式不同。《中华人民共和国行政处罚法》第九条规定了行政处罚的具体种类，具体有：警告、通报批评；罚款、没收违法所得、没收非法财物；暂扣许可证件、降低资质等级、吊销许可证件；限制开展生产经营活动、责令停产停业、责令关闭、限制从业；行政拘留等。而责令改正或者限期改正违法行为，因各种具体违法行为不同而分别表现为停止违法行为、责令退还、责令赔偿、责令改正、限期拆除等形式。

（2）警告。警告是行政机关对违反行政管理秩序的行为给予的申诫性质的行政处罚，处罚的力度相对较轻。本条规定的警告，属于行政处罚，它与行政处分中的警告虽然名称相同，但是性质完全不同。

（3）依法给予处分。依法给予处分包括行政处分和纪律处分两类。根据《中华人民共和国公务员法》第五十六条和《中华人民共和国行政监察法》第二十四条第一款第一项的规定，行政处分有警告、记过、记大过、降级、撤职、开除六种形式。根据《中国共产党纪律处分条例》第八条，对党员的纪律处分有警告、严重警告、撤销党内职务、留党察看、开除党籍五种形式。本条规定的处分对象是违法单位的直接负责的主管人员和其他责任人员，即在单位中负有直接领导责任的人员，包括违法行为的决策人、事后对单位违法行为予以认可和支持的领导人员、由于疏忽管理或者放任对单位行为负有不可推卸责任的领导人员，以及直接实施单位违法行为的人员。本条对具体给予什么处分并未明确，只是说依法给予处分。实践中需要视违法情节、违法造成的后果等因素决定。

（4）执行中应注意的问题：一是本条没有指明哪一种具体的违法行为，而是本办法所有的规定，在法律法规的规定中要区分强制性和非强制性规定，强制性是指法律规范所指的对象义务是必须执行和遵守的。非强制性是指法律规范所指的对象义务具有可选择性，当事人可以根据自己的意愿，决定是否执行该规定。但行使选择权力不得侵犯他人利益，也不得违背公益良俗。二是没有直接规定只要违反本《办法》规定的都给予行政处罚和处分，而是规定情节严重的给予警告和依法给予处分。情节严重，从字面上理解，"情节"就是事情的变化和经过；"严重"就是程度深、影响大。一个具体的行为如何界定属于程度深、影响大，在法律上并没有明确的量化标准，需要根据具体的违法事实和违法的后果来认定。行政处罚中的违法行为情节轻微一般是指初次违法并且违法行为没有造成危害后果的发生、社会危害性少的违法行为。

提示53 采购代理机构包括集中采购机构。

本条所称的采购代理机构包括集中采购机构。

5.2 入围或成交结果无效的处理

第四十四条　违反本办法规定，经责令改正后仍然影响或者可能影响入围结果或者成交结果的，依照政府采购法等有关法律、行政法规处理。

【条文主旨】

本条是对经责令改正后仍然影响或者可能影响入围结果或者成交结果的处理办法的规定。

【条文解析】

1. 上位法依据

《政府采购法》和《政府采购法实施条例》对政府采购违法行为影响中标、成交结果或者可能影响中标、成交结果如何处理均有明确的规定。

（1）《政府采购法》第七十三条规定：有前两条违法行为之一影响中标、成交结果或者可能影响中标、成交结果的，按下列情况分别处理：

①未确定中标、成交供应商的，终止采购活动；

②中标、成交供应商已经确定但采购合同尚未履行的，撤销合同，从合格的中标、成交候选人中另行确定中标、成交供应商；

③采购合同已经履行的，给采购人、供应商造成损失的，由责任人承担赔偿责任。

（2）《政府采购法实施条例》第七十一条规定：有《政府采购法》第七十一条、第七十二条规定的违法行为之一，影响或者可能影响中标、成交结果的，依照下列规定处理：

①未确定中标或者成交供应商的，终止本次政府采购活动，重新开展政府采购活动；

②已确定中标或者成交供应商但尚未签订政府采购合同的，中标或者成交结果无效，从合格的中标或者成交候选人中另行确定中标或者成交供应商；没有合格的中标或者成交候选人的，重新开展政府采购活动；

③政府采购合同已签订但尚未履行的，撤销合同，从合格的中标或者成交候选人中另行确定中标或者成交供应商；没有合格的中标或者成交候选人的，重新开展政府采购活动；

④政府采购合同已经履行，给采购人、供应商造成损失的，由责任人承担赔偿责任。

政府采购当事人有其他违反《政府采购法》或者《政府采购法实施条例》规定的行为，经改正后仍然影响或者可能影响中标、成交结果或者依法被认定为中标、成交无效的，依照前款规定处理。

2．结合两阶段不同情形针对性处理

（1）本条执行的时间节点：当事人违反本《办法》规定，经财政部门责令改正后仍然影响或者可能影响入围结果或者成交结果。首先财政部门的责令改正在前，当然责令改正只适用于能够改正的情况，在实际工作中有些行为发生后是无法改正的；其次有些行为经改正后仍然影响或者可能影响入围结果或者成交结果。

（2）本条规定的处理办法是：经责令改正后仍然影响或者可能影响入围结果或者成交结果的，依照政府采购法等有关法律、行政法规处理。

《政府采购法》和《政府采购法实施条例》，对政府采购违法行为影响中标、成交结果或者可能影响中标、成交结果如何处理均有明确的规定。

依据《政府采购法》《政府采购法实施条例》，对存在违法违规行为，影响或者可能影响中标、成交结果的，依照以下5种规定处理：

①未确定成交供应商的，终止本次政府采购活动，重新开展政府采购活动；

②已确定成交供应商但尚未签订政府采购合同的，成交结果无效，从符合条件入围供应商中另行确定成交供应商；没有符合条件的入围供应商的，重新开展政府采购活动；

③政府采购合同已签订但尚未履行的，撤销合同，从符合条件的入围供应商中另行确定成交供应商；没有符合条件的入围供应商的，重新开展政府采购活动；

④政府采购合同已经履行，给采购人、供应商造成损失的，由责任人承担赔偿责任；

⑤政府采购当事人有其他违反政府采购法或者本条例规定的行为，经改正后仍然影响或者可能影响成交结果或者依法被认定为成交无效的，依照上述四种情形处理。这里"依法被认定为成交无效的"是指财政部门在投诉处理、监督检查过程中，发现当事人有违法行为足以影响成交结果的，应当依法认定成交结果无效，成交结果被认定无效的，同样按照《政府采购法》第七十七条第一款规定处理。

3．执行中应注意的问题

一是只有在违法行为确实对入围结果或者成交结果直接产生影响，或者有足够的证据证明违法行为对入围结果或者成交结果可能产生影响时，才能按照《政府采购法》等有关法律、行政法规的规定，根据不同情况进行相应的处理。二是对责令改正后是否仍然影响或者可能影响入围结果或者成交结果应由财政部门作出认定。

提示54 从符合条件的入围供应商中选择时，入围供应商数量不需要满足三家。

封闭式框架协议采购入围供应商可以只有一家。

《办法》规定，封闭式框架协议采购，确定第一阶段入围供应商时，提交响应文件和符合资格条件、实质性要求的供应商应当均不少于2家，淘汰比例一般不得低于20%，且至少淘汰一家供应商；采用质量优先法的检测、实验等仪器设备采购，淘汰比例不得低于40%，且至少淘汰一家供应商。因此封闭式框架协议采购入围供应商有可能仅有一家，如果这家入围供应商不符合要求，则应当重新开展征集活动。

4．开放式框架协议采购入围供应商数量没有要求

开放式框架协议采购对入围供应商数量没有硬性要求，也可以只有一家。

5.3 供应商的法律责任

条文原文

第四十五条 供应商有本办法第十九条第一款第一项至三项情形之一，以及无正当理由放弃封闭式框架协议入围资格或者退出封闭式框架协议的，依照政府采购法等有关法律、行政法规追究法律责任。

【条文主旨】

本条是对供应商存在恶意串通、提供虚假材料、无正当理由拒不接受合同和无

正当理由放弃入围资格或者退出封闭式框架协议等违法行为所应承担的法律责任的规定。

【条文解析】

1．开展对供应商违法行为处罚有利于净化市场环境，维护政府采购诚实信用

供应商是政府采购活动的重要参加者，其最终目的是希望中标、成交，获得经济利益。为了达到这一目的，在参加政府采购项目的采购活动中，有的供应商就可能采取各种非正当的方式和手段，甚至出现犯罪行为。因此，必须对供应商的违法行为给予应有的惩处。《办法》第十九条第一款第一项至三项规定的情形是：恶意串通谋取入围或者合同成交的；提供虚假材料谋取入围或者合同成交的；无正当理由拒不接受合同授予的。第十九条规定尚未签订框架协议的，取消其入围资格；已经签订框架协议的，解除与其签订的框架协议。本条是在此基础上明确了对以上三种严重扰乱市场竞争的行为，以及无正当理由放弃封闭式框架协议入围资格或者退出封闭式框架协议的行为，依照《政府采购法》等有关法律、行政法规追究法律责任。

2．供应商恶意串通、提供虚假材料的法律责任

《政府采购法》第七十七条对供应商恶意串通、提供虚假材料的违法行为所承担的法律责任作了明确规定。包括以下几个方面的含义：

（1）供应商的违法行为，包括以下几种情形：

①提供虚假材料谋取中标、成交。提供虚假材料是供应商谋取中标、成交最常用也是最简便的一种手段，在实践中经常发生。供应商提供虚假材料的范围广泛、方式多样，例如，以他人名义参加采购、伪造有关资质证明文件、隐瞒在经营活动中重大违法记录、虚假响应征集文件/征集公告要求等。

②采取不正当手段诋毁、排挤其他供应商。在实力、条件不足以与他人进行公平竞争的情况下，有的供应商可能采取不正当手段诋毁、排挤其他供应商，为自己谋得更多的中标、成交机会。这种现象在实践中为数不少。

③与采购人、其他供应商或者采购代理机构恶意串通。供应商之间采取私下协议等方式相互恶意串通，或者供应商与采购人、采购代理机构进行恶意串通，都是严重违反政府采购公开、公平、公正原则的，也是对国家利益、社会公共利益以及其他供应商合法权益的极大损害，属于十分恶劣的违法行为。

④向采购人、采购代理机构行贿或者提供其他不正当利益。

⑤在招标采购过程中与采购人进行协商谈判。

⑥拒绝有关部门监督检查或者提供虚假情况。

（2）供应商有违法行为之一的，应当承担下列形式的法律责任：

①罚款。供应商有《政府采购法》第七十七条规定违法行为之一的，可对其处以采购金额千分之五以上千分之十以下的罚款。

②禁止参加政府采购活动。供应商违反《政府采购法》第七十七条规定，要被列入不良行为记录名单，在1～3年内禁止参加政府采购活动。供应商被列入不良行为记录名单，不仅在1～3年内禁止参加政府采购活动，而且会严重影响企业的名声，对企业今后的经营和发展带来严重的影响。

③没收违法所得。供应商实施《政府采购法》第七十七条违法行为并有违法所得的，除对其作出以上处罚外，还要没收其违法所得。

④吊销营业执照。供应商违反《政府采购法》第七十七条规定，情节严重的，由工商行政管理机关吊销其营业执照。

⑤依法追究刑事责任。供应商违反《政府采购法》第七十七条规定，构成犯罪的，应当由司法机关依法追究刑事责任。

3．供应商拒绝采购合同授予的法律责任

《政府采购法实施条例》第七十二条第一款第二项，对供应商中标或者成交后无正当理由拒不与采购人签订政府采购合同应承担的法律责任作了明确的规定，依照《政府采购法》第七十七条第一款的规定追究法律责任。

（1）无正当理由放弃封闭式框架协议入围资格或者退出封闭式框架协议的，如何追究其法律责任？

本《办法》规定的"框架协议"应理解为预约合同，即为了订立本约而做准备的合同，受《民法典》第四百九十五条的规制。《民法典》第四百九十五条规定：当事人约定在将来一定期限内订立合同的认购书、订购书、预订书等，构成预约合同。当事人一方不履行预约合同约定的订立合同义务的，对方可以请求其承担预约合同的违约责任。无正当理由放弃封闭式框架协议入围资格或者退出封闭式框架协议，其实质是不履行预约合同约定的订立合同义务，依《民法典》第四百九十五条规定，任何一方不履行框架协议约定的订立合同义务的，应承担框架协议的违约责任。

151

（2）放弃封闭式框架协议入围资格或者退出封闭式框架协议的除了民事责任以外，有没有行政责任呢？

《政府采购法》仅规定了"中标或者成交后无正当理由拒不与采购人签订政府采购合同，依照《政府采购法》第七十七条第一款的规定处罚"，仅从文义解析的角度来看，签订框架协议不属于中标或成交后，但从体系解释法的角度或者扩大化解释的角度分析，此条的立法目的是约束供应商建立诚信体系，建立公开、公平、公正、诚实信用的政府采购市场秩序，因此放弃封闭式框架协议入围资格或者退出封闭式框架协议的，也应当依据《政府采购法》第七十七条第一款的规定追究法律责任。

4．执行中应注意的问题

一是政府采购监督管理部门对于列入不良行为记录的供应商名单，应当予以公布，并对其在规定年限内参加政府采购活动的情况实施监督。二是政府采购监督管理部门在实施监督检查过程中，发现供应商违法行为情节严重的，应当建议有关工商行政管理机关吊销其营业执照，但不能自行注销。

5.4 政府采购当事人民事责任

条文原文

第四十六条 政府采购当事人违反本办法规定，给他人造成损失的，依法承担民事责任。

【条文主旨】

本条是对政府采购当事人的违法行为应当承担民事法律责任的规定。

【条文解析】

民事责任，是指民事主体在民事活动中，因实施了民事违法行为，根据法律规定所承担的对其不利的民事法律后果或者基于法律特别规定而应承担的民事法律责任。民事责任属于法律责任的一种，是保障民事权利和民事义务实现的法律救济，它主要是一种民事赔偿责任，目的在于使受害人被侵犯的权益得以恢复。

政府采购活动虽然是公共行为，但是在采购活动中，采购人不是以履行行政管理职能的身份而是作为民事主体出现的，它与采购代理机构、供应商相同，都是平等的民事主体。因此，无论是采购人、采购代理机构，还是供应商，在政府采购活动中有违法行为造成他人损失的，都同样需要依照有关民事法律规定承担民事责任。"他人"主要是政府采购当事人，例如采购人、采购代理机构违法行为给供应商造成损害的，或者供应商违法行为给采购人、采购代理机构或其他供应商造成损害的，或者采购代理机构违法行为给采购人造成损害的，都要承担民事责任。

根据《民法典》第一百七十九条，承担民事责任的方式主要有：停止侵害；排除妨碍；消除危险；返还财产；恢复原状；修理、重作、更换；继续履行；赔偿损失；支付违约金；消除影响、恢复名誉；赔礼道歉等。以上承担民事责任的方式，可以单独适用，也可合并适用。

5.5 财政部门及工作人员法律责任

条文原文

第四十七条　财政部门及其工作人员在履行监督管理职责中存在滥用职权、玩忽职守、徇私舞弊等违法违纪行为的，依法追究相应责任。

【条文主旨】

本条是对财政部门及其工作人员存在违法违纪的，依法追究相应责任的规定。

【条文解析】

关键词：滥用职权、玩忽职守、徇私舞弊、依法追究相应责任

1．违法行为的定义

滥用职权，是指国家机关工作人员违反法律规定的职责权限和程序滥用职权或者超越职权的行为。

玩忽职守，是指国家机关工作人员严重不负责任，不履行、不正确履行或者放弃履行职责的行为。

徇私舞弊，是指国家机关工作人员徇个人私利或亲友私情而从事玩忽职守、滥用职权益的行为。

政府采购活动中财政部门负有法定的监督职责，财政部门及其工作人员应当按照法律、行政法规的规定正确实施监督检查，履行法定职责，而不得滥用职权、玩忽职守、徇私舞弊，否则就应当承担相应的法律责任。

2．相应法律责任

根据《政府采购法》第八十条和《政府采购法实施条例》第七十七条的规定，依法追究相应责任是指对直接负责的主管人员和其他直接责任人员依法给予处分；直接负责的主管人员和其他直接责任人员构成犯罪的，依法追究刑事责任。依法给予处分的有关内容详见《办法》第四十三条的解读。依法追究刑事责任，财政部门及其工作人员在履行监督管理职责中存在滥用职权、玩忽职守、徇私舞弊构成《中华人民共和国刑法》第三百九十七条规定滥用职权、玩忽职守情形的，应当依法承担刑事责任。

提示55 框架协议采购中其他违法违规行为的法律责任。

框架协议采购中的其他违法违规行为的法律责任如表5-1所示。

框架协议采购中的其他违法违规行为的法律责任 表5-1

违法主体	法律责任	
	《政府采购法》	《政府采购法实施条例》
采购人 （可适用于征集人）	第七十一条、第七十二条、 第七十四条、第七十五条、第七十六条	第七十四条
采购代理机构（同样 适用于集中采购机构）	第七十一条、第七十二条、 第七十六条	第七十四条

续表

违法主体	法律责任	
	《政府采购法》	《政府采购法实施条例》
集中采购机构	—	第六十九条
供应商	第七十七条	第七十二条、第七十三条
评审专家	—	第七十五条
财政部门	第八十二条	第七十七条

第六章

附　则

6.1 公告发布媒介

第四十八条 除本办法第三十五条规定外，本办法规定的公告信息，应当在省级以上财政部门指定的媒体上发布。

【条文主旨】

本条是对公告信息发布媒体的规定。

【条文解析】

1．成交结果单笔公告可以仅在开展框架协议采购的电子化采购系统发布

关于本《办法》第三十五条规定，以二次竞价或者顺序轮候方式确定成交供应商的，征集人应当在确定成交供应商后2个工作日内逐笔发布成交结果公告。成交结果单笔公告可以在省级以上财政部门指定的媒体上发布，也可以在开展框架协议采购的电子化采购系统发布，还可以在两个媒介上同时发布，但同时发布的单笔成交结果公告内容应当保持一致性和完整性。

2．本《办法》规定的其他公告信息，应当在省级以上财政部门指定的媒体上发布

根据《政府采购信息发布管理办法》（财政部令第101号）第八条规定，中央预算单位政府采购信息应当在中国政府采购网发布，地方预算单位政府采购信息应当在所在行政区域的中国政府采购网省级分网发布。除中国政府采购网及其省级分网以外，政府采购信息可以在省级以上财政部门指定的其他媒体同步发布。

3．违反本条规定所承担的法律责任

根据《政府采购信息发布管理办法》（财政部令第101号）第十六条规定：采购人或

者其委托的采购代理机构未依法在指定媒体上发布政府采购项目信息的，依照《政府采购法实施条例》第六十八条追究法律责任。

6.2 期间的计算规定

条文原文

第四十九条　本办法规定按日计算期间的，开始当天不计入，从次日开始计算。期限的最后一日是国家法定节假日的，顺延到节假日后的次日为期限的最后一日。

【条文主旨】

本条是对日计算方式的规定。

【条文解析】

关于"日"的计算专门用一条作出具体规定很有必要。在政府采购实践中，由于对日计算期间理解不统一，经常产生争议，影响政府采购活动的正常开展。本条规定的依据是《民法典》。《民法典》第二百零一条规定，按照年、月、日计算期间的，开始的当日不计入，自下一日开始计算。《民法典》第二百零三条规定，期间的最后一日是法定休假日的，以法定休假日结束的次日为期间的最后一日。期间的最后一日的截止时间为二十四时；有业务时间的，停止业务活动的时间为截止时间。既然《民法典》已有明确的规定，为什么本《办法》还需要专门作出规定？因为《民法典》第二百零四条规定，期间的计算方法依照本法的规定，但是法律另有规定或者当事人另有约定的除外。也就是说，如果本条不作统一规定，就会出现不同的地方会有不同的规定，甚至不同的项目采购文件中也可作出不同的日计算期间的规定，政府采购当事人容易出错，产生争议。

提示56 《办法》涉及"日"和"工作日"的汇总

《办法》涉及"工作日"的详见表6-1。

《办法》涉及"工作日"一览表 表 6-1

条款	具体规定
第二十条 第二款	集中采购机构或者主管预算单位应当在收到退出申请2个工作日内，发布入围供应商退出公告
第二十九条	在框架协议签订后7个工作日内，将框架协议副本报本级财政部门备案
第三十条	征集人应当在框架协议签订后3个工作日内通过电子化采购系统将入围信息告知适用框架协议的所有采购人或者服务对象
第三十五条 第一款	以二次竞价或者顺序轮候方式确定成交供应商的，征集人应当在确定成交供应商后2个工作日内逐笔发布成交结果公告
第三十五条 第二款	征集人应当在框架协议有效期满后10个工作日内发布成交结果汇总公告
第三十七条 第三款	采购人将合同授予非入围供应商的，应当在确定成交供应商后1个工作日内，将成交结果抄送征集人，由征集人按照单笔公告要求发布成交结果公告
第三十九条	征集人应当在收到供应商申请后7个工作日内完成审核，并将审核结果书面通知申请供应商
第四十条	征集人应当在审核通过后2个工作日内，发布入围结果公告

《办法》涉及"日"的规定只有第二十九条：集中采购机构或者主管预算单位应当在入围通知书发出之日起30日内和入围供应商签订框架协议。

6.3 数量的计算规定

条文原文

第五十条 本办法所称的"以上""以下""内""以内""不少于""不超过"，包括本数；所称的"不足""低于"，不包括本数。

【条文主旨】

本条是关于是否包括本数的规定。

【条文解析】

关于"以上""以下""内""以内""不少于""不超过""不足""低于"等是否包括本数专门用一条作出具体规定很有必要。在政府采购实践中，由于对"以上""以下"等的理解不统一，经常产生争议，影响政府采购活动的正常开展。本条规定的依据是《民法典》，《民法典》第一千二百五十九条规定，民法所称的"以上""以下""以内""届满"，包括本数，其中，"以上"指的是位置或者数目等在某一点之上；"以下"指的是位置或者数目不高于某一点；"以内"指的是介于一定的时间、数量、范围之中；"届满"指的是规定的期限已满、到期。所称的"不满""超过""以外"，不包括本数，其中"不满"指的是不充满，量不足；"超过"指的是高出、超出；"以外"指的是一定的限制、界限或者范围之外。

6.4 制定具体实施办法

条文原文

第五十一条 各省、自治区、直辖市财政部门可以根据本办法制定具体实施办法。

【条文主旨】

本条是关于制定具体实施办法的规定。

【条文解析】

各省、自治区、直辖市财政部门可以根据本《办法》制定具体实施办法。本《办法》属于部门规章，各地财政部门制定的实施办法属于规范性文件。实施办法可对本《办法》进一步细化，要突出实务和操作性，但不能与部门规章相抵触。

6.5 施行日期

第五十二条 本办法自2022年3月1日起施行。

【条文主旨】

本条是关于《办法》施行日期的规定。

【条文解析】

《规章制定程序条例》第三十条规定，公布规章的命令应当载明该规章的制定机关、序号、规章名称、通过日期、施行日期、部门首长或者省长、自治区主席、市长、自治州州长署名以及公布日期。

规章的施行日期即规章的生效时间，是指规章何时开始生效，何时终止效力，以及规章对于其生效前的事件或行为是否具有溯及力的问题。施行日期是任何一部法律、法规、规章都不可或缺的基本要素。

对施行时间的规定主要有以下三种方式：一是自公布之日起施行，这种方式在我国立法中曾较多运用。二是公布后并不立即实施，这是近年来我国在制定新法时采取的主要方式。三是规定公布后先予试行或暂行，而后由立法部门加以补充完善，再通过成为正式法律、法规或规章等，但在试行期间，该法律、法规、规章也有约束力。

《规章制定程序条例》第三十二条规定，规章应当自公布之日起30日后施行；但是，涉及国家安全、外汇汇率、货币政策的确定以及公布后不立即施行将有碍规章施行的，可以自公布之日起施行。

《办法》自公布之日起至生效超过30日，主要是为了各级财政部门及集中采购机构、采购人宣传贯彻落实政策的需要，给各方主体有一个充分学习政策、掌握政策、运用政策的时间。

附　录

附录一

政府采购框架协议采购方式管理暂行办法

中华人民共和国财政部令第 110 号

政府采购框架协议采购方式管理暂行办法

《政府采购框架协议采购方式管理暂行办法》已经2021年12月31日部务会议审议通过，现予公布，自2022年3月1日起施行。

部长　刘昆

2022年1月14日

第一章 总　则

第一条 为了规范多频次、小额度采购活动，提高政府采购项目绩效，根据《中华人民共和国政府采购法》《中华人民共和国政府采购法实施条例》等法律法规规定，制定本办法。

第二条 本办法所称框架协议采购，是指集中采购机构或者主管预算单位对技术、服务等标准明确、统一，需要多次重复采购的货物和服务，通过公开征集程序，确定第一阶段入围供应商并订立框架协议，采购人或者服务对象按照框架协议约定规则，在入围供应商范围内确定第二阶段成交供应商并订立采购合同的采购方式。

前款所称主管预算单位是指负有编制部门预算职责，向本级财政部门申报预算的国家机关、事业单位和团体组织。

第三条 符合下列情形之一的，可以采用框架协议采购方式采购：

（一）集中采购目录以内品目，以及与之配套的必要耗材、配件等，属于小额零星采购的；

（二）集中采购目录以外，采购限额标准以上，本部门、本系统行政管理所需的法律、评估、会计、审计等鉴证咨询服务，属于小额零星采购的；

（三）集中采购目录以外，采购限额标准以上，为本部门、本系统以外的服务对象提供服务的政府购买服务项目，需要确定2家以上供应商由服务对象自主选择的；

（四）国务院财政部门规定的其他情形。

前款所称采购限额标准以上，是指同一品目或者同一类别的货物、服务年度采购预算达到采购限额标准以上。

属于本条第一款第二项情形，主管预算单位能够归集需求形成单一项目进行采购，通过签订时间、地点、数量不确定的采购合同满足需求的，不得采用框架协议采购方式。

第四条 框架协议采购包括封闭式框架协议采购和开放式框架协议采购。

封闭式框架协议采购是框架协议采购的主要形式。除法律、行政法规或者本办法另有规定外，框架协议采购应当采用封闭式框架协议采购。

第五条 集中采购目录以内品目以及与之配套的必要耗材、配件等，采用框架协议采购的，由集中采购机构负责征集程序和订立框架协议。

集中采购目录以外品目采用框架协议采购的，由主管预算单位负责征集程序和订立框架协议。其他预算单位确有需要的，经其主管预算单位批准，可以采用框架协议采购方式采购。其他预算单位采用框架协议采购方式采购的，应当遵守本办法关于主管预算单位的规定。

主管预算单位可以委托采购代理机构代理框架协议采购，采购代理机构应当在委托的范围内依法开展采购活动。

集中采购机构、主管预算单位及其委托的采购代理机构，本办法统称征集人。

第六条 框架协议采购遵循竞争择优、讲求绩效的原则，应当有明确的采购标的和定价机制，不得采用供应商符合资格条件即入围的方法。

第七条 框架协议采购应当实行电子化采购。

第八条 集中采购机构采用框架协议采购的，应当拟定采购方案，报本级财政部门审核后实施。主管预算单位采用框架协议采购的，应当在采购活动开始前将采购方案报本级财政部门备案。

第二章 一般规定

第九条 封闭式框架协议采购是指符合本办法第三条规定情形，通过公开竞争订立框架协议后，除经过框架协议约定的补充征集程序外，不得增加协议供应商的框架协议采购。

封闭式框架协议的公开征集程序，按照政府采购公开招标的规定执行，本办法另有规定的，从其规定。

第十条 开放式框架协议采购是指符合本条第二款规定情形，明确采购需求和付费标准等框架协议条件，愿意接受协议条件的供应商可以随时申请加入的框架协议采购。开放式框架协议的公开征集程序，按照本办法规定执行。

符合下列情形之一的，可以采用开放式框架协议采购：

（一）本办法第三条第一款第一项规定的情形，因执行政府采购政策不宜淘汰供应商的，或者受基础设施、行政许可、知识产权等限制，供应商数量在3家以下且不宜淘汰供应商的；

（二）本办法第三条第一款第三项规定的情形，能够确定统一付费标准，因地域等服务便利性要求，需要接纳所有愿意接受协议条件的供应商加入框架协议，以供服务对象自主选择的。

第十一条 集中采购机构或者主管预算单位应当确定框架协议采购需求。框架协议采购需求在框架协议有效期内不得变动。

确定框架协议采购需求应当开展需求调查，听取采购人、供应商和专家等意见。面向采购人和供应商开展需求调查时，应当选择具有代表性的调查对象，调查对象一般各不少于3个。

第十二条 框架协议采购需求应当符合以下规定：

（一）满足采购人和服务对象实际需要，符合市场供应状况和市场公允标准，在确保功能、性能和必要采购要求的情况下促进竞争；

（二）符合预算标准、资产配置标准等有关规定，厉行节约，不得超标准采购；

（三）按照《政府采购品目分类目录》，将采购标的细化到底级品目，并细分不同等次、规格或者标准的采购需求，合理设置采购包；

（四）货物项目应当明确货物的技术和商务要求，包括功能、性能、材料、结构、外观、安全、包装、交货期限、交货的地域范围、售后服务等；

（五）服务项目应当明确服务内容、服务标准、技术保障、服务人员组成、服务交付或者实施的地域范围，以及所涉及的货物的质量标准、服务工作量的计量方式等。

第十三条 集中采购机构或者主管预算单位应当在征集公告和征集文件中确定框架协议采购的最高限制单价。征集文件中可以明确量价关系折扣，即达到一定采购数量，价格应当按照征集文件中明确的折扣降低。在开放式框架协议中，付费标准即为最高限制单价。

最高限制单价是供应商第一阶段响应报价的最高限价。入围供应商第一阶段响应报价（有量价关系折扣的，包括量价关系折扣，以下统称协议价格）是采购人或者服务对象确定第二阶段成交供应商的最高限价。

确定最高限制单价时，有政府定价的，执行政府定价；没有政府定价的，应当通过需求调查，并根据需求标准科学确定，属于本办法第十条第二款第一项规定情形的采购项目，需要订立开放式框架协议的，与供应商协商确定。

货物项目单价按照台（套）等计量单位确定，其中包含售后服务等相关服务费用。服务项目单价按照单位采购标的价格或者人工单价等确定。服务项目所涉及的货物的费用，能够折算入服务项目单价的应当折入，需要按实结算的应当明确结算规则。

第十四条　框架协议应当包括以下内容：

（一）集中采购机构或者主管预算单位以及入围供应商的名称、地址和联系方式；

（二）采购项目名称、编号；

（三）采购需求以及最高限制单价；

（四）封闭式框架协议第一阶段的入围产品详细技术规格或者服务内容、服务标准，协议价格；

（五）入围产品升级换代规则；

（六）确定第二阶段成交供应商的方式；

（七）适用框架协议的采购人或者服务对象范围，以及履行合同的地域范围；

（八）资金支付方式、时间和条件；

（九）采购合同文本，包括根据需要约定适用的简式合同或者具有合同性质的凭单、订单；

（十）框架协议期限；

（十一）入围供应商清退和补充规则；

（十二）协议方的权利和义务；

（十三）需要约定的其他事项。

第十五条　集中采购机构或者主管预算单位应当根据工作需要和采购标的市场供应及价格变化情况，科学合理确定框架协议期限。货物项目框架协议有效期一般不超过1年，服务项目框架协议有效期一般不超过2年。

第十六条　集中采购机构或者主管预算单位应当根据框架协议约定，组织落实框架协议的履行，并履行下列职责：

（一）为第二阶段合同授予提供工作便利；

（二）对第二阶段最高限价和需求标准执行情况进行管理；

（三）对第二阶段确定成交供应商情况进行管理；

（四）根据框架协议约定，在质量不降低、价格不提高的前提下，对入围供应商因产品升级换代、用新产品替代原入围产品的情形进行审核；

（五）建立用户反馈和评价机制，接受采购人和服务对象对入围供应商履行框架协议和采购合同情况的反馈与评价，并将用户反馈和评价情况向采购人和服务对象公开，作为第二阶段直接选定成交供应商的参考；

（六）公开封闭式框架协议的第二阶段成交结果；

（七）办理入围供应商清退和补充相关事宜。

第十七条　采购人或者服务对象采购框架协议约定的货物、服务，应当将第二阶段的采购合同授予入围供应商，但是本办法第三十七条另有规定的除外。

同一框架协议采购应当使用统一的采购合同文本，采购人、服务对象和供应商不得擅自改变框架协议约定的合同实质性条款。

第十八条　货物项目框架协议的入围供应商应当为入围产品生产厂家或者生产厂家唯一授权供应商。入围供应商可以委托一家或者多家代理商，按照框架协议约定接受采购人合同授予，并履行采购合同。入围供应商应当在框架协议中提供委托协议和委托的代理商名单。

第十九条　入围供应商有下列情形之一，尚未签订框架协议的，取消其入围资格；已经签订框架协议的，解除与其签订的框架协议：

（一）恶意串通谋取入围或者合同成交的；

（二）提供虚假材料谋取入围或者合同成交的；

（三）无正当理由拒不接受合同授予的；

（四）不履行合同义务或者履行合同义务不符合约定，经采购人请求履行后仍不履行或者仍未按约定履行的；

（五）框架协议有效期内，因违法行为被禁止或限制参加政府采购活动的；

（六）框架协议约定的其他情形。

被取消入围资格或者被解除框架协议的供应商不得参加同一封闭式框架协议补充征集，或者重新申请加入同一开放式框架协议。

第二十条　封闭式框架协议入围供应商无正当理由，不得主动放弃入围资格或者退出框架协议。

开放式框架协议入围供应商可以随时申请退出框架协议。集中采购机构或者主管预算单位应当在收到退出申请2个工作日内，发布入围供应商退出公告。

第二十一条　征集人应当建立真实完整的框架协议采购档案，妥善保存每项采购活动的采购文件资料。除征集人和采购人另有约定外，合同授予的采购文件资料由采购人负责保存。

采购档案可以采用电子形式保存，电子档案和纸质档案具有同等效力。

第三章　封闭式框架协议采购
第一节　封闭式框架协议的订立

第二十二条　征集人应当发布征集公告。征集公告应当包括以下主要内容：

（一）征集人的名称、地址、联系人和联系方式；

（二）采购项目名称、编号，采购需求以及最高限制单价，适用框架协议的采购人或者服务对象范围，能预估采购数量的，还应当明确预估采购数量；

（三）供应商的资格条件；

（四）框架协议的期限；

（五）获取征集文件的时间、地点和方式；

（六）响应文件的提交方式、提交截止时间和地点，开启方式、时间和地点；

（七）公告期限；

（八）省级以上财政部门规定的其他事项。

第二十三条　征集人应当编制征集文件。征集文件应当包括以下主要内容：

（一）参加征集活动的邀请；

（二）供应商应当提交的资格材料；

（三）资格审查方法和标准；

（四）采购需求以及最高限制单价；

（五）政府采购政策要求以及政策执行措施；

（六）框架协议的期限；

（七）报价要求；

（八）确定第一阶段入围供应商的评审方法、评审标准、确定入围供应商的淘汰率

或者入围供应商数量上限和响应文件无效情形;

（九）响应文件的编制要求，提交方式、提交截止时间和地点，开启方式、时间和地点，以及响应文件有效期;

（十）拟签订的框架协议文本和采购合同文本;

（十一）确定第二阶段成交供应商的方式;

（十二）采购资金的支付方式、时间和条件;

（十三）入围产品升级换代规则;

（十四）用户反馈和评价机制;

（十五）入围供应商的清退和补充规则;

（十六）供应商信用信息查询渠道及截止时点、信用信息查询记录和证据留存的具体方式、信用信息的使用规则等;

（十七）采购代理机构代理费用的收取标准和方式;

（十八）省级以上财政部门规定的其他事项。

第二十四条 供应商应当按照征集文件要求编制响应文件，对响应文件的真实性和合法性承担法律责任。

供应商响应的货物和服务的技术、商务等条件不得低于采购需求，货物原则上应当是市场上已有销售的规格型号，不得是专供政府采购的产品。对货物项目每个采购包只能用一个产品进行响应，征集文件有要求的，应当同时对产品的选配件、耗材进行报价。服务项目包含货物的，响应文件中应当列明货物清单及质量标准。

第二十五条 确定第一阶段入围供应商的评审方法包括价格优先法和质量优先法。

价格优先法是指对满足采购需求且响应报价不超过最高限制单价的货物、服务，按照响应报价从低到高排序，根据征集文件规定的淘汰率或者入围供应商数量上限，确定入围供应商的评审方法。

质量优先法是指对满足采购需求且响应报价不超过最高限制单价的货物、服务进行质量综合评分，按照质量评分从高到低排序，根据征集文件规定的淘汰率或者入围供应商数量上限，确定入围供应商的评审方法。货物项目质量因素包括采购标的的技术水平、产品配置、售后服务等，服务项目质量因素包括服务内容、服务水平、供应商的履约能力、服务经验等。质量因素中的可量化指标应当划分等次，作为评分项;质量因素中的其他指标可以作为实质性要求，不得作为评分项。

有政府定价、政府指导价的项目，以及对质量有特别要求的检测、实验等仪器设备，可以采用质量优先法，其他项目应当采用价格优先法。

第二十六条 对耗材使用量大的复印、打印、实验、医疗等仪器设备进行框架协议采购的，应当要求供应商同时对3年以上约定期限内的专用耗材进行报价。评审时应当考虑约定期限的专用耗材使用成本，修正仪器设备的响应报价或者质量评分。

征集人应当在征集文件、框架协议和采购合同中规定，入围供应商在约定期限内，应当以不高于其报价的价格向适用框架协议的采购人供应专用耗材。

第二十七条 确定第一阶段入围供应商时，提交响应文件和符合资格条件、实质性要求的供应商应当均不少于2家，淘汰比例一般不得低于20%，且至少淘汰一家供应商。

采用质量优先法的检测、实验等仪器设备采购，淘汰比例不得低于40%，且至少淘汰一家供应商。

第二十八条 入围结果公告应当包括以下主要内容：

（一）采购项目名称、编号；

（二）征集人的名称、地址、联系人和联系方式；

（三）入围供应商名称、地址及排序；

（四）最高入围价格或者最低入围分值；

（五）入围产品名称、规格型号或者主要服务内容及服务标准，入围单价；

（六）评审小组成员名单；

（七）采购代理服务收费标准及金额；

（八）公告期限；

（九）省级以上财政部门规定的其他事项。

第二十九条 集中采购机构或者主管预算单位应当在入围通知书发出之日起30日内和入围供应商签订框架协议，并在框架协议签订后7个工作日内，将框架协议副本报本级财政部门备案。

框架协议不得对征集文件确定的事项以及入围供应商的响应文件作实质性修改。

第三十条 征集人应当在框架协议签订后3个工作日内通过电子化采购系统将入围信息告知适用框架协议的所有采购人或者服务对象。

入围信息应当包括所有入围供应商的名称、地址、联系方式、入围产品信息和协议价格等内容。入围产品信息应当详细列明技术规格或者服务内容、服务标准等能反映产品质量特点的内容。

征集人应当确保征集文件和入围信息在整个框架协议有效期内随时可供公众查阅。

第三十一条 除剩余入围供应商不足入围供应商总数70%且影响框架协议执行的情形外，框架协议有效期内，征集人不得补充征集供应商。

征集人补充征集供应商的，补充征集规则应当在框架协议中约定，补充征集的条件、程序、评审方法和淘汰比例应当与初次征集相同。补充征集应当遵守原框架协议的有效期。补充征集期间，原框架协议继续履行。

第二节　采购合同的授予

第三十二条 确定第二阶段成交供应商的方式包括直接选定、二次竞价和顺序轮候。

直接选定方式是确定第二阶段成交供应商的主要方式。除征集人根据采购项目特点和提高绩效等要求，在征集文件中载明采用二次竞价或者顺序轮候方式外，确定第二阶段成交供应商应当由采购人或者服务对象依据入围产品价格、质量以及服务便利性、用户评价等因素，从第一阶段入围供应商中直接选定。

第三十三条 二次竞价方式是指以框架协议约定的入围产品、采购合同文本等为依据，以协议价格为最高限价，采购人明确第二阶段竞价需求，从入围供应商中选择所有符合竞价需求的供应商参与二次竞价，确定报价最低的为成交供应商的方式。

进行二次竞价应当给予供应商必要的响应时间。

二次竞价一般适用于采用价格优先法的采购项目。

第三十四条 顺序轮候方式是指根据征集文件中确定的轮候顺序规则，对所有入围供应商依次授予采购合同的方式。

每个入围供应商在一个顺序轮候期内，只有一次获得合同授予的机会。合同授予顺序确定后，应当书面告知所有入围供应商。除清退入围供应商和补充征集外，框架协议有效期内不得调整合同授予顺序。

顺序轮候一般适用于服务项目。

第三十五条 以二次竞价或者顺序轮候方式确定成交供应商的，征集人应当在确定成交供应商后2个工作日内逐笔发布成交结果公告。

成交结果单笔公告可以在省级以上财政部门指定的媒体上发布，也可以在开展框架协议采购的电子化采购系统发布，发布成交结果公告的渠道应当在征集文件或者框架协议中告知供应商。单笔公告应当包括以下主要内容：

（一）采购人的名称、地址和联系方式；

（二）框架协议采购项目名称、编号；

（三）成交供应商名称、地址和成交金额；

（四）成交标的名称、规格型号或者主要服务内容及服务标准、数量、单价；

（五）公告期限。

征集人应当在框架协议有效期满后10个工作日内发布成交结果汇总公告。汇总公告应当包括前款第一项、第二项内容和所有成交供应商的名称、地址及其成交合同总数和总金额。

第三十六条　框架协议采购应当订立固定价格合同。

根据实际采购数量和协议价格确定合同总价的，合同中应当列明实际采购数量或者计量方式，包括服务项目用于计算合同价的工日数、服务工作量等详细工作量清单。采购人应当要求供应商提供能证明其按照合同约定数量或者工作量清单履约的相关记录或者凭证，作为验收资料一并存档。

第三十七条　采购人证明能够以更低价格向非入围供应商采购相同货物，且入围供应商不同意将价格降至非入围供应商以下的，可以将合同授予非入围供应商。

采购项目适用前款规定的，征集人应当在征集文件中载明并在框架协议中约定。

采购人将合同授予非入围供应商的，应当在确定成交供应商后1个工作日内，将成交结果抄送征集人，由征集人按照单笔公告要求发布成交结果公告。采购人应当将相关证明材料和采购合同一并存档备查。

第四章　开放式框架协议采购

第三十八条　订立开放式框架协议的，征集人应当发布征集公告，邀请供应商加入框架协议。征集公告应当包括以下主要内容：

（一）本办法第二十二条第一项至四项和第二十三条第二项至三项、第十三项至十六项内容；

（二）订立开放式框架协议的邀请；

（三）供应商提交加入框架协议申请的方式、地点，以及对申请文件的要求；

（四）履行合同的地域范围、协议方的权利和义务、入围供应商的清退机制等框架协议内容；

（五）采购合同文本；

（六）付费标准，费用结算及支付方式；

（七）省级以上财政部门规定的其他事项。

第三十九条 征集公告发布后至框架协议期满前，供应商可以按照征集公告要求，随时提交加入框架协议的申请。征集人应当在收到供应商申请后7个工作日内完成审核，并将审核结果书面通知申请供应商。

第四十条 征集人应当在审核通过后2个工作日内，发布入围结果公告，公告入围供应商名称、地址、联系方式及付费标准，并动态更新入围供应商信息。

征集人应当确保征集公告和入围结果公告在整个框架协议有效期内随时可供公众查阅。

第四十一条 征集人可以根据采购项目特点，在征集公告中申明是否与供应商另行签订书面框架协议。申明不再签订书面框架协议的，发布入围结果公告，视为签订框架协议。

第四十二条 第二阶段成交供应商由采购人或者服务对象从第一阶段入围供应商中直接选定。

供应商履行合同后，依据框架协议约定的凭单、订单以及结算方式，与采购人进行费用结算。

第五章　法律责任

第四十三条 主管预算单位、采购人、采购代理机构违反本办法规定的，由财政部门责令限期改正；情节严重的，给予警告，对直接负责的主管人员和其他责任人员，由其行政主管部门或者有关机关依法给予处分，并予以通报。

第四十四条 违反本办法规定，经责令改正后仍然影响或者可能影响入围结果或者成交结果的，依照政府采购法等有关法律、行政法规处理。

第四十五条 供应商有本办法第十九条第一款第一项至三项情形之一，以及无正当理由放弃封闭式框架协议入围资格或者退出封闭式框架协议的，依照政府采购法等有关法律、行政法规追究法律责任。

第四十六条 政府采购当事人违反本办法规定，给他人造成损失的，依法承担民事责任。

第四十七条 财政部门及其工作人员在履行监督管理职责中存在滥用职权、玩忽职守、徇私舞弊等违法违纪行为的，依法追究相应责任。

第六章　附　则

第四十八条　除本办法第三十五条规定外，本办法规定的公告信息，应当在省级以上财政部门指定的媒体上发布。

第四十九条　本办法规定按日计算期间的，开始当天不计入，从次日开始计算。期限的最后一日是国家法定节假日的，顺延到节假日后的次日为期限的最后一日。

第五十条　本办法所称的"以上""以下""内""以内""不少于""不超过"，包括本数；所称的"不足""低于"，不包括本数。

第五十一条　各省、自治区、直辖市财政部门可以根据本办法制定具体实施办法。

第五十二条　本办法自2022年3月1日起施行。

财政部有关负责人就制定
《政府采购框架协议采购方式管理暂行办法》答记者问

财政部有关负责人就制定
《政府采购框架协议采购方式管理暂行办法》答记者问

近日，财政部公布《政府采购框架协议采购方式管理暂行办法》（财政部令第110号，以下简称《办法》），自2022年3月1日起施行。日前，财政部有关负责人就《办法》有关问题回答了记者提问。

问：请介绍一下财政部制定《办法》的背景情况。

答：中央全面深化改革委员会第五次会议审议通过的《深化政府采购制度改革方案》明确提出，规范小额零星采购活动，提升小额零星采购的便利性。为贯彻落实《改革方案》要求，促进小额零星采购效率和规范的有机统一，财政部研究制定了《办法》。

长期以来，在政府采购实践中存在大量单次采购金额小、不同采购主体需要多次重复采购的需求，例如，采购计算机软件、汽车维修和加油等。这类采购不同于单一项目采购，难以适用现行政府采购法规定的公开招标、邀请招标、竞争性谈判（磋商）、询价和单一来源等采购方式，目前一般通过集中采购机构的协议供货和定点采购来实施。这种做法为小额零星采购活动提供了便利，但也因缺乏专门的制度规范，暴露出一些问题，社会多有反映。比如，有的以资格入围方式选定供应商，造成市场分割，影响公平竞争；有的搞政府采购专供产品，采购价格远超市场价；还有的在设备采购中以本机低价入围，后续耗材价格却远超市场价格。因此，《办法》借鉴国际经验，明确了框架协议采购方式的管理制度，以期从根本上系统性解决相关问题，构筑长效机制。考虑到在实践中小额零星采购遇到的问题可能比较多，框架协议采购又是一种全新的政府采购方式，为稳步推进相关工作，我们将《办法》定为暂行办法，经过一段时间的实践后再做进一步完善。

问：什么是框架协议采购方式？哪些情形可以采用框架协议采购方式？

答：框架协议采购方式与其他采购方式相比，主要有以下特点：一是适用范围不同。框架协议采购适用于多频次、小额度采购，不适用于单一项目采购。二是程序不同。框架协议采购具有明显的两阶段特征，第一阶段由集中采购机构或者主管预算单位通过公开征集程序，确定入围供应商并订立框架协议；第二阶段由采购人或者服务对象按照框架协议约定规则，在入围供应商范围内确定成交供应商并订立采购合同。三是供应商范围不同。采用其他采购方式的，一个采购包只能确定一名中标（成交）供应商，而框架协议采购可以产生一名或多名入围供应商。

《办法》规定框架协议采购的适用范围具体包括：一是集中采购目录以内品目，以及与之配套的必要耗材、配件等，采购人需要多频次采购，单笔采购金额没有达到政府采购限额标准的。既包括集中采购机构采购项目中的小额零星采购，也包括纳入部门集中采购范围的本部门、本系统有特殊要求的小额零星采购。比如，中央预算单位单笔采购金额小于100万元的计算机、复印机、扫描仪等。二是集中采购目录以外、采购限额标准以上，本部门、本系统所需的法律、评估、会计、审计等鉴证咨询服务，采购人需要多频次采购，单笔采购金额没有达到政府采购限额标准的。从前期财政部清理违规设置备选库、名录库、资格库的情况看，采购人在法律、评估、会计、审计等鉴证咨询服务领域订立框架协议的需求比较突出，因此专门将这类服务中的小额零星采购纳入了适用范围。三是集中采购目录以外、采购限额标准以上，为本部门、本系统以外的服务对象提供服务的政府购买服务项目，为了方便服务对象选择，需要确定多家供应商的。例如，实践中的凭单制政府购买服务。《办法》同时还规定了兜底条款，今后随着实践的发展，财政部还可以规定其他适用框架协议采购方式的情形。

执行中需要注意的：一是框架协议采购方式不能滥用，以免妨碍市场秩序，冲击项目采购。对前述第一种适用情形，按规定要实施批量集中采购的，不能实施框架协议采购。对前述第二种适用情形，主管预算单位能够归集需求形成单一项目采购，通过签订时间、地点、数量不确定的采购合同满足需求的，不能采用框架协议采购方式。二是框架协议采购为多频次、小额度采购提供了一种可供选择的采购方式。符合前述适用情形的，集中采购机构或者主管预算单位可以实施框架协议采购，也可以按项目采购来执行，并非强制其采用框架协议采购方式。但一旦选择框架协议采购方式，就应当执行《办法》的规定。

问：什么是封闭式框架协议采购？什么是开放式框架协议采购？二者有什么区别？

答：《办法》将框架协议采购分为封闭式框架协议采购和开放式框架协议采购两种形式，并明确以封闭式框架协议采购为主。封闭式框架协议采购强调通过公开竞争订立框架协议，除经框架协议约定的补充征集程序外，不能随意增加协议供应商。开放式框架协议采购则是由征集人先明确采购需求和付费标准等条件，凡是愿意接受协议条件的供应商都可以申请加入。

封闭式框架协议和开放式框架协议都要通过公开征集程序订立，二者的主要区别在于：一是入围阶段有无竞争。在封闭式框架协议采购中，确定入围供应商必须有竞争和淘汰，淘汰比例一般不低于20%，而且至少要淘汰一家供应商；而在开放式框架协议采购中，供应商提出加入申请后，征集人会对申请文件进行审核，如果供应商符合资格条件，并对征集公告中的框架协议内容和付费标准进行了响应，就可以入围，不存在竞争和淘汰。二是能否自由加入和退出。在封闭式框架协议有效期内，不能随意增加协议供应商，入围供应商无正当理由不允许退出；而在开放式框架协议有效期内，供应商可以随时申请加入和退出。

问：封闭式框架协议采购和开放式框架协议采购分别适用于什么情形？

答：《办法》规定，框架协议采购原则上应当采用封闭式框架协议采购，只有两种情形可以采用开放式框架协议采购：一是前述框架协议采购第一种适用情形中，因执行政府采购政策不适合淘汰供应商的，比如疫苗采购；以及受基础设施、行政许可、知识产权等限制，供应商数量在3家以下，并且不适合淘汰供应商的，比如在一些地方，电信服务商不足3家。二是前述框架协议采购第三种适用情形中，能够确定统一付费标准，并且为了更好地向公众提供服务，需要让所有愿意接受协议条件的供应商都加入的政府购买服务项目。比如，政府购买失业培训、养老、体检等服务，服务对象可持政府发放的代金券等凭单或其他证明，从入围供应商中自主选择服务机构。

问：封闭式框架协议采购选择入围供应商的评审规则有哪些，在执行中需要注意什么？

答：封闭式框架协议采购的入围评审规则是根据框架协议采购的竞争特点来设置的，包括价格优先法和质量优先法。

　　《办法》规定，价格优先法是封闭式框架协议采购选择入围供应商的主要方法。如果产品的质量和服务标准明确、统一，就可以在满足这些要求的基础上，只围绕价格开展竞争，这是国际通行的竞争方法，也是最直接、最公平、使用最普遍的方法，有利于推动明确产品的需求标准。例如，电脑等产品有明确的标准，采用价格竞争既保障了基本功能和质量，也有效控制了高价问题。使用价格优先法要注意结合实际需要，细分领域和等次，合理确定需求标准。这里需要说明的是，实践中确定会计、审计等服务需求标准有一定的难度，主管预算单位、行业协会和相关企业要共同努力，推进服务标准的研究制订工作，逐步确立针对产品质量、能够开展竞争评判的具体要求，而不仅仅是依靠会计准则、审计准则等行业通用规范。在第二阶段确定成交供应商时，采购人可以综合考虑质量、价格因素直接选择，也可以通过顺序轮候或者二次竞价的方式来确定。

　　《办法》对质量优先法的适用范围是严格限制的，仅适用于两类项目：一是有政府定价或者政府指导价，无法竞价的；二是对功能、性能等质量有特别要求的仪器设备，例如，一些检测、实验设备，主要是为了满足科研需要，鼓励高新技术产品应用，可以在一定限度内减少对价格因素的考虑。使用质量优先法应当在需求调查的基础上，结合需求标准科学确定最高限制单价和质量竞争因素。在第二阶段确定成交供应商时，可以不再竞争价格。

问：框架协议的订立主体是谁？订立主体应当如何落实《办法》的规定？

　　答：框架协议主要由集中采购机构和主管预算单位订立。对于集中采购目录以内品目以及与之配套的必要耗材、配件等，由集中采购机构负责征集程序和订立框架协议；集中采购目录以外品目，由主管预算单位负责征集程序和订立框架协议。其他预算单位，如医院、高校等，确有需要的，经其主管预算单位批准，也可以作为征集人组织实施框架协议采购，并按照《办法》关于主管预算单位的规定执行。

　　集中采购机构和主管预算单位要加强内控管理，结合《办法》规定建立健全相关内控制度和操作规程，在采购需求确定、采购实施计划编制、公开征集活动组织和框架协议履行管理等环节全面落实主体责任，做好有关工作。一是做好框架协议采购前期准备。摸清不同采购单位对框架协议采购的基本需求。集中采购机构要拟订采购方案，报财政部门审核；主管预算单位要将本部门、本系统有特殊要求、需统一配置的小额零星采购列入部门集中采购项目，拟订采购方案，报财政部门备案。同时，要做好电子化采购相关准备，已有电子采购系统的，根据《办法》规定优化功能设置；没有电子采购系统的,为避免重复建设,可选择已开发相关功能的第三方平台实施框架协议采购。二是加强需求标准的制定,组织开展需求调查,充分听取采购人、供应商和专家等的意见,合理确定采购需求,并逐步形成各类采购的需求标准。三是科学确定最高限制单价,充分开展需求调查,形成与货物、服务需求标准相对应的最高限制单价,为供应商竞争报价提供基础。四是根据工作需要和采购标的市场供应及价格变化情况,合理确定框架协议有效期。货物项目价格变化较大,有效期一般不超过1年;服务项目相对稳定,有效期一般不超过2年。五是开展框架协议履行管理,包括对第二阶段最高限价、需求标准的执行情况和确定成交供应商情况进行管理,为第二阶段合同授予提供工作便利,对入围产品升级换代进行审核,建立用户反馈和评价机制,公开封闭式框架协议第二阶段成交结果,办理入围供应商清退和补充事宜等。

问: 针对以往协议供货、定点采购中存在的质次价高、"买得便宜用得贵"等问题,《办法》规定了哪些举措?

答: 解决协议供货、定点采购中的突出问题,关键是要落实好《办法》确立的核心竞争机制,包括前面提到的加强需求管理、增强评审客观性、两阶段选择等。除此以外,《办法》还规定了一些措施:一是集中采购机构、主管预算单位要尽可能确保采购需求标准与最高限制单价相匹配。二是对封闭式框架协议供应商入围设置不同淘汰率,一般不得低于20%。但是对于采用质量优先法的仪器设备采购,由于没有政府定价、政府指导价,评审环节又未开展价格竞争,为更好地平衡质量与价格的关系,将最低淘汰率提高到40%。三是要求供应商响应的货物原则上是市场上已有销售的规格型号,不能采用专供政府采购的产品,避免同一货物因使用专供政府采购的型号导致价格不可比。同时,要求货物项目的每个采购包只能用一个产品响应,避免多产品响应形成报价组合,干扰价格竞争。四是对耗材使用量大的复印、打印等仪器设备,引入全生命周期成本理念,要求供应商同时对3年以上约定期限内的专用耗材进行报价,并在评审时考虑专用耗材使用成本。五是引入外部竞争机制,当采购人证明能够以更低价格向非入围供应商采购相同货物,而入围供应商又不同意将价格降至非入围供应商报价以下的,可将合同授予该非入围供应商。

问: 供应商对框架协议采购活动有异议的,如何救济?相关违法行为如何处理?

答: 在框架协议采购的两阶段,供应商均可依法提出质疑和投诉。框架协议订立阶段，供应商如认为征集相关的文件、过程和入围结果使自己权益受损的，可依法向征集人提出质疑，对质疑答复不满意或征集人未按时答复的，可依法向财政部门提出投诉。合同授予阶段，供应商如认为二次竞价、顺序轮候过程和成交结果使自己权益受损的，可依法向采购人、采购代理机构提出质疑，对质疑答复不满意或采购人、采购代理机构未按时答复的，可依法向财政部门提出投诉。采购合同履行过程中产生的争议，按照合同约定和民法典等法律法规规定处理，不属于质疑和投诉范围。质疑、投诉的具体要求按照政府采购法及其实施条例、《政府采购质疑和投诉办法》等规定执行。

为保障《办法》的有效实施，《办法》根据政府采购法及其实施条例，规定了不同情形的处理措施，以及主管预算单位、采购人、采购代理机构、供应商、财政部门及其工作人员等各方主体的法律责任。

附录三
政府采购货物和服务招标投标管理办法

政府采购货物和服务招标投标管理办法
中华人民共和国财政部令第 87 号

财政部对《政府采购货物和服务招标投标管理办法》（财政部令第18号）进行了修订，修订后的《政府采购货物和服务招标投标管理办法》（财政部令第87号）已经部务会议审议通过。现予公布，自2017年10月1日起施行。

部长　肖捷

2017年7月11日

第一章　总　则

第一条　为了规范政府采购当事人的采购行为，加强对政府采购货物和服务招标投标活动的监督管理，维护国家利益、社会公共利益和政府采购招标投标活动当事人的合法权益，依据《中华人民共和国政府采购法》（以下简称政府采购法）、《中华人民共和国政府采购法实施条例》（以下简称政府采购法实施条例）和其他有关法律法规规定，制定本办法。

第二条　本办法适用于在中华人民共和国境内开展政府采购货物和服务（以下简称货物服务）招标投标活动。

第三条　货物服务招标分为公开招标和邀请招标。

公开招标，是指采购人依法以招标公告的方式邀请非特定的供应商参加投标的采购方式。

邀请招标，是指采购人依法从符合相应资格条件的供应商中随机抽取3家以上供应商，并以投标邀请书的方式邀请其参加投标的采购方式。

第四条　属于地方预算的政府采购项目，省、自治区、直辖市人民政府根据实际情况，可以确定分别适用于本行政区域省级、设区的市级、县级公开招标数额标准。

第五条　采购人应当在货物服务招标投标活动中落实节约能源、保护环境、扶持不发达地区和少数民族地区、促进中小企业发展等政府采购政策。

第六条　采购人应当按照行政事业单位内部控制规范要求，建立健全本单位政府采购内部控制制度，在编制政府采购预算和实施计划、确定采购需求、组织采购活动、履约验收、答复询问质疑、配合投诉处理及监督检查等重点环节加强内部控制管理。

采购人不得向供应商索要或者接受其给予的赠品、回扣或者与采购无关的其他商品、服务。

第七条　采购人应当按照财政部制定的《政府采购品目分类目录》确定采购项目属性。按照《政府采购品目分类目录》无法确定的，按照有利于采购项目实施的原则确定。

第八条　采购人委托采购代理机构代理招标的，采购代理机构应当在采购人委托的范围内依法开展采购活动。

采购代理机构及其分支机构不得在所代理的采购项目中投标或者代理投标，不得为所代理的采购项目的投标人参加本项目提供投标咨询。

第二章　招　标

第九条　未纳入集中采购目录的政府采购项目，采购人可以自行招标，也可以委托采购代理机构在委托的范围内代理招标。

采购人自行组织开展招标活动的，应当符合下列条件：

（一）有编制招标文件、组织招标的能力和条件；

（二）有与采购项目专业性相适应的专业人员。

第十条　采购人应当对采购标的的市场技术或者服务水平、供应、价格等情况进行市场调查，根据调查情况、资产配置标准等科学、合理地确定采购需求，进行价格测算。

第十一条　采购需求应当完整、明确，包括以下内容：

（一）采购标的需实现的功能或者目标，以及为落实政府采购政策需满足的要求；

（二）采购标的需执行的国家相关标准、行业标准、地方标准或者其他标准、规范；

（三）采购标的需满足的质量、安全、技术规格、物理特性等要求；

（四）采购标的的数量、采购项目交付或者实施的时间和地点；

（五）采购标的需满足的服务标准、期限、效率等要求；

（六）采购标的的验收标准；

（七）采购标的的其他技术、服务等要求。

第十二条 采购人根据价格测算情况，可以在采购预算额度内合理设定最高限价，但不得设定最低限价。

第十三条 公开招标公告应当包括以下主要内容：

（一）采购人及其委托的采购代理机构的名称、地址和联系方法；

（二）采购项目的名称、预算金额，设定最高限价的，还应当公开最高限价；

（三）采购人的采购需求；

（四）投标人的资格要求；

（五）获取招标文件的时间期限、地点、方式及招标文件售价；

（六）公告期限；

（七）投标截止时间、开标时间及地点；

（八）采购项目联系人姓名和电话。

第十四条 采用邀请招标方式的，采购人或者采购代理机构应当通过以下方式产生符合资格条件的供应商名单，并从中随机抽取3家以上供应商向其发出投标邀请书：

（一）发布资格预审公告征集；

（二）从省级以上人民政府财政部门（以下简称财政部门）建立的供应商库中选取；

（三）采购人书面推荐。

采用前款第一项方式产生符合资格条件供应商名单的，采购人或者采购代理机构应当按照资格预审文件载明的标准和方法，对潜在投标人进行资格预审。

采用第一款第二项或者第三项方式产生符合资格条件供应商名单的，备选的符合资格条件供应商总数不得少于拟随机抽取供应商总数的两倍。

随机抽取是指通过抽签等能够保证所有符合资格条件供应商机会均等的方式选定供应商。随机抽取供应商时，应当有不少于两名采购人工作人员在场监督，并形成书面记录，随采购文件一并存档。

投标邀请书应当同时向所有受邀请的供应商发出。

第十五条 资格预审公告应当包括以下主要内容：

（一）本办法第十三条第一至四项、第六项和第八项内容；

（二）获取资格预审文件的时间期限、地点、方式；

（三）提交资格预审申请文件的截止时间、地点及资格预审日期。

第十六条 招标公告、资格预审公告的公告期限为5个工作日。公告内容应当以省级以上财政部门指定媒体发布的公告为准。公告期限自省级以上财政部门指定媒体最先发布公告之日起算。

第十七条 采购人、采购代理机构不得将投标人的注册资本、资产总额、营业收入、从业人员、利润、纳税额等规模条件作为资格要求或者评审因素，也不得通过将除进口货物以外的生产厂家授权、承诺、证明、背书等作为资格要求，对投标人实行差别待遇或者歧视待遇。

第十八条 采购人或者采购代理机构应当按照招标公告、资格预审公告或者投标邀请书规定的时间、地点提供招标文件或者资格预审文件，提供期限自招标公告、资格预审公告发布之日起计算不得少于5个工作日。提供期限届满后，获取招标文件或者资格预审文件的潜在投标人不足3家的，可以顺延提供期限，并予公告。

公开招标进行资格预审的，招标公告和资格预审公告可以合并发布，招标文件应当向所有通过资格预审的供应商提供。

第十九条 采购人或者采购代理机构应当根据采购项目的实施要求，在招标公告、资格预审公告或者投标邀请书中载明是否接受联合体投标。如未载明，不得拒绝联合体投标。

第二十条 采购人或者采购代理机构应当根据采购项目的特点和采购需求编制招标文件。招标文件应当包括以下主要内容：

（一）投标邀请；

（二）投标人须知（包括投标文件的密封、签署、盖章要求等）；

（三）投标人应当提交的资格、资信证明文件；

（四）为落实政府采购政策，采购标的需满足的要求，以及投标人须提供的证明材料；

（五）投标文件编制要求、投标报价要求和投标保证金交纳、退还方式以及不予退还投标保证金的情形；

（六）采购项目预算金额，设定最高限价的，还应当公开最高限价；

（七）采购项目的技术规格、数量、服务标准、验收等要求，包括附件、图纸等；

（八）拟签订的合同文本；

（九）货物、服务提供的时间、地点、方式；

（十）采购资金的支付方式、时间、条件；

（十一）评标方法、评标标准和投标无效情形；

（十二）投标有效期；

（十三）投标截止时间、开标时间及地点；

（十四）采购代理机构代理费用的收取标准和方式；

（十五）投标人信用信息查询渠道及截止时点、信用信息查询记录和证据留存的具体方式、信用信息的使用规则等；

（十六）省级以上财政部门规定的其他事项。

对于不允许偏离的实质性要求和条件，采购人或者采购代理机构应当在招标文件中规定，并以醒目的方式标明。

第二十一条 采购人或者采购代理机构应当根据采购项目的特点和采购需求编制资格预审文件。资格预审文件应当包括以下主要内容：

（一）资格预审邀请；

（二）申请人须知；

（三）申请人的资格要求；

（四）资格审核标准和方法；

（五）申请人应当提供的资格预审申请文件的内容和格式；

（六）提交资格预审申请文件的方式、截止时间、地点及资格审核日期；

（七）申请人信用信息查询渠道及截止时点、信用信息查询记录和证据留存的具体方式、信用信息的使用规则等内容；

（八）省级以上财政部门规定的其他事项。

资格预审文件应当免费提供。

第二十二条 采购人、采购代理机构一般不得要求投标人提供样品，仅凭书面方式不能准确描述采购需求或者需要对样品进行主观判断以确认是否满足采购需求等特殊情况除外。

要求投标人提供样品的，应当在招标文件中明确规定样品制作的标准和要求、是否需要随样品提交相关检测报告、样品的评审方法以及评审标准。需要随样品提交检测报告的，还应当规定检测机构的要求、检测内容等。

采购活动结束后，对于未中标人提供的样品，应当及时退还或者经未中标人同意后自行处理；对于中标人提供的样品，应当按照招标文件的规定进行保管、封存，并作为履约验收的参考。

第二十三条 投标有效期从提交投标文件的截止之日起算。投标文件中承诺的投标有效期应当不少于招标文件中载明的投标有效期。投标有效期内投标人撤销投标文件的，采购人或者采购代理机构可以不退还投标保证金。

第二十四条　招标文件售价应当按照弥补制作、邮寄成本的原则确定，不得以营利为目的，不得以招标采购金额作为确定招标文件售价的依据。

第二十五条　招标文件、资格预审文件的内容不得违反法律、行政法规、强制性标准、政府采购政策，或者违反公开透明、公平竞争、公正和诚实信用原则。

有前款规定情形，影响潜在投标人投标或者资格预审结果的，采购人或者采购代理机构应当修改招标文件或者资格预审文件后重新招标。

第二十六条　采购人或者采购代理机构可以在招标文件提供期限截止后，组织已获取招标文件的潜在投标人现场考察或者召开开标前答疑会。

组织现场考察或者召开答疑会的，应当在招标文件中载明，或者在招标文件提供期限截止后以书面形式通知所有获取招标文件的潜在投标人。

第二十七条　采购人或者采购代理机构可以对已发出的招标文件、资格预审文件、投标邀请书进行必要的澄清或者修改，但不得改变采购标的和资格条件。澄清或者修改应当在原公告发布媒体上发布澄清公告。澄清或者修改的内容为招标文件、资格预审文件、投标邀请书的组成部分。

澄清或者修改的内容可能影响投标文件编制的，采购人或者采购代理机构应当在投标截止时间至少15日前，以书面形式通知所有获取招标文件的潜在投标人；不足15日的，采购人或者采购代理机构应当顺延提交投标文件的截止时间。

澄清或者修改的内容可能影响资格预审申请文件编制的，采购人或者采购代理机构应当在提交资格预审申请文件截止时间至少3日前，以书面形式通知所有获取资格预审文件的潜在投标人；不足3日的，采购人或者采购代理机构应当顺延提交资格预审申请文件的截止时间。

第二十八条　投标截止时间前，采购人、采购代理机构和有关人员不得向他人透露已获取招标文件的潜在投标人的名称、数量以及可能影响公平竞争的有关招标投标的其他情况。

第二十九条　采购人、采购代理机构在发布招标公告、资格预审公告或者发出投标邀请书后，除因重大变故采购任务取消情况外，不得擅自终止招标活动。

终止招标的，采购人或者采购代理机构应当及时在原公告发布媒体上发布终止公告，以书面形式通知已经获取招标文件、资格预审文件或者被邀请的潜在投标人，并将项目实施情况和采购任务取消原因报告本级财政部门。已经收取招标文件费用或者投标保证金的，采购人或者采购代理机构应当在终止采购活动后5个工作日内，退还所收取的招标文件费用和所收取的投标保证金及其在银行产生的孳息。

第三章　投　标

第三十条　投标人，是指响应招标、参加投标竞争的法人、其他组织或者自然人。

第三十一条　采用最低评标价法的采购项目，提供相同品牌产品的不同投标人参加同一合同项下投标的，以其中通过资格审查、符合性审查且报价最低的参加评标；报价相同的，由采购人或者采购人委托评标委员会按照招标文件规定的方式确定一个参加评标的投标人，招标文件未规定的采取随机抽取方式确定，其他投标无效。

使用综合评分法的采购项目，提供相同品牌产品且通过资格审查、符合性审查的不同投标人参加同一合同项下投标的，按一家投标人计算，评审后得分最高的同品牌投标人获得中标人推荐资格；评审得分相同的，由采购人或者采购人委托评标委员会按照招标文件规定的方式确定一个投标人获得中标人推荐资格，招标文件未规定的采取随机抽取方式确定，其他同品牌投标人不作为中标候选人。

非单一产品采购项目，采购人应当根据采购项目技术构成、产品价格比重等合理确定核心产品，并在招标文件中载明。多家投标人提供的核心产品品牌相同的，按前两款规定处理。

第三十二条　投标人应当按照招标文件的要求编制投标文件。投标文件应当对招标文件提出的要求和条件作出明确响应。

第三十三条　投标人应当在招标文件要求提交投标文件的截止时间前，将投标文件密封送达投标地点。采购人或者采购代理机构收到投标文件后，应当如实记载投标文件的送达时间和密封情况，签收保存，并向投标人出具签收回执。任何单位和个人不得在开标前开启投标文件。

逾期送达或者未按照招标文件要求密封的投标文件，采购人、采购代理机构应当拒收。

第三十四条　投标人在投标截止时间前，可以对所递交的投标文件进行补充、修改或者撤回，并书面通知采购人或者采购代理机构。补充、修改的内容应当按照招标文件要求签署、盖章、密封后，作为投标文件的组成部分。

第三十五条　投标人根据招标文件的规定和采购项目的实际情况，拟在中标后将中标项目的非主体、非关键性工作分包的，应当在投标文件中载明分包承担主体，分包承担主体应当具备相应资质条件且不得再次分包。

第三十六条　投标人应当遵循公平竞争的原则，不得恶意串通，不得妨碍其他投标人的竞争行为，不得损害采购人或者其他投标人的合法权益。

在评标过程中发现投标人有上述情形的，评标委员会应当认定其投标无效，并书面报告本级财政部门。

第三十七条　有下列情形之一的，视为投标人串通投标，其投标无效：

（一）不同投标人的投标文件由同一单位或者个人编制；

（二）不同投标人委托同一单位或者个人办理投标事宜；

（三）不同投标人的投标文件载明的项目管理成员或者联系人员为同一人；

（四）不同投标人的投标文件异常一致或者投标报价呈规律性差异；

（五）不同投标人的投标文件相互混装；

（六）不同投标人的投标保证金从同一单位或者个人的账户转出。

第三十八条　投标人在投标截止时间前撤回已提交的投标文件的，采购人或者采购代理机构应当自收到投标人书面撤回通知之日起5个工作日内，退还已收取的投标保证金，但因投标人自身原因导致无法及时退还的除外。

采购人或者采购代理机构应当自中标通知书发出之日起5个工作日内退还未中标人的投标保证金，自采购合同签订之日起5个工作日内退还中标人的投标保证金或者转为中标人的履约保证金。

采购人或者采购代理机构逾期退还投标保证金的，除应当退还投标保证金本金外，还应当按中国人民银行同期贷款基准利率上浮20％后的利率支付超期资金占用费，但因投标人自身原因导致无法及时退还的除外。

第四章　开标、评标

第三十九条　开标应当在招标文件确定的提交投标文件截止时间的同一时间进行。开标地点应当为招标文件中预先确定的地点。

采购人或者采购代理机构应当对开标、评标现场活动进行全程录音录像。录音录像应当清晰可辨，音像资料作为采购文件一并存档。

第四十条　开标由采购人或者采购代理机构主持，邀请投标人参加。评标委员会成员不得参加开标活动。

第四十一条　开标时，应当由投标人或者其推选的代表检查投标文件的密封情况；

经确认无误后，由采购人或者采购代理机构工作人员当众拆封，宣布投标人名称、投标价格和招标文件规定的需要宣布的其他内容。

投标人不足3家的，不得开标。

第四十二条 开标过程应当由采购人或者采购代理机构负责记录，由参加开标的各投标人代表和相关工作人员签字确认后随采购文件一并存档。

投标人代表对开标过程和开标记录有疑义，以及认为采购人、采购代理机构相关工作人员有需要回避的情形的，应当场提出询问或者回避申请。采购人、采购代理机构对投标人代表提出的询问或者回避申请应当及时处理。

投标人未参加开标的，视同认可开标结果。

第四十三条 公开招标数额标准以上的采购项目，投标截止后投标人不足3家或者通过资格审查或符合性审查的投标人不足3家的，除采购任务取消情形外，按照以下方式处理：

（一）招标文件存在不合理条款或者招标程序不符合规定的，采购人、采购代理机构改正后依法重新招标；

（二）招标文件没有不合理条款、招标程序符合规定，需要采用其他采购方式采购的，采购人应当依法报财政部门批准。

第四十四条 公开招标采购项目开标结束后，采购人或者采购代理机构应当依法对投标人的资格进行审查。

合格投标人不足3家的，不得评标。

第四十五条 采购人或者采购代理机构负责组织评标工作，并履行下列职责：

（一）核对评审专家身份和采购人代表授权函，对评审专家在政府采购活动中的职责履行情况予以记录，并及时将有关违法违规行为向财政部门报告；

（二）宣布评标纪律；

（三）公布投标人名单，告知评审专家应当回避的情形；

（四）组织评标委员会推选评标组长，采购人代表不得担任组长；

（五）在评标期间采取必要的通讯管理措施，保证评标活动不受外界干扰；

（六）根据评标委员会的要求介绍政府采购相关政策法规、招标文件；

（七）维护评标秩序，监督评标委员会依照招标文件规定的评标程序、方法和标准进行独立评审，及时制止和纠正采购人代表、评审专家的倾向性言论或者违法违规行为；

（八）核对评标结果，有本办法第六十四条规定情形的，要求评标委员会复核或者书面说明理由，评标委员会拒绝的，应予记录并向本级财政部门报告；

（九）评审工作完成后，按照规定向评审专家支付劳务报酬和异地评审差旅费，不得向评审专家以外的其他人员支付评审劳务报酬；

（十）处理与评标有关的其他事项。

采购人可以在评标前说明项目背景和采购需求，说明内容不得含有歧视性、倾向性意见，不得超出招标文件所述范围。说明应当提交书面材料，并随采购文件一并存档。

第四十六条　评标委员会负责具体评标事务，并独立履行下列职责：

（一）审查、评价投标文件是否符合招标文件的商务、技术等实质性要求；

（二）要求投标人对投标文件有关事项作出澄清或者说明；

（三）对投标文件进行比较和评价；

（四）确定中标候选人名单，以及根据采购人委托直接确定中标人；

（五）向采购人、采购代理机构或者有关部门报告评标中发现的违法行为。

第四十七条　评标委员会由采购人代表和评审专家组成，成员人数应当为5人以上单数，其中评审专家不得少于成员总数的三分之二。

采购项目符合下列情形之一的，评标委员会成员人数应当为7人以上单数：

（一）采购预算金额在1000万元以上；

（二）技术复杂；

（三）社会影响较大。

评审专家对本单位的采购项目只能作为采购人代表参与评标，本办法第四十八条第二款规定情形除外。采购代理机构工作人员不得参加由本机构代理的政府采购项目的评标。

评标委员会成员名单在评标结果公告前应当保密。

第四十八条　采购人或者采购代理机构应当从省级以上财政部门设立的政府采购评审专家库中，通过随机方式抽取评审专家。

对技术复杂、专业性强的采购项目，通过随机方式难以确定合适评审专家的，经主管预算单位同意，采购人可以自行选定相应专业领域的评审专家。

第四十九条　评标中因评标委员会成员缺席、回避或者健康等特殊原因导致评标委员会组成不符合本办法规定的，采购人或者采购代理机构应当依法补足后继续评标。被更换的评标委员会成员所作出的评标意见无效。

无法及时补足评标委员会成员的，采购人或者采购代理机构应当停止评标活动，封存所有投标文件和开标、评标资料，依法重新组建评标委员会进行评标。原评标委员会所作出的评标意见无效。

采购人或者采购代理机构应当将变更、重新组建评标委员会的情况予以记录，并随采购文件一并存档。

第五十条 评标委员会应当对符合资格的投标人的投标文件进行符合性审查，以确定其是否满足招标文件的实质性要求。

第五十一条 对于投标文件中含义不明确、同类问题表述不一致或者有明显文字和计算错误的内容，评标委员会应当以书面形式要求投标人作出必要的澄清、说明或者补正。

投标人的澄清、说明或者补正应当采用书面形式，并加盖公章，或者由法定代表人或其授权的代表签字。投标人的澄清、说明或者补正不得超出投标文件的范围或者改变投标文件的实质性内容。

第五十二条 评标委员会应当按照招标文件中规定的评标方法和标准，对符合性审查合格的投标文件进行商务和技术评估，综合比较与评价。

第五十三条 评标方法分为最低评标价法和综合评分法。

第五十四条 最低评标价法，是指投标文件满足招标文件全部实质性要求，且投标报价最低的投标人为中标候选人的评标方法。

技术、服务等标准统一的货物服务项目，应当采用最低评标价法。

采用最低评标价法评标时，除了算术修正和落实政府采购政策需进行的价格扣除外，不能对投标人的投标价格进行任何调整。

第五十五条 综合评分法，是指投标文件满足招标文件全部实质性要求，且按照评审因素的量化指标评审得分最高的投标人为中标候选人的评标方法。

评审因素的设定应当与投标人所提供货物服务的质量相关，包括投标报价、技术或者服务水平、履约能力、售后服务等。资格条件不得作为评审因素。评审因素应当在招标文件中规定。

评审因素应当细化和量化，且与相应的商务条件和采购需求对应。商务条件和采购需求指标有区间规定的，评审因素应当量化到相应区间，并设置各区间对应的不同分值。

评标时，评标委员会各成员应当独立对每个投标人的投标文件进行评价，并汇总每个投标人的得分。

货物项目的价格分值占总分值的比重不得低于30%；服务项目的价格分值占总分值的比重不得低于10%。执行国家统一定价标准和采用固定价格采购的项目，其价格不列为评审因素。

价格分应当采用低价优先法计算，即满足招标文件要求且投标价格最低的投标报价为评标基准价，其价格分为满分。其他投标人的价格分统一按照下列公式计算：

$$投标报价得分=（评标基准价/投标报价）×100$$

$$评标总得分=F_1×A_1+F_2×A_2+\cdots+F_n×A_n$$

F_1、$F_2\cdots$，F_n分别为各项评审因素的得分；

A_1、$A_2\cdots$，A_n分别为各项评审因素所占的权重（$A_1+A_2+\cdots+A_n=1$）。

评标过程中，不得去掉报价中的最高报价和最低报价。

因落实政府采购政策进行价格调整的，以调整后的价格计算评标基准价和投标报价。

第五十六条 采用最低评标价法的，评标结果按投标报价由低到高顺序排列。投标报价相同的并列。投标文件满足招标文件全部实质性要求且投标报价最低的投标人为排名第一的中标候选人。

第五十七条 采用综合评分法的，评标结果按评审后得分由高到低顺序排列。得分相同的，按投标报价由低到高顺序排列。得分且投标报价相同的并列。投标文件满足招标文件全部实质性要求，且按照评审因素的量化指标评审得分最高的投标人为排名第一的中标候选人。

第五十八条 评标委员会根据全体评标成员签字的原始评标记录和评标结果编写评标报告。评标报告应当包括以下内容：

（一）招标公告刊登的媒体名称、开标日期和地点；

（二）投标人名单和评标委员会成员名单；

（三）评标方法和标准；

（四）开标记录和评标情况及说明，包括无效投标人名单及原因；

（五）评标结果，确定的中标候选人名单或者经采购人委托直接确定的中标人；

（六）其他需要说明的情况，包括评标过程中投标人根据评标委员会要求进行的澄清、说明或者补正，评标委员会成员的更换等。

第五十九条 投标文件报价出现前后不一致的，除招标文件另有规定外，按照下列规定修正：

（一）投标文件中开标一览表（报价表）内容与投标文件中相应内容不一致的，以开标一览表（报价表）为准；

（二）大写金额和小写金额不一致的，以大写金额为准；

（三）单价金额小数点或者百分比有明显错位的，以开标一览表的总价为准，并修改单价；

（四）总价金额与按单价汇总金额不一致的，以单价金额计算结果为准。

同时出现两种以上不一致的，按照前款规定的顺序修正。修正后的报价按照本办法第五十一条第二款的规定经投标人确认后产生约束力，投标人不确认的，其投标无效。

第六十条 评标委员会认为投标人的报价明显低于其他通过符合性审查投标人的报价，有可能影响产品质量或者不能诚信履约的，应当要求其在评标现场合理的时间内提供书面说明，必要时提交相关证明材料；投标人不能证明其报价合理性的，评标委员会应当将其作为无效投标处理。

第六十一条 评标委员会成员对需要共同认定的事项存在争议的，应当按照少数服从多数的原则作出结论。持不同意见的评标委员会成员应当在评标报告上签署不同意见及理由，否则视为同意评标报告。

第六十二条 评标委员会及其成员不得有下列行为：

（一）确定参与评标至评标结束前私自接触投标人；

（二）接受投标人提出的与投标文件不一致的澄清或者说明，本办法第五十一条规定的情形除外；

（三）违反评标纪律发表倾向性意见或者征询采购人的倾向性意见；

（四）对需要专业判断的主观评审因素协商评分；

（五）在评标过程中擅离职守，影响评标程序正常进行的；

（六）记录、复制或者带走任何评标资料；

（七）其他不遵守评标纪律的行为。

评标委员会成员有前款第一至五项行为之一的，其评审意见无效，并不得获取评审劳务报酬和报销异地评审差旅费。

第六十三条 投标人存在下列情况之一的，投标无效：

（一）未按照招标文件的规定提交投标保证金的；

（二）投标文件未按招标文件要求签署、盖章的；

（三）不具备招标文件中规定的资格要求的；

（四）报价超过招标文件中规定的预算金额或者最高限价的；

（五）投标文件含有采购人不能接受的附加条件的；

（六）法律、法规和招标文件规定的其他无效情形。

第六十四条 评标结果汇总完成后，除下列情形外，任何人不得修改评标结果：

（一）分值汇总计算错误的；

（二）分项评分超出评分标准范围的；

（三）评标委员会成员对客观评审因素评分不一致的；

（四）经评标委员会认定评分畸高、畸低的。

评标报告签署前，经复核发现存在以上情形之一的，评标委员会应当当场修改评标结果，并在评标报告中记载；评标报告签署后，采购人或者采购代理机构发现存在以上情形之一的，应当组织原评标委员会进行重新评审，重新评审改变评标结果的，书面报告本级财政部门。

投标人对本条第一款情形提出质疑的，采购人或者采购代理机构可以组织原评标委员会进行重新评审，重新评审改变评标结果的，应当书面报告本级财政部门。

第六十五条 评标委员会发现招标文件存在歧义、重大缺陷导致评标工作无法进行，或者招标文件内容违反国家有关强制性规定的，应当停止评标工作，与采购人或者采购代理机构沟通并作书面记录。采购人或者采购代理机构确认后，应当修改招标文件，重新组织采购活动。

第六十六条 采购人、采购代理机构应当采取必要措施，保证评标在严格保密的情况下进行。除采购人代表、评标现场组织人员外，采购人的其他工作人员以及与评标工作无关的人员不得进入评标现场。

有关人员对评标情况以及在评标过程中获悉的国家秘密、商业秘密负有保密责任。

第六十七条 评标委员会或者其成员存在下列情形导致评标结果无效的，采购人、采购代理机构可以重新组建评标委员会进行评标，并书面报告本级财政部门，但采购合同已经履行的除外：

（一）评标委员会组成不符合本办法规定的；

（二）有本办法第六十二条第一至五项情形的；

（三）评标委员会及其成员独立评标受到非法干预的；

（四）有政府采购法实施条例第七十五条规定的违法行为的。

有违法违规行为的原评标委员会成员不得参加重新组建的评标委员会。

第五章　中标和合同

第六十八条　采购代理机构应当在评标结束后2个工作日内将评标报告送采购人。

采购人应当自收到评标报告之日起5个工作日内，在评标报告确定的中标候选人名单中按顺序确定中标人。中标候选人并列的，由采购人或者采购人委托评标委员会按照招标文件规定的方式确定中标人；招标文件未规定的，采取随机抽取的方式确定。

采购人自行组织招标的，应当在评标结束后5个工作日内确定中标人。

采购人在收到评标报告5个工作日内未按评标报告推荐的中标候选人顺序确定中标人，又不能说明合法理由的，视同按评标报告推荐的顺序确定排名第一的中标候选人为中标人。

第六十九条　采购人或者采购代理机构应当自中标人确定之日起2个工作日内，在省级以上财政部门指定的媒体上公告中标结果，招标文件应当随中标结果同时公告。

中标结果公告内容应当包括采购人及其委托的采购代理机构的名称、地址、联系方式，项目名称和项目编号，中标人名称、地址和中标金额，主要中标标的的名称、规格型号、数量、单价、服务要求，中标公告期限以及评审专家名单。

中标公告期限为1个工作日。

邀请招标采购人采用书面推荐方式产生符合资格条件的潜在投标人的，还应当将所有被推荐供应商名单和推荐理由随中标结果同时公告。

在公告中标结果的同时，采购人或者采购代理机构应当向中标人发出中标通知书；对未通过资格审查的投标人，应当告知其未通过的原因；采用综合评分法评审的，还应当告知未中标人本人的评审得分与排序。

第七十条　中标通知书发出后，采购人不得违法改变中标结果，中标人无正当理由不得放弃中标。

第七十一条　采购人应当自中标通知书发出之日起30日内，按照招标文件和中标人投标文件的规定，与中标人签订书面合同。所签订的合同不得对招标文件确定的事项和中标人投标文件作实质性修改。

采购人不得向中标人提出任何不合理的要求作为签订合同的条件。

第七十二条　政府采购合同应当包括采购人与中标人的名称和住所、标的、数量、质量、价款或者报酬、履行期限及地点和方式、验收要求、违约责任、解决争议的方法等内容。

第七十三条 采购人与中标人应当根据合同的约定依法履行合同义务。

政府采购合同的履行、违约责任和解决争议的方法等适用《中华人民共和国合同法》。

第七十四条 采购人应当及时对采购项目进行验收。采购人可以邀请参加本项目的其他投标人或者第三方机构参与验收。参与验收的投标人或者第三方机构的意见作为验收书的参考资料一并存档。

第七十五条 采购人应当加强对中标人的履约管理,并按照采购合同约定,及时向中标人支付采购资金。对于中标人违反采购合同约定的行为,采购人应当及时处理,依法追究其违约责任。

第七十六条 采购人、采购代理机构应当建立真实完整的招标采购档案,妥善保存每项采购活动的采购文件。

第六章　法律责任

第七十七条 采购人有下列情形之一的,由财政部门责令限期改正;情节严重的,给予警告,对直接负责的主管人员和其他直接责任人员由其行政主管部门或者有关机关依法给予处分,并予以通报;涉嫌犯罪的,移送司法机关处理:

(一)未按照本办法的规定编制采购需求的;

(二)违反本办法第六条第二款规定的;

(三)未在规定时间内确定中标人的;

(四)向中标人提出不合理要求作为签订合同条件的。

第七十八条 采购人、采购代理机构有下列情形之一的,由财政部门责令限期改正,情节严重的,给予警告,对直接负责的主管人员和其他直接责任人员,由其行政主管部门或者有关机关给予处分,并予通报;采购代理机构有违法所得的,没收违法所得,并可以处以不超过违法所得3倍、最高不超过3万元的罚款,没有违法所得的,可以处以1万元以下的罚款:

(一)违反本办法第八条第二款规定的;

(二)设定最低限价的;

(三)未按照规定进行资格预审或者资格审查的;

(四)违反本办法规定确定招标文件售价的;

(五)未按规定对开标、评标活动进行全程录音录像的;

(六)擅自终止招标活动的;

（七）未按照规定进行开标和组织评标的；

（八）未按照规定退还投标保证金的；

（九）违反本办法规定进行重新评审或者重新组建评标委员会进行评标的；

（十）开标前泄露已获取招标文件的潜在投标人的名称、数量或者其他可能影响公平竞争的有关招标投标情况的；

（十一）未妥善保存采购文件的；

（十二）其他违反本办法规定的情形。

第七十九条 有本办法第七十七条、第七十八条规定的违法行为之一，经改正后仍然影响或者可能影响中标结果的，依照政府采购法实施条例第七十一条规定处理。

第八十条 政府采购当事人违反本办法规定，给他人造成损失的，依法承担民事责任。

第八十一条 评标委员会成员有本办法第六十二条所列行为之一的，由财政部门责令限期改正；情节严重的，给予警告，并对其不良行为予以记录。

第八十二条 财政部门应当依法履行政府采购监督管理职责。财政部门及其工作人员在履行监督管理职责中存在懒政怠政、滥用职权、玩忽职守、徇私舞弊等违法违纪行为的，依照政府采购法、《中华人民共和国公务员法》《中华人民共和国行政监察法》、政府采购法实施条例等国家有关规定追究相应责任；涉嫌犯罪的，移送司法机关处理。

第七章　附　则

第八十三条 政府采购货物服务电子招标投标、政府采购货物中的进口机电产品招标投标有关特殊事宜，由财政部另行规定。

第八十四条 本办法所称主管预算单位是指负有编制部门预算职责，向本级财政部门申报预算的国家机关、事业单位和团体组织。

第八十五条 本办法规定按日计算期间的，开始当天不计入，从次日开始计算。期限的最后一日是国家法定节假日的，顺延到节假日后的次日为期限的最后一日。

第八十六条 本办法所称的"以上""以下""内""以内"，包括本数；所称的"不足"，不包括本数。

第八十七条 各省、自治区、直辖市财政部门可以根据本办法制定具体实施办法。

第八十八条 本办法自2017年10月1日起施行。财政部2004年8月11日发布的《政府采购货物和服务招标投标管理办法》（财政部令第18号）同时废止。

政府采购信息发布管理办法
中华人民共和国财政部令第 101 号

政府采购信息发布管理办法

《政府采购信息发布管理办法》已经财政部部务会议审议通过，现予公布，自2020年3月1日起施行。

部长　刘昆

2019年11月27日

政府采购信息发布管理办法

第一条　为了规范政府采购信息发布行为，提高政府采购透明度，根据《中华人民共和国政府采购法》《中华人民共和国政府采购法实施条例》等有关法律、行政法规，制定本办法。

第二条　政府采购信息发布，适用本办法。

第三条　本办法所称政府采购信息，是指依照政府采购有关法律制度规定应予公开的公开招标公告、资格预审公告、单一来源采购公示、中标（成交）结果公告、政府采购合同公告等政府采购项目信息，以及投诉处理结果、监督检查处理结果、集中采购机构考核结果等政府采购监管信息。

第四条　政府采购信息发布应当遵循格式规范统一、渠道相对集中、便于查找获得的原则。

第五条　财政部指导和协调全国政府采购信息发布工作，并依照政府采购法律、行政法规有关规定，对中央预算单位的政府采购信息发布活动进行监督管理。

地方各级人民政府财政部门（以下简称财政部门）对本级预算单位的政府采购信息发布活动进行监督管理。

第六条 财政部对中国政府采购网进行监督管理。省级（自治区、直辖市、计划单列市）财政部门对中国政府采购网省级分网进行监督管理。

第七条 政府采购信息应当按照财政部规定的格式编制。

第八条 中央预算单位政府采购信息应当在中国政府采购网发布，地方预算单位政府采购信息应当在所在行政区域的中国政府采购网省级分网发布。

除中国政府采购网及其省级分网以外，政府采购信息可以在省级以上财政部门指定的其他媒体同步发布。

第九条 财政部门、采购人和其委托的采购代理机构（以下统称发布主体）应当对其提供的政府采购信息的真实性、准确性、合法性负责。

中国政府采购网及其省级分网和省级以上财政部门指定的其他媒体（以下统称指定媒体）应当对其收到的政府采购信息发布的及时性、完整性负责。

第十条 发布主体发布政府采购信息不得有虚假和误导性陈述，不得遗漏依法必须公开的事项。

第十一条 发布主体应当确保其在不同媒体发布的同一政府采购信息内容一致。

在不同媒体发布的同一政府采购信息内容、时间不一致的，以在中国政府采购网或者其省级分网发布的信息为准。同时在中国政府采购网和省级分网发布的，以在中国政府采购网上发布的信息为准。

第十二条 指定媒体应当采取必要措施，对政府采购信息发布主体的身份进行核验。

第十三条 指定媒体应当及时发布收到的政府采购信息。

中国政府采购网或者其省级分网应当自收到政府采购信息起1个工作日内发布。

第十四条 指定媒体应当加强安全防护，确保发布的政府采购信息不被篡改、不遗漏，不得擅自删除或者修改信息内容。

第十五条 指定媒体应当向发布主体免费提供信息发布服务，不得向市场主体和社会公众收取信息查阅费用。

第十六条 采购人或者其委托的采购代理机构未依法在指定媒体上发布政府采购项目信息的，依照政府采购法实施条例第六十八条追究法律责任。

采购人或者其委托的采购代理机构存在其他违反本办法规定行为的，由县级以上财政部门依法责令限期改正，给予警告，对直接负责的主管人员和其他直接责任人员，建议其行政主管部门或者有关机关依法依规处理，并予通报。

第十七条 指定媒体违反本办法规定的，由实施指定行为的省级以上财政部门依法责令限期改正，对直接负责的主管人员和其他直接责任人员，建议其行政主管部门或者有关机关依法依规处理，并予通报。

第十八条 财政部门及其工作人员在政府采购信息发布活动中存在懒政怠政、滥用职权、玩忽职守、徇私舞弊等违法违纪行为的，依照《中华人民共和国政府采购法》《中华人民共和国公务员法》《中华人民共和国监察法》《中华人民共和国政府采购法实施条例》等国家有关规定追究相应责任；涉嫌犯罪的，依法移送有关国家机关处理。

第十九条 涉密政府采购项目信息发布，依照国家有关规定执行。

第二十条 省级财政部门可以根据本办法制定具体实施办法。

第二十一条 本办法自2020年3月1日起施行。财政部2004年9月11日颁布实施的《政府采购信息公告管理办法》（财政部令第19号）同时废止。

附录五

政府采购需求管理办法

财政部关于印发《政府采购需求管理办法》的通知

财库〔2021〕22号

各中央预算单位，各省、自治区、直辖市、计划单列市财政厅（局），新疆生产建设兵团财政局：

为落实《深化政府采购制度改革方案》加强政府采购需求管理的有关要求，财政部制定了《政府采购需求管理办法》，现印发给你们，请遵照执行。

财政部

2021年4月30日

政府采购需求管理办法

第一章 总 则

第一条 为加强政府采购需求管理，实现政府采购项目绩效目标，根据《中华人民共和国政府采购法》和《中华人民共和国政府采购法实施条例》等有关法律法规，制定本办法。

第二条 政府采购货物、工程和服务项目的需求管理适用本办法。

第三条 本办法所称政府采购需求管理，是指采购人组织确定采购需求和编制采购实施计划，并实施相关风险控制管理的活动。

第四条 采购需求管理应当遵循科学合理、厉行节约、规范高效、权责清晰的原则。

第五条 采购人对采购需求管理负有主体责任，按照本办法的规定开展采购需求管理各项工作，对采购需求和采购实施计划的合法性、合规性、合理性负责。主管预算单位负责指导本部门采购需求管理工作。

第二章　采购需求

第六条　本办法所称采购需求，是指采购人为实现项目目标，拟采购的标的及其需要满足的技术、商务要求。

技术要求是指对采购标的的功能和质量要求，包括性能、材料、结构、外观、安全，或者服务内容和标准等。

商务要求是指取得采购标的的时间、地点、财务和服务要求，包括交付（实施）的时间（期限）和地点（范围），付款条件（进度和方式），包装和运输，售后服务，保险等。

第七条　采购需求应当符合法律法规、政府采购政策和国家有关规定，符合国家强制性标准，遵循预算、资产和财务等相关管理制度规定，符合采购项目特点和实际需要。

采购需求应当依据部门预算（工程项目概预算）确定。

第八条　确定采购需求应当明确实现项目目标的所有技术、商务要求，功能和质量指标的设置要充分考虑可能影响供应商报价和项目实施风险的因素。

第九条　采购需求应当清楚明了、表述规范、含义准确。

技术要求和商务要求应当客观，量化指标应当明确相应等次，有连续区间的按照区间划分等次。需由供应商提供设计方案、解决方案或者组织方案的采购项目，应当说明采购标的的功能、应用场景、目标等基本要求，并尽可能明确其中的客观、量化指标。

采购需求可以直接引用相关国家标准、行业标准、地方标准等标准、规范，也可以根据项目目标提出更高的技术要求。

第十条　采购人可以在确定采购需求前，通过咨询、论证、问卷调查等方式开展需求调查，了解相关产业发展、市场供给、同类采购项目历史成交信息，可能涉及的运行维护、升级更新、备品备件、耗材等后续采购，以及其他相关情况。

面向市场主体开展需求调查时，选择的调查对象一般不少于3个，并应当具有代表性。

第十一条　对于下列采购项目，应当开展需求调查：

（一）1000万元以上的货物、服务采购项目，3000万元以上的工程采购项目；

（二）涉及公共利益、社会关注度较高的采购项目，包括政府向社会公众提供的公共服务项目等；

（三）技术复杂、专业性较强的项目，包括需定制开发的信息化建设项目、采购进口产品的项目等；

（四）主管预算单位或者采购人认为需要开展需求调查的其他采购项目。

编制采购需求前一年内，采购人已就相关采购标的开展过需求调查的可以不再重复开展。

按照法律法规的规定，对采购项目开展可行性研究等前期工作，已包含本办法规定的需求调查内容的，可以不再重复调查；对在可行性研究等前期工作中未涉及的部分，应当按照本办法的规定开展需求调查。

第三章 采购实施计划

第十二条 本办法所称采购实施计划，是指采购人围绕实现采购需求，对合同的订立和管理所做的安排。

采购实施计划根据法律法规、政府采购政策和国家有关规定，结合采购需求的特点确定。

第十三条 采购实施计划主要包括以下内容：

（一）合同订立安排，包括采购项目预（概）算、最高限价，开展采购活动的时间安排，采购组织形式和委托代理安排，采购包划分与合同分包，供应商资格条件，采购方式、竞争范围和评审规则等。

（二）合同管理安排，包括合同类型、定价方式、合同文本的主要条款、履约验收方案、风险管控措施等。

第十四条 采购人应当通过确定供应商资格条件、设定评审规则等措施，落实支持创新、绿色发展、中小企业发展等政府采购政策功能。

第十五条 采购人要根据采购项目实施的要求，充分考虑采购活动所需时间和可能影响采购活动进行的因素，合理安排采购活动实施时间。

第十六条 采购人采购纳入政府集中采购目录的项目，必须委托集中采购机构采购。政府集中采购目录以外的项目可以自行采购，也可以自主选择委托集中采购机构，或者集中采购机构以外的采购代理机构采购。

第十七条 采购人要按照有利于采购项目实施的原则，明确采购包或者合同分包要求。

采购项目划分采购包的，要分别确定每个采购包的采购方式、竞争范围、评审规则和合同类型、合同文本、定价方式等相关合同订立、管理安排。

第十八条 根据采购需求特点提出的供应商资格条件，要与采购标的的功能、质量和供应商履约能力直接相关，且属于履行合同必需的条件，包括特定的专业资格或者技术资格、设备设施、业绩情况、专业人才及其管理能力等。

业绩情况作为资格条件时，要求供应商提供的同类业务合同一般不超过2个，并明确同类业务的具体范围。涉及政府采购政策支持的创新产品采购的，不得提出同类业务合同、生产台数、使用时长等业绩要求。

第十九条　采购方式、评审方法和定价方式的选择应当符合法定适用情形和采购需求特点，其中，达到公开招标数额标准，因特殊情况需要采用公开招标以外的采购方式的，应当依法获得批准。

采购需求客观、明确且规格、标准统一的采购项目，如通用设备、物业管理等，一般采用招标或者询价方式采购，以价格作为授予合同的主要考虑因素，采用固定总价或者固定单价的定价方式。

采购需求客观、明确，且技术较复杂或者专业性较强的采购项目，如大型装备、咨询服务等，一般采用招标、谈判（磋商）方式采购，通过综合性评审选择性价比最优的产品，采用固定总价或者固定单价的定价方式。

不能完全确定客观指标，需由供应商提供设计方案、解决方案或者组织方案的采购项目，如首购订购、设计服务、政府和社会资本合作等，一般采用谈判（磋商）方式采购，综合考虑以单方案报价、多方案报价以及性价比要求等因素选择评审方法，并根据实现项目目标的要求，采取固定总价或者固定单价、成本补偿、绩效激励等单一或者组合定价方式。

第二十条　除法律法规规定可以在有限范围内竞争或者只能从唯一供应商处采购的情形外，一般采用公开方式邀请供应商参与政府采购活动。

第二十一条　采用综合性评审方法的，评审因素应当按照采购需求和与实现项目目标相关的其他因素确定。

采购需求客观、明确的采购项目，采购需求中客观但不可量化的指标应当作为实质性要求，不得作为评分项；参与评分的指标应当是采购需求中的量化指标，评分项应当按照量化指标的等次，设置对应的不同分值。不能完全确定客观指标，需由供应商提供设计方案、解决方案或者组织方案的采购项目，可以结合需求调查的情况，尽可能明确不同技术路线、组织形式及相关指标的重要性和优先级，设定客观、量化的评审因素、分值和权重。价格因素应当按照相关规定确定分值和权重。

采购项目涉及后续采购的，如大型装备等，要考虑兼容性要求。可以要求供应商报出后续供应的价格，以及后续采购的可替代性、相关产品和估价，作为评审时考虑的因素。

需由供应商提供设计方案、解决方案或者组织方案，且供应商经验和能力对履约有直接影响的，如订购、设计等采购项目，可以在评审因素中适当考虑供应商的履约能力要求，并合理设置分值和权重。需由供应商提供设计方案、解决方案或者组织方案，采购人认为有必要考虑全生命周期成本的，可以明确使用年限，要求供应商报出安装调试费用、使用期间能源管理、废弃处置等全生命周期成本，作为评审时考虑的因素。

第二十二条 合同类型按照民法典规定的典型合同类别，结合采购标的的实际情况确定。

第二十三条 合同文本应当包含法定必备条款和采购需求的所有内容，包括但不限于标的名称，采购标的质量、数量（规模），履行时间（期限）、地点和方式，包装方式，价款或者报酬、付款进度安排、资金支付方式，验收、交付标准和方法，质量保修范围和保修期，违约责任与解决争议的方法等。

采购项目涉及采购标的的知识产权归属、处理的，如订购、设计、定制开发的信息化建设项目等，应当约定知识产权的归属和处理方式。采购人可以根据项目特点划分合同履行阶段，明确分期考核要求和对应的付款进度安排。对于长期运行的项目，要充分考虑成本、收益以及可能出现的重大市场风险，在合同中约定成本补偿、风险分担等事项。

合同权利义务要围绕采购需求和合同履行设置。国务院有关部门依法制定了政府采购合同标准文本的，应当使用标准文本。属于本办法第十一条规定范围的采购项目，合同文本应当经过采购人聘请的法律顾问审定。

第二十四条 履约验收方案要明确履约验收的主体、时间、方式、程序、内容和验收标准等事项。采购人、采购代理机构可以邀请参加本项目的其他供应商或者第三方专业机构及专家参与验收，相关验收意见作为验收的参考资料。政府向社会公众提供的公共服务项目，验收时应当邀请服务对象参与并出具意见，验收结果应当向社会公告。

验收内容要包括每一项技术和商务要求的履约情况，验收标准要包括所有客观、量化指标。不能明确客观标准、涉及主观判断的，可以通过在采购人、使用人中开展问卷调查等方式，转化为客观、量化的验收标准。

分期实施的采购项目，应当结合分期考核的情况，明确分期验收要求。货物类项目可以根据需要设置出厂检验、到货检验、安装调试检验、配套服务检验等多重验收环节。工程类项目的验收方案应当符合行业管理部门规定的标准、方法和内容。

履约验收方案应当在合同中约定。

第二十五条　对于本办法第十一条规定的采购项目，要研究采购过程和合同履行过程中的风险，判断风险发生的环节、可能性、影响程度和管控责任，提出有针对性的处置措施和替代方案。

采购过程和合同履行过程中的风险包括国家政策变化、实施环境变化、重大技术变化、预算项目调整、因质疑投诉影响采购进度、采购失败、不按规定签订或者履行合同、出现损害国家利益和社会公共利益情形等。

第二十六条　各级财政部门应当按照简便、必要的原则，明确报财政部门备案的采购实施计划具体内容，包括采购项目的类别、名称、采购标的、采购预算、采购数量（规模）、组织形式、采购方式、落实政府采购政策有关内容等。

第四章　风险控制

第二十七条　采购人应当将采购需求管理作为政府采购内控管理的重要内容，建立健全采购需求管理制度，加强对采购需求的形成和实现过程的内部控制和风险管理。

第二十八条　采购人可以自行组织确定采购需求和编制采购实施计划，也可以委托采购代理机构或者其他第三方机构开展。

第二十九条　采购人应当建立审查工作机制，在采购活动开始前，针对采购需求管理中的重点风险事项，对采购需求和采购实施计划进行审查，审查分为一般性审查和重点审查。

对于审查不通过的，应当修改采购需求和采购实施计划的内容并重新进行审查。

第三十条　一般性审查主要审查是否按照本办法规定的程序和内容确定采购需求、编制采购实施计划。审查内容包括，采购需求是否符合预算、资产、财务等管理制度规定；对采购方式、评审规则、合同类型、定价方式的选择是否说明适用理由；属于按规定需要报相关监管部门批准、核准的事项，是否作出相关安排；采购实施计划是否完整。

第三十一条　重点审查是在一般性审查的基础上，进行以下审查：

（一）非歧视性审查。主要审查是否指向特定供应商或者特定产品，包括资格条件设置是否合理，要求供应商提供超过2个同类业务合同的，是否具有合理性；技术要求是否指向特定的专利、商标、品牌、技术路线等；评审因素设置是否具有倾向性，将有关履约能力作为评审因素是否适当。

（二）竞争性审查。主要审查是否确保充分竞争，包括应当以公开方式邀请供应商的，是否依法采用公开竞争方式；采用单一来源采购方式的，是否符合法定情形；采购需求的内容是否完整、明确，是否考虑后续采购竞争性；评审方法、评审因素、价格权重等评审规则是否适当。

（三）采购政策审查。主要审查进口产品的采购是否必要，是否落实支持创新、绿色发展、中小企业发展等政府采购政策要求。

（四）履约风险审查。主要审查合同文本是否按规定由法律顾问审定，合同文本运用是否适当，是否围绕采购需求和合同履行设置权利义务，是否明确知识产权等方面的要求，履约验收方案是否完整、标准是否明确，风险处置措施和替代方案是否可行。

（五）采购人或者主管预算单位认为应当审查的其他内容。

第三十二条 审查工作机制成员应当包括本部门、本单位的采购、财务、业务、监督等内部机构。采购人可以根据本单位实际情况，建立相关专家和第三方机构参与审查的工作机制。

参与确定采购需求和编制采购实施计划的专家和第三方机构不得参与审查。

第三十三条 一般性审查和重点审查的具体采购项目范围，由采购人根据实际情况确定。主管预算单位可以根据本部门实际情况，确定由主管预算单位统一组织重点审查的项目类别或者金额范围。

属于本办法第十一条规定范围的采购项目，应当开展重点审查。

第三十四条 采购需求和采购实施计划的调查、确定、编制、审查等工作应当形成书面记录并存档。

采购文件应当按照审核通过的采购需求和采购实施计划编制。

第五章　监督检查与法律责任

第三十五条 财政部门应当依法加强对政府采购需求管理的监督检查，将采购人需求管理作为政府采购活动监督检查的重要内容，不定期开展监督检查工作，采购人应当如实反映情况，提供有关材料。

第三十六条 在政府采购项目投诉、举报处理和监督检查过程中，发现采购人未按本办法规定建立采购需求管理内控制度、开展采购需求调查和审查工作的，由财政部门采取约谈、书面关注等方式责令采购人整改，并告知其主管预算单位。对情节严重或者拒不改正的，将有关线索移交纪检监察、审计部门处理。

第三十七条 在政府采购项目投诉、举报处理和监督检查过程中，发现采购方式、评审规则、供应商资格条件等存在歧视性、限制性、不符合政府采购政策等问题的，依照《中华人民共和国政府采购法》等国家有关规定处理。

第三十八条 在政府采购项目投诉、举报处理和监督检查过程中，发现采购人存在无预算或者超预算采购、超标准采购、铺张浪费、未按规定编制政府采购实施计划等问题的，依照《中华人民共和国政府采购法》《中华人民共和国预算法》《财政违法行为处罚处分条例》《党政机关厉行节约反对浪费条例》等国家有关规定处理。

第六章 附 则

第三十九条 采购项目涉及国家秘密的，按照涉密政府采购有关规定执行。

第四十条 因采购人不可预见的紧急情况实施采购的，可以适当简化相关管理要求。

第四十一条 由集中采购机构组织的批量集中采购和框架协议采购的需求管理，按照有关制度规定执行。

第四十二条 各省、自治区、直辖市财政部门可以根据本办法制定具体实施办法。

第四十三条 本办法所称主管预算单位是指负有编制部门预算职责，向本级财政部门申报预算的国家机关、事业单位和团体组织。

第四十四条 本办法自2021年7月1日起施行。

附录六
关于进一步做好中央单位政府集中采购
工作有关问题的通知

关于进一步做好中央单位政府集中采购工作有关问题的通知

财库〔2009〕101号

党中央有关部门，国务院各部委、各直属机构，全国人大常委会办公厅，全国政协办公厅，高法院，高检院，有关人民团体，中央国家机关政府采购中心，中共中央直属机关采购中心，全国人大机关采购中心：

为了进一步贯彻落实政府采购法，认真执行国务院办公厅印发的中央单位政府集中采购目录及标准和财政部有关规定，加强中央单位政府集中采购工作，促进政府采购制度改革的深化与发展，现就有关问题通知如下：

一、认真履行职责，增强集中采购目录执行的严肃性

按照国务院办公厅文件规定的属于集中采购机构采购的项目和对目录中部分细化品目（附件1），都应当由集中采购机构负责组织实施，包括海关总署机关、国家税务总局机关、中国人民银行总行机关等属于集中采购机构采购的项目。除此之外的采购项目，由中央单位按照政府采购规定自行组织实施采购，也可以委托集中采购机构或政府采购代理机构组织采购。

集中采购机构要在政府采购法管理范围内做好采购组织工作，不得拒绝属于集中采购机构采购范围的项目委托。对中央单位自愿委托集中采购机构采购目录范围外政府采购项目的，可以根据工作情况接受委托并组织实施。中央单位和集中采购机构在操作执行中有关集中采购范围和集中采购目录的问题，由财政部负责解释。

二、加强计划管理，规范政府集中采购程序

主管部门应按规定在财政部批复部门预算之日起40个工作日内编制年度政府采购实

施计划（附件2）报财政部备案，并将属于集中采购机构组织实施的计划抄送集中采购机构。中央单位要统筹安排全年采购任务，并按规定将采购项目构成、使用单位、采购数量、技术规格、服务要求、使用时间、预算金额等内容编入政府采购实施计划。采购计划内容要具体明确，采购需求符合国家有关政策规定。对年度追加和调整部门预算的，要及时补编政府采购预算和政府采购实施计划。没有政府采购预算或未编报政府采购实施计划的，应当按规定程序向财政部补报后开展采购活动。

集中采购机构及时汇总各中央单位报送的政府采购实施计划，制定实施方案，对计划内容不明确、采购需求不符合国家有关政策规定的，要与采购单位沟通，确保采购实施计划的准确性。对未编制政府采购实施计划的，集中采购机构应拒绝采购项目委托。

三、调整适用范围，进一步完善协议供货采购制度

政府集中采购目录中规格及标准相对统一，品牌较多，日常采购频繁的小额零星通用类产品和通用类的服务类项目，可以分别实行协议供货采购和定点采购，大额采购仍应当实行集中单独采购。中央单位若采购同一品牌型号、配置和服务相同的产品价格明显低于协议供货价格，在与协议供货商未达成低价购买的情况下，或者中央单位所在地无协议供货商的，可以委托集中采购机构进行网上竞价。超出协议供货产品型号和供应商范围，以及采购限额的采购项目，由集中采购机构另行组织，不得自行采购。

网上竞价实质是询价采购，适用于协议供货范围内项目采购或者货物规格、标准统一、现货货源充足且价格变化幅度小，金额在50万元以下的集中采购项目采购，网上竞价应由中央单位委托集中采购机构进行。集中采购机构接受委托后按照中央单位提交的具体采购需求，根据询价适用条件进行网上竞价，并将竞价结果通知采购委托单位。

四、实行项目归集，积极开展批量集中采购试点工作

为了充分体现集中采购规模优势和集中效益，对部分达到一定数额的采购项目不再执行协议供货，应报集中采购机构，由集中采购机构归集形成规模后统一组织集中招标采购，切实发挥集中采购的规模优势。中央单位要按照"中央单位批量集中采购试行方案"（附件4）的规定，认真做好采购项目批量集中采购试点工作，特别要做好采购实施计划提前编报工作。集中采购机构要在开展批量集中采购试点工作中，注意总结经验，逐步推广。

五、改进服务项目集中采购，中央驻京外县以下单位服务项目试行属地化采购

针对中央单位分布广、管理层次多，以及县以下中央定点供应商数量少、竞争不充分的情况，对定点服务项目实施中央集中采购与属地化采购相结合方式。中央驻京外县以下单位在执行中央集中采购定点服务项目时，如果通过自行采购或当地政府采购的服务价格低于中央定点采购价格，或价格相同服务条款优于中央定点采购条款的，以及当地无中央定点服务商的，可以按照自行采购或当地政府采购结果执行，具体执行情况应当填报"中央单位属地化采购情况汇总表"（附件3）报主管部门。主管部门于每季度结束10日内报财政部备案。

六、采取有效措施，加强协议供货和定点服务的监测与管理

集中采购机构要按照与供应商签订的采购协议内容，对协议产品价格、定点服务质量、供应商执行协议情况等进行检查和监测，并淘汰考评不合格的供应商，促进供应商提高履行协议规定的质量。同时，要鼓励供应商对集中采购活动进行监督，不得以任何理由阻止相关质疑和投诉，对违反协议规定的情况要及时解决和处理。集中采购机构作为采购活动的组织者，可以对违反采购协议规定的行为向社会进行公告，但对禁止评审专家和供应商参与政府采购活动、罚款等处罚，应当由财政部依法作出决定。

七、严格委托手续，加强确定中标（成交）结果管理

中央单位将采购项目委托集中采购机构组织实施时，应当按财政部有关规定签订委托协议，委托协议可以一年一签，也可以按项目一事一签。要加强委托协议责任追究管理，凡遇有质疑投诉或举报，涉及各方责任的，按委托协议规定内容处理；凡未签订委托协议或签订内容不清的，其责任由采购单位和集中采购机构共同承担。采购单位接到集中采购机构中标（成交）通知书后应当在规定时间内予以确认，并签订采购合同。采购单位在签订采购合同时必须按照中标（成交）的规模、数量和金额签订合同。超过规定时间未确认或签订采购合同而产生的后果由采购单位负责。

为了防止不按中标（成交）协议履行的不良行为，保证采购产品质量，采购单位要本着公正、客观的原则，严格按照采购文件规定做好验收工作。凡未经过验收或经过验收而又产生与验收有关联的问题，其责任由采购单位承担。

八、加强管理，推进部门集中采购工作规范化

设立部门集中采购机构的主管部门应加强对部门集中采购的领导和管理，认真编制部门集中采购目录，明确直属系统集中采购实施范围，制定具体实施方案，做好部门集中采购品目的实施工作。部门编制的部门集中采购目录应当报财政部备案。

严格和规范中央对地方专项补助资金的采购管理。按照政府采购管理体制要求，应当由地方实施政府采购的项目，原则上不得实行主管部门集中组织采购并确定结果，由地方单位执行和支付资金的方式。确因法律法规有明确规定或情况特殊需要对地方政府采购项目实行主管部门集中采购的，主管部门应当报财政部同意后实施。

九、强化监管，建立规范的监督管理工作机制

财政部文件规定需要审批或备案的事项，中央单位和集中采购机构必须严格按规定执行，其中涉及中央单位的协议供货和定点采购等集中采购方案应当报财政部同意后实施。

建立集中采购目录执行情况报告制度，集中采购机构和设置部门集中采购机构的主管部门应当在每季度结束10日内，分别向财政部报送上一季度"集中采购执行情况表"（附件5）和"部门集中采购执行情况表"（附件6）。年度终了，集中采购机构应当在次年一月底前将上一年度工作总结报财政，财政部组成考核组对集中采购机构全年工作进行考评。

要充分发挥监察、审计的监督管理职责和监管优势，分别从各自职责加强对集中采购工作的监督。建立不良行为社会公告制度，对中央单位、集中采购机构、供应商和评审专家等在政府采购活动中的违法违规行为，要在财政部指定的政府采购信息披露媒体上公告。

二〇〇九年七月二十日

附录七
中央单位批量集中采购试行方案

为进一步完善和深化政府集中采购工作，2009年8月开始对部分采购规模需求大、次数频繁、技术规格较为标准的采购项目试行批量集中采购，具体内容和程序如下：

一、试行品目：台式计算机、打印机、网络设备（网络交换机、网络路由器、无线局域网产品、网络存储设备、网络监控设备、网络测试设备、网络安全产品、网络应用加速器）。

二、适用范围：所有在京中央单位及所属机构。

三、基本要求：中央单位在一个月内（紧急采购任务除外）准备采购台式计算机、打印机、网络设备规模达到一定限额的，不再执行协议供货，应当委托集中采购机构实施批量集中采购。集中采购机构对中央单位报送的批量采购实施计划进行汇总归集，并整合打包，统一组织招标，以实现价格最佳，体现集中采购规模优势，提高财政资金使用效益。

四、采购程序：批量集中采购每月组织一次。采购流程包括报送批量采购实施计划、汇总归集采购需求、整合打包、编制招标文件、信息公告、抽取专家、评标及公示结果、签订合同等环节。

（一）报送计划。主管部门所属各单位每月计划累计采购台式计算机50万元、打印机30万元、网络设备120万元等以上的，应当集中编制批量采购实施计划，并于每月15日17点前由主管部门按照统一格式将批量采购实施计划及委托书报送集中采购机构，参加当月集中采购机构组织的批量集中采购。超过时间报送的批量采购实施计划，参加下月批量集中采购。

（二）归集整合采购需求。报送批量采购实施计划时间截止后，集中采购机构在5个工作日内对中央单位批量采购实施计划和需求进行汇总整理，分类打包，编制成具体招标采购需求，包括采购内容、数量、技术性能、售后服务、供货时间及地点等。

（三）招标公告。集中采购机构在形成具体招标采购需求后3个工作日内，完成招标文件的编制和信息公告的发布。采购公告在财政部指定政府采购信息披露媒体和相关媒体公示20天。

（四）评标及公示结果。评审专家从财政部专家库随机抽取产生并组成评审委员会。中央单位可派人监督开标和评标活动。评标结束后2个工作日内，由采购中心发布采购结果公告，向中标人发放中标通知书，向未中标人发放未中标通知书。

（五）签订合同。中标通知书发放之日起10日内由中央单位与中标供应商签订采购合同。

五、管理要求

（一）符合规模采购要求，但时间和任务紧急不超过一个月时间的采购任务可以通过协议供货形式采购，但事先要向集中采购机构备案。

（二）主管部门或所属单位同一品目产品一个月内采购规模不得超过该品目实行批量采购的限额。

（三）主管部门要制定汇集所属单位月度采购项目的工作程序和办法，加强对批量集中采购的管理。

（四）集中采购机构要认真落实批量集中采购有关工作，做到责任任务落实到人，岗位职责清晰，确保批量集中采购试点工作的顺利进行。

（五）主管部门和集中采购机构要注意总结试行工作的经验，及时向财政部反馈意见和建议。

中央预算单位批量集中采购管理暂行办法

关于印发《中央预算单位批量集中采购管理暂行办法》的通知

财库〔2013〕109号

党中央有关部门，国务院各部委、各直属机构，全国人大常委会办公厅，全国政协办公厅，高法院，高检院，有关人民团体，中共中央直属机关采购中心、中央国家机关政府采购中心、全国人大机关采购中心：

为了深化政府集中采购改革，进一步规范政府采购行为，提高财政资金使用效益，根据党中央、国务院厉行节约反对浪费要求和政府采购有关法律制度规定，财政部制定了《中央预算单位批量集中采购管理暂行办法》，现予印发，请遵照执行。执行中发现的有关问题，请及时向财政部反映。

实施批量集中采购的品目和相应配置标准财政部将另行通知。

财政部

2013年8月21日

中央预算单位批量集中采购管理暂行办法

第一条 为了深化政府集中采购改革，进一步规范政府采购行为，提高财政资金使用效益，根据党中央、国务院厉行节约反对浪费要求和政府采购有关法律制度规定，制定本办法。

第二条 列入国务院公布的《中央预算单位政府集中采购目录及标准》中的集中采购机构采购品目应当逐步实施批量集中采购，中央预算单位要严格执行批量集中采购相关规定。对已纳入批量集中采购范围，因时间紧急或零星特殊采购不能通过批量集中采购的品目，中央预算单位可报经主管预算单位同意后通过协议供货方式采购，但各部门协议供货采购数量不得超过同类品目上年购买总数的10%。

第三条　实行批量集中采购的通用办公设备、家具的经费预算应当严格执行《中央行政单位通用办公设备家具购置费预算标准（试行）》（财行〔2011〕78号）规定，用于科研、测绘等特殊用途的专用办公设备、家具及其他采购品目经费预算应当按财政部批复的部门预算执行。

第四条　财政部定期公布批量集中采购品目，集中采购机构应当按照相关工作安排，综合考虑预算标准、办公需要、市场行情及产业发展等因素，提出相应品目完整、明确、符合国家法律法规及政府采购政策要求的采购需求技术服务标准报财政部。财政部在组织完成对相关技术服务标准的论证后发布中央预算单位批量集中采购品目基本配置标准（以下简称基本配置标准）。

第五条　中央预算单位应当执行基本配置标准，并根据预算及实际工作需要，确定当次采购品目不同的档次或规格。部分主管预算单位因特殊原因需要另行制定本部门统一执行的通用或专用办公设备等配置标准的，应当按基本配置标准规范确定相应配置指标，且相关指标不得指向特定的品牌或供应商。同时，还应明确专用办公设备等品目的预算金额上限。

第六条　中央预算单位应当加强对批量集中采购工作的计划安排，协调处理好采购周期、采购数量与品目配备时限的关系。应当认真组织填报批量集中采购计划，保证品目名称、配置标准、采购数量、配送地点和最终用户联系方式等内容的准确完整。各主管预算单位应当于当月十日前向财政部报送本部门批量集中采购汇总计划，并明确当期采购工作的部门联系人。

第七条　集中采购机构应当广泛征求中央预算单位、供应商及相关专家意见，科学合理编制采购文件。应当根据每期不同品目的需求特点及计划数量，依法采用公开招标、询价等采购方式，于二十五个工作日内完成采购活动。应当及时将中标供应商名称、中标产品完整的技术服务标准等信息在中国政府采购网和各集中采购机构网站上公告。因需求特殊等原因导致采购活动失败的，应当及时通知相关中央预算单位调整需求标准，并重新组织采购。

第八条　中央预算单位应当通过中国政府采购网或各集中采购机构网站查询相关中标信息，严格按照计划填报数量和当期中标结果，及时与中标供应商或授权供货商签订采购合同。验收时，应当根据中标公告中的技术服务标准，认真核对送货时间、产品配置技术指标等内容并填写验收书。验收后，应当按照合同约定及时付款。对中标供应商在履约过程中存在的违约问题，应当通过验收书或其他书面形式向集中采购机构反映。

第九条 集中采购机构应当根据采购文件约定，督促供应商在中标通知公告发出后二十个工作日内，将中标产品送到中央预算单位指定地点。应当统一协调处理合同签订、产品送达、产品验收及款项支付等履约过程中出现的问题，分清责任。对于中央预算单位在验收书上或书面反映的产品质量、服务问题，应当及时组织核查或第三方检测机构检测，并按采购文件及有关合同的约定追究中标供应商赔偿责任。

第十条 各主管预算单位应当加强对本部门批量集中采购工作的管理，建立健全配置标准的制定和适用、协议供货方式审核、合同签订及验收付款等内部管理制度。应当指定专人配合集中采购机构统一协调处理计划执行、合同签订、产品验收及款项支付等事宜，对未按规定超标准采购及规避批量集中采购等行为，应当追究相关人员责任。

第十一条 集中采购机构应当切实做好批量集中采购执行工作。应当按照财政部推进批量集中采购工作安排，及时拟定包括需求标准、评审方式、合同草案条款及采购方式适用标准等内容的实施方案，并按照实施方案组织好采购活动，协调处理履约相关问题，保障批量集中采购活动规范、优质、高效的协调推进。应当将违约处理情况和季度批量集中采购执行情况报财政部备案。

第十二条 财政部应当加强对批量集中采购工作的组织监督管理，将批量集中采购工作纳入集中采购机构的业务考核范围。对主管预算单位及所属单位规避批量集中采购、不执行采购计划以及无故延期付款等行为应当及时进行通报批评。应当根据集中采购机构提供的报告，对中标供应商虚假承诺或拒不按合同履约的行为进行严肃处理。

第十三条 本办法自2013年9月1日起施行。《关于进一步推进中央单位批量集中采购试点工作的通知》（财办库〔2011〕87号）、《关于完善台式计算机和打印机批量集中采购试点工作的补充通知》（财办库〔2012〕340号）同时废止。

关于中央预算单位实施批量集中采购工作的通知

关于中央预算单位实施批量集中采购工作的通知

财办库〔2013〕334 号

党中央有关部门办公厅（室），国务院各部委、各直属机构办公厅（室），全国人大常委会办公厅，全国政协办公厅，高法院办公厅，高检院办公厅，中共中央直属机关采购中心、中央国家机关政府采购中心、全国人大机关采购中心：

为进一步深化政府集中采购工作，规范政府采购行为，根据《中央预算单位批量集中采购管理暂行办法》（财库〔2013〕109号）的有关规定，现就中央预算单位实施批量集中采购工作的有关事项通知如下：

一、批量集中采购范围

中央预算单位采购满足办公需求的台式计算机、打印机、便携式计算机、复印机、传真机、扫描仪、复印纸、空调机和碎纸机原则上全部纳入批量集中采购范围，用于科研、测绘等工作的专用台式计算机、便携式计算机也纳入批量集中采购范围。其中，台式计算机不包括低泄射计算机、无盘工作站、图形工作站、工控机；便携式计算机不包括移动图形工作站、加固型笔记本等特殊用途设备；空调机不包括用于机房、基站等特殊场所的空调机；打印机不包括便携式打印机等。

二、采购计划填报时间

台式计算机、打印机和便携式计算机的采购计划按月填报，当月填报下月计划。复印机、传真机、扫描仪、复印纸、空调机和碎纸机的采购计划按季填报，每季度最后一个月填报下一季度计划。各主管预算单位应于当月10日前将所属单位采购计划审核汇总后报送至财政部。

三、采购流程图和配置参考

中央预算单位批量集中采购工作基本流程图、中央预算单位批量集中采购问题反馈处理流程图以及《20××年中央预算单位批量集中采购品目配置参考》（以下简称《配置参考》），详见中国政府采购网（http://www.ccgp.gov.cn/）"中央单位批量集中采购"专栏。《配置参考》将定期在政府采购计划管理系统中更新，不再另行发文通知。

四、本通知自印发之日起施行

台式计算机、打印机的采购计划按规定时间报送，新推开批量集中采购品目的采购计划，各主管预算单位于2013年12月10日前开始汇总报送。

财政部办公厅

2013年9月4日

关于加强中央预算单位批量集中采购
管理有关事项的通知

关于加强中央预算单位批量集中采购管理有关事项的通知

财库〔2014〕120号

党中央有关部门，国务院各部委、各直属机构，全国人大常委会办公厅，全国政协办公厅，高法院，高检院，有关人民团体，中共中央直属机关采购中心、中央国家机关政府采购中心、全国人大机关采购中心，国家税务总局集中采购中心、海关总署物资装备采购中心、中国人民银行集中采购中心、公安部警用装备采购中心：

为进一步深化中央预算单位批量集中采购工作，强化合同和履约管理，提高采购效率，推动落实《中央预算单位批量集中采购管理暂行办法》（财库〔2013〕109号）和《关于中央预算单位实施批量集中采购工作的通知》（财办库〔2013〕334号），现就批量集中采购执行中有关事项通知如下：

一、批量集中采购品目的适用范围遵循国务院办公厅定期发布的政府集中采购目录及标准。自2014年12月1日起，传真机、扫描仪、碎纸机不再纳入批量集中采购范围。

二、集中采购机构可以根据采购品目的不同需求特点和计划数量，灵活选择采购方式，不断提高批量集中采购效率和服务质量。采购活动无法在预定时间内完成的，集中采购机构应当以适当方式通知中央预算单位；出现采购活动失败情形的，集中采购机构应当在中国政府采购网上公告后重新组织采购；因采购需求原因无法重新组织采购的，集中采购机构应当及时通知中央预算单位修改采购需求。

三、集中采购机构拟定的采购文件应当包含其与中标（成交）供应商签订的框架协议和采购人与中标（成交）供应商签订的采购合同文本，并对签订框架协议、采购合同以及送货的时间做出明确的约定。框架协议应当列明集中采购机构和中标（成交）供应商的权利和义务；采购合同签订、履行的期限和要求；无正当理由不依法签订合同或不履行合同义务的责任和救济措施等。采购合同文本应当详细列明中央预算单位、中标（成交）供应商及其授权供应商的权利和义务、产品名称、数量、质量、价格、履行期限以及地点和方式、违约责任、争议解决方法等内容。

四、集中采购机构应当在中标（成交）结果公告之日起3个工作日内，与中标（成交）供应商签订框架协议。中标（成交）供应商无正当理由拒不签订框架协议的，集中采购机构可以与排在中标（成交）供应商之后第一位的候选供应商签订框架协议，并予公告，同时将有关情况报财政部处理。

五、框架协议签订后，中标（成交）供应商或其授权供应商应当在中标（成交）结果公告之日起5个工作日内，主动与中央预算单位联系，根据采购文件约定的内容签订采购合同，并在中标（成交）结果公告之日起20个工作日内完成送货。因中央预算单位原因未在规定期限内签订合同的，供应商应当将书面催告文件提交集中采购机构协调处理，经协调后中央预算单位仍拒不签约的，供应商可以依法不再与其签订采购合同。采购合同签订后，中央预算单位不履行合同义务或履行义务不符合约定的，中标（成交）供应商可以依法解除合同，并依照法律规定及合同约定追究对方的违约责任，同时将相关情况书面反馈给集中采购机构。

六、因中标（成交）供应商原因未在规定期限内签订采购合同的，中央预算单位应当将书面催告文件提交集中采购机构协调处理，经协调后，供应商仍拒不签约的，中央预算单位可以依法不再与其签订采购合同，并在预算金额内通过协议供货购买。采购合同签订后，中标（成交）供应商不履行合同义务或履行义务不符合约定的，中央预算单位可以依法解除合同，并依照法律规定及合同约定追究对方的违约责任，同时将相关情况书面反馈给集中采购机构。

七、集中采购机构应当根据框架协议，加强对批量集中采购项目的执行管理，督促中央预算单位、中标（成交）供应商在规定时间内签订采购合同，督促中标（成交）供应商在规定时间内完成送货，协调处理合同签订、履约过程中出现的问题，提请财政部对中央预算单位、供应商的违法违规问题进行处理。

八、集中采购机构不依法签订框架协议或者中央预算单位不依法签订采购合同的，财政部将依据《中华人民共和国政府采购法》第71条的规定，责令限期改正，给予警告。中标（成交）供应商不依法签订框架协议或者采购合同、拒绝履行框架协议或者合同义务的，财政部将依据《政府采购货物和服务招标投标管理办法》（财政部令第18号）第75条、《政府采购非招标采购方式管理办法》（财政部令第74号）第54条的规定，将中标（成交）供应商列入不良行为记录名单，在一至三年内禁止其参加政府采购活动，并予以通报。

　　九、本通知自2014年12月1日起施行。各单位在填报计划时如遇口径等政策问题，请及时与财政部国库司政府采购管理一处联系。如遇供应商送货等履约问题，请及时与集中采购机构联系。如遇系统软件操作问题请及时与中软公司联系。

中华人民共和国财政部

2014年9月19日

关于进一步做好中央预算单位批量
集中采购有关工作的通知

关于进一步做好中央预算单位批量
集中采购有关工作的通知

财办库〔2016〕425号

党中央有关部门办公厅（室），国务院各部委、各直属机构办公厅（室），全国人大常委会办公厅秘书局，全国政协办公厅秘书局，高法院办公厅，高检院办公厅，各民主党派中央办公厅，有关人民团体办公厅（室），新疆生产建设兵团财务局，中共中央直属机关采购中心、中央国家机关政府采购中心、全国人大机关采购中心：

为进一步做好中央预算单位集中采购，完善批量集中采购及协议供货执行，充分发挥集中规模及价格优势、提高采购效率和效果，现将有关事项通知如下：

一、中央集中采购机构应当建立健全批量集中采购与协议供货价格联动机制。已纳入批量集中采购范围的品目，原则上不再单独组织协议供货入围采购，随批量集中采购一并确定协议供货产品，相应产品协议供货价格与批量集中采购中标、成交价格或报价实行联动。

二、中央集中采购机构应当根据不同品目的需求特点和产业发展状况，研究制定分品目、分期限的售后服务单独采购方案，供采购人灵活选择、按需采购。研究开展批量集中采购产品质量和服务评价，探索评价结果在后续采购活动中的应用，鼓励引导供应商持续提升售后服务质量和采购结果满意度。

三、鉴于空调机采购季节性需求强、时效性要求高，京外中央预算单位空调机采购不再实施批量集中采购，京内中央预算单位空调机批量集中采购的频次调整为第二、三季度按月执行，第一、四季度按季度执行。

四、实行价格联动后，适当提高《中央预算单位批量集中采购管理暂行办法》（财库〔2013〕109号）第二条规定的协议供货采购数量上限。各主管预算单位应当加强本部门协议供货采购管理，完善协议供货采购内部审核，将协议供货采购数量严格控制在同类品目上年购买总数的30%以内。

本通知自2017年1月1日起执行。

财政部办公厅

2016年11月24日

关于在网上竞价活动中进一步贯彻落实批量集中采购和进口产品管理等有关问题的通知

关于在网上竞价活动中进一步贯彻落实批量集中采购和进口产品管理等有关问题的通知

国机采字〔2015〕16号

各采购单位:

为进一步贯彻落实《财政部关于印发〈中央预算单位批量集中采购管理暂行办法〉的通知》(财库〔2013〕109号)、《财政部办公厅关于中央预算单位实施批量集中采购工作的通知》(财办库〔2013〕334号)、《财政部关于印发〈政府采购进口产品管理办法〉的通知》(财库〔2007〕119号)及《财政部关于政府采购进口产品管理有关问题的通知》(财办库〔2008〕248号)规定,现就有关问题通知如下:

一、中央预算单位凡采购纳入批量集中采购范围的台式计算机、打印机、便携式计算机、复印机、复印纸、空调机,用于科研、测绘等工作的专用台式计算机、便携式计算机也纳入批量集中采购范围。其中,台式计算机不包括无盘工作站、图形工作站、工控机;便携式计算机不包括移动图形工作站、加固型笔记本等特殊用途设备;空调机不包括用于机房、基站等特殊场所的空调机;打印机不包括便携式打印机等,应当严格按照《财政部关于印发〈中央预算单位批量集中采购管理暂行办法〉的通知》(财库〔2013〕109号)、《财政部办公厅关于中央预算单位实施批量集中采购工作的通知》(财办库〔2013〕334号)文件规定执行。

对纳入批量集中采购范围的产品不得进行网上竞价采购。

对已纳入批量集中采购范围,因时间紧急或零星特殊采购不能通过批量集中采购的品目,中央预算单位可报经主管预算单位同意后通过协议供货方式采购,但各部门协议供货采购数量不得超过同类品目上年购买总数的10%。

二、中央预算单位凡采购进口产品时,应当严格按照《财政部关于印发〈政府采购进口产品管理办法〉的通知》（财库〔2007〕119号）及《财政部关于政府采购进口产品管理有关问题的通知》（财办库〔2008〕248号）文件规定执行。未经批准的进口产品不得网上竞价采购。

特此通知。

中央国家机关政府采购中心

2015年7月27日

关于中央国家机关批量集中采购有关事宜的通知

关于中央国家机关批量集中采购有关事宜的通知
国机采〔2019〕3号

中央国家机关各部门、各单位办公厅（室）：

根据《关于2019年中央预算单位政府采购计划执行情况和信息统计报表编报工作的通知》（财库〔2018〕84号）和《关于调整批量采购产品配置标准和执行方案的复函》（财库便函〔2019〕031号），"从2019年1月1日起，财政部不再统一组织台式计算机等6个品目的批量集中采购工作"，"集中采购机构对各部门通用配置需求，应当统一归集后实行批量集中采购，发挥规模效益"，为保证中央国家机关批量集中采购项目平稳过渡，中央国家机关政府采购中心（以下简称国采中心）对批量采购配置标准和执行方式进行了调整。现将有关事宜通知如下。

一、品目范围

中央国家机关批量集中采购品目调整为台式计算机、便携式计算机、打印机、复印机和空调（京内单位）。

复印纸（京内单位）不再纳入批量集中采购范围，预算金额低于100万元的，可采用协议供货、网上商城或网上竞价方式采购（各方式执行标准详见中央政府采购网相关文件专栏）；预算金额在100万元（含）~200万元之间的，须委托国采中心按照政府采购非招标方式管理办法单独组织；预算金额超过200万元（含）的，须委托国采中心单独组织公开招标。

二、更新批量集中采购配置标准

根据财政部国库司《关于调整批量采购产品配置标准和执行方案的复函》（财库便函〔2019〕031号），中央国家机关批量集中采购各品目从即日起采用《2019年度中央国家机关批量集中采购台式计算机、便携式计算机、打印机、复印机、空调配置参考标准》（附件1），请各单位根据自身实际需求选择相应配置。

三、批量集中采购执行要求

（一）通用配置

各部门采购需求在《2019年度中央国家机关批量集中采购台式计算机、便携式计算机、打印机、复印机、空调配置参考标准》范围内的属于通用配置。国采中心在中央政府采购网采购人平台开辟"批量采购"模块，收集整理批量集中采购计划。各一级预算单位每月10日之前汇总本部门各级单位下月采购计划，登录中央政府采购网采购人平台导入计划。各部门每月计划由国采中心汇总后组织竞争性磋商。

（二）特殊配置

通用配置无法满足采购人实际需求的，采购人可自行编写技术指标和服务要求形成特殊配置。由于特殊配置不符合"通用性强、技术规格统一、便于归集"等特点，无法形成批量，因此采购人采购特殊配置产品按目录内非批量集中采购品目执行，项目预算金额不超过协议供货限额的，按协议供货方式执行；超过协议供货限额小于200万元的，单独委托国采中心按非标方式组织采购；超过200万元的，单独委托国采中心按公开招标方式组织采购。

（三）其他情况

各部门因时间紧急或零星特殊采购不能通过批量集中采购的，可通过协议供货或网上竞价方式采购，同时应严格按照财政部《关于进一步做好中央预算单位批量集中采购有关工作的通知》（财办库〔2016〕425号）"各主管预算单位应当加强本部门协议供货采购管理，完善协议供货采购内部审核，将协议供货采购数量严格控制在同类品目上年购买总数的30%以内"的要求执行。

四、批量集中采购操作流程

（一）通用配置

1. 申请开通权限。各一级预算单位确定唯一"中央政府采购网"采购人账号，指定1~3名批量集中采购部门联系人后，填写《中央国家机关批量集中采购权限开通申请表》（附件2），加盖公章后发送至hanlu@ggj.gov.cn。采购人可登录央采网账号查看权限开通情况。

2. 填报计划。各一级预算单位每月10日之前汇总本部门各级单位下一个月的采购计划，各级单位填写计划时应明确相应配置的三个参考品牌。一级预算单位汇总填写《中央国家机关批量集中采购实施计划配送信息表》(附件3)，登录中央政府采购网采购人平台，点击"批量采购"模块，上传本部门《中央国家机关批量集中采购实施计划配送信息表》，导入计划。

3. 成交结果查询。各级采购人可根据所报批量集中采购期次和配置，到"中央政府采购网"首页左侧"批量采购"模块内对应期次的成交公告中查询成交供应商和成交产品。

4. 成交产品配送状态查询。各级采购人在成交公告的附件中找到本单位唯一对应的订单号后，在"中央政府采购网"首页左侧"批量采购"模块内的"成交产品配送状态查询"处输入订单号查询产品状态和供应商联系人及联系方式。各一级预算单位登录"中央政府采购网"采购人平台后，可在"批量采购"模块查看本部门所有计划的执行情况，并对成交产品的质量和成交供应商的服务进行评价。

5. 成交产品验收。根据《政府采购货物和服务招标投标管理办法》(财政部令第87号)"采购人应当及时对采购项目进行验收"，各级采购人应当根据《中央国家机关批量集中采购简易合同》自行组织产品验收，验收合格后按合同约定及时向协议供货商支付货款。如遇产品质量、服务等问题，可及时与成交供应商沟通或向国采中心反映，国采中心将按照《中央国家机关政府采购中心批量集中采购履约管理办法》相关规定执行。

(二) 特殊配置

预算金额不超过协议供货限额的特殊配置产品，采购人可通过协议供货或网上竞价方式采购；超过协议供货限额的，或协议供货、网上竞价等采购方式不能满足采购需求的，各级采购人登录中央政府采购网采购人平台，点击"单独项目委托"模块，按照单独项目流程填报相关信息。

五、政策功能相关规定

(一) 执行中央行政单位通用办公设备配置标准制度。各采购单位应根据自身情况，按配置标准采购。

(二) 执行政府强制采购节能产品制度。列入《节能产品政府采购清单》强制采购范围的品目，应在最新一期节能清单包含的品牌和型号中选择。

（三）执行环境标志产品政府采购制度。各采购单位应优先采购列入最新一期《环境标志产品政府采购清单》的产品。

六、其他事项

各一级预算单位应将本通知传达到所属各级单位并监督其严格按通知要求开展批量集中采购工作。

实际执行过程中发现的问题和有关工作建议，各采购单位可向国采中心和财政部国库司反映。国采中心将严格依照有关规定，进行相关调查核实和处理，不断优化改进工作。

中央国家机关政府采购中心

2019年1月29日

附录十四

关于促进政府采购公平竞争优化营商环境的通知

关于促进政府采购公平竞争优化营商环境的通知

财库〔2019〕38号

各中央预算单位，各省、自治区、直辖市、计划单列市财政厅（局），新疆生产建设兵团财政局：

为贯彻落实中央深改委审议通过的《深化政府采购制度改革方案》和《国务院办公厅关于聚焦企业关切进一步推动优化营商环境政策落实的通知》（国办发〔2018〕104号）有关要求，构建统一开放、竞争有序的政府采购市场体系，现就促进政府采购领域公平竞争、优化营商环境相关事项通知如下：

一、全面清理政府采购领域妨碍公平竞争的规定和做法

各地区、各部门应当严格落实《中华人民共和国政府采购法》等相关法律法规的要求，依法保障各类市场主体平等参与政府采购活动的权利。要全面清理政府采购领域妨碍公平竞争的规定和做法，重点清理和纠正以下问题：

（一）以供应商的所有制形式、组织形式或者股权结构，对供应商实施差别待遇或者歧视待遇，对民营企业设置不平等条款，对内资企业和外资企业在中国境内生产的产品、提供的服务区别对待；

（二）除小额零星采购适用的协议供货、定点采购以及财政部另有规定的情形外，通过入围方式设置备选库、名录库、资格库作为参与政府采购活动的资格条件，妨碍供应商进入政府采购市场；

（三）要求供应商在政府采购活动前进行不必要的登记、注册，或者要求设立分支机构，设置或者变相设置进入政府采购市场的障碍；

（四）设置或者变相设置供应商规模、成立年限等门槛，限制供应商参与政府采购活动；

（五）要求供应商购买指定软件，作为参加电子化政府采购活动的条件；

（六）不依法及时、有效、完整发布或者提供采购项目信息，妨碍供应商参与政府采购活动；

（七）强制要求采购人采用抓阄、摇号等随机方式或者比选方式选择采购代理机构，干预采购人自主选择采购代理机构；

（八）设置没有法律法规依据的审批、备案、监管、处罚、收费等事项；

（九）除《政府采购货物和服务招标投标管理办法》第六十八条规定的情形外，要求采购人采用随机方式确定中标、成交供应商；

（十）违反法律法规相关规定的其他妨碍公平竞争的情形。

各地区、各部门要抓紧清理政府采购领域妨碍公平竞争的规定和做法，有关清理结果要及时向社会公开，并于2019年10月31日前报送财政部。

二、严格执行公平竞争审查制度

各地区、各部门制定涉及市场主体的政府采购制度办法，要严格执行公平竞争审查制度，充分听取市场主体和相关行业协会商会意见，评估对市场竞争的影响，防止出现排除、限制市场竞争问题。重点审查制度办法是否设置不合理和歧视性的准入条件排斥潜在供应商参与政府采购活动，是否设置没有法律法规依据的行政审批或者具有审批性质的备案，是否违规给予特定供应商优惠待遇等。经审查认为不具有排除、限制竞争效果的，可以颁布实施；具有排除、限制竞争效果的，应当不予出台或者调整至符合相关要求后出台；未经公平竞争审查的，不得出台。

在政府采购相关制度办法实施过程中，应当定期或者适时评估其对全国统一市场和公平竞争的影响，对妨碍统一市场和公平竞争的，要及时修改完善或者予以废止。

三、加强政府采购执行管理

优化采购活动办事程序。对于供应商法人代表已经出具委托书的，不得要求供应商法人代表亲自领购采购文件或者到场参加开标、谈判等。对于采购人、采购代理机构可以通过互联网或者相关信息系统查询的信息，不得要求供应商提供。除必要的原件核对外，对于供应商能够在线提供的材料，不得要求供应商同时提供纸质材料。对于供应商依照规定提交各类声明函、承诺函的，不得要求其再提供有关部门出具的相关证明文件。

细化采购活动执行要求。采购人允许采用分包方式履行合同的，应当在采购文件中明确可以分包履行的具体内容、金额或者比例。采购人、采购代理机构对投标（响应）文件的格式、形式要求应当简化明确，不得因装订、纸张、文件排序等非实质性的格式、形式问题限制和影响供应商投标（响应）。实现电子化采购的，采购人、采购代理机构应当向供应商免费提供电子采购文件；暂未实现电子化采购的，鼓励采购人、采购代理机构向供应商免费提供纸质采购文件。

规范保证金收取和退还。采购人、采购代理机构应当允许供应商自主选择以支票、汇票、本票、保函等非现金形式缴纳或提交保证金。收取投标（响应）保证金的，采购人、采购代理机构约定的到账（保函提交）截止时间应当与投标（响应）截止时间一致，并按照规定及时退还供应商。收取履约保证金的，应当在采购合同中约定履约保证金退还的方式、时间、条件和不予退还的情形，明确逾期退还履约保证金的违约责任。采购人、采购代理机构不得收取没有法律法规依据的保证金。

及时支付采购资金。政府采购合同应当约定资金支付的方式、时间和条件，明确逾期支付资金的违约责任。对于满足合同约定支付条件的，采购人应当自收到发票后30日内将资金支付到合同约定的供应商账户，不得以机构变动、人员更替、政策调整等为由延迟付款，不得将采购文件和合同中未规定的义务作为向供应商付款的条件。

完善对供应商的利益损害赔偿和补偿机制。采购人和供应商应当在政府采购合同中明确约定双方的违约责任。对于因采购人原因导致变更、中止或者终止政府采购合同的，采购人应当依照合同约定对供应商受到的损失予以赔偿或者补偿。

四、加快推进电子化政府采购

推进采购项目电子化实施。要加快完善电子化政府采购平台的网上交易功能，实现在线发布采购公告、提供采购文件、提交投标（响应）文件，实行电子开标、电子评审。逐步建立电子化政府采购平台与财政业务、采购单位内部管理等信息系统的衔接，完善和优化合同签订、履约验收、信用评价、用户反馈、提交发票、资金支付等线上流程。

加快实施"互联网+政府采购"行动。积极推进电子化政府采购平台和电子卖场建设，建立健全统一的技术标准和数据规范，逐步实现全国范围内的互联互通，推动与公共资源交易平台数据共享，提升供应商参与政府采购活动的便利程度。

五、进一步提升政府采购透明度

加强政府采购透明度建设。完善政府采购信息发布平台服务功能。中国政府采购网及地方分网等政府采购信息发布平台应当提供便捷、免费的在线检索服务，向市场主体无偿提供所有依法公开的政府采购信息。推进开标活动对外公开，在保证正常开标秩序的前提下，允许除投标人及其代表之外的其他人员观摩开标活动。

推进采购意向公开。采购意向包括主要采购项目、采购内容及需求概况、预算金额、预计采购时间等。为便于供应商提前了解采购信息，各地区、各部门应当创造条件积极推进采购意向公开（涉密信息除外）。自2020年起，选择部分中央部门和地方开展公开采购意向试点。在试点基础上，逐步实现各级预算单位采购意向公开。

六、完善政府采购质疑投诉和行政裁决机制

畅通供应商质疑投诉渠道。研究建立与"互联网+政府采购"相适应的快速裁决通道，为供应商提供标准统一、高效便捷的维权服务。对供应商提出的质疑和投诉，采购人、采购代理机构和各级财政部门应当依法及时答复和处理。完善质疑答复内部控制制度，有条件的采购人和集中采购机构应当实现政府采购质疑答复岗位与操作执行岗位相分离，进一步健全政府采购质疑投诉处理机制。

依法依规实施行政处罚。各级财政部门实施政府采购行政处罚，应当依法保障当事人的告知权、陈述权、申辩权、听证权等，保证程序合法。坚持处罚和教育相结合的原则，正确适用和区分从轻处罚、减轻处罚和不予处罚情形，作出的行政处罚应与违法行为的事实、性质、情节以及社会危害程度相当。

各地区、各部门要充分认识维护政府采购公平竞争市场秩序、优化政府采购营商环境的重要意义，加强组织领导，明确工作责任，周密安排部署，强化监督检查，确保各项要求落实到位。

本通知自2019年9月1日起施行。

财政部

2019年7月26日

财政部办公厅关于开展政府采购备选库、
名录库、资格库专项清理的通知

财政部办公厅关于开展政府采购备选库、名录库、资格库专项清理的通知

财办库〔2021〕14号

各省、自治区、直辖市、计划单列市财政厅（局），新疆生产建设兵团财政局，各中央预算单位办公厅（室）：

优化政府采购营商环境是贯彻落实中央全面深化改革委员会审议通过的《深化政府采购制度改革方案》的重要内容，对于做好"六稳"工作落实"六保"任务具有重要意义。《财政部关于促进政府采购公平竞争优化营商环境的通知》（财库〔2019〕38号）印发以来，各级财政部门认真贯彻落实《通知》要求，全面清理政府采购领域违反公平竞争的规定和做法，推动政府采购营商环境进一步优化。但部分地区仍然不同程度存在以入围方式设置政府采购备选库、名录库、资格库的问题。为维护政府采购市场秩序，财政部决定开展政府采购备选库、名录库、资格库专项清理工作，现将有关事项通知如下：

一、清理范围

除小额零星采购适用的协议供货、定点采购外，对于政府采购限额标准以上或集中采购目录以内的采购项目，通过入围等方式设置的、作为参加政府采购活动资格条件的各类备选库、名录库、资格库等供应商库。

二、清理工作安排

本次专项清理时间为2021年2月1日至3月31日，主要采取采购单位自查和财政部门重点核查相结合的方式，具体安排如下：

（一）采购单位自查。2021年2月1日至3月15日期间，各地财政部门要组织采购人开展全面自查和清理，坚决取缔各类政府采购备选库、名录库、资格库。采购人应当于2021年3月15日前将本单位备选库、名录库、资格库自查和清理情况报送同级财政部门。中央单位也要同步开展自查清理，于2021年3月15日前将自查清理情况报送财政部。

（二）财政部门重点核查。2021年3月15日到3月31日期间，各地财政部门要根据采购人自查和清理情况，重点选取财务审计以及资产评估服务等方面的采购项目开展核查。具体核查项目数量和比例由各地财政部门结合实际自行确定。财政部也将对中央单位清理结果进行核查。对核查发现的漏报瞒报、清理不到位等问题，要予以通报批评，并及时督促整改。

（三）建立长效机制。专项清理工作结束后，各地财政部门要将设库情况纳入政府采购日常监督检查范围，发现一起，查处一起。对于确需多家供应商承担的采购项目，要指导采购人在明确服务标准和定价原则等采购需求的前提下，根据业务性质、服务区域等要素，合理设置采购项目包，通过竞争择优，将相应采购业务明确到具体供应商。待《政府采购框架协议管理办法》正式印发后，符合条件的项目可采用政府采购框架协议方式采购。

三、工作要求

（一）强化组织领导。各地财政部门要充分认识此次专项清理工作的重要意义，增强政治站位，提高思想认识，强化组织领导，周密抓好实施，切实把各项清理措施落到实处，确保清理工作取得实效。在清理工作中遇到的新问题、新情况，各省级财政部门要及时向财政部报告。

（二）接受社会监督。各地财政部门要广泛宣传政府采购禁止设立各类备选库、名录库、资格库的精神，通过开设举报邮箱、电话等方式，鼓励社会公众对违规设置各类备选库、名录库、资格库的情况进行监督，营造全社会关注、群众参与专项整治的良好氛围。财政部将于2月1日起开设举报邮箱mofhkx@126.com，任何单位及个人均可通过邮箱反映违规设立备选库、名录库、资格库等情况。

（三）报送清理成果。各省级财政部门要汇总本地区政府采购备选库、名录库、资格库清理情况，于2021年4月10日前报送财政部。

财政部关于做好政府采购框架协议采购工作
有关问题的通知

财政部关于做好政府采购框架协议采购工作有关问题的通知

财库〔2022〕17号

各中央预算单位,各省、自治区、直辖市、计划单列市财政厅(局),新疆生产建设兵团财政局,有关集中采购机构:

《政府采购框架协议采购方式管理暂行办法》(财政部令第110号,以下简称《办法》)已于2022年3月1日开始施行。为进一步做好政府采购框架协议采购工作,提升《办法》实施效果,现就有关问题通知如下:

一、加强框架协议采购组织协调。《办法》对多频次、小额度采购活动进行了规范,是落实《深化政府采购制度改革方案》的重要内容,也是对政府采购管理制度的一次重要完善与创新。各级集中采购机构、主管预算单位要充分理解把握《办法》对框架协议采购的规范性要求,切实做好需求标准确定、采购方案拟定、供应商入围征集和合同履约管理等工作。各级财政部门要认真做好组织协调,进一步清理违规设置的供应商备选库、名录库、资格库,加强对框架协议采购方案的审核备案管理,切实抓好《办法》确定的公平竞争机制建设,平稳有序推进框架协议采购的实施。

二、处理好集中采购相关问题的衔接。《办法》施行后,财政部关于协议供货、定点采购的规定不再执行,地方各级财政部门要对涉及协议供货、定点采购的制度规定进行清理规范。《办法》施行前订立的协议供货、定点采购协议,可以继续执行至期限届满。已实施批量集中采购的品目,按现有规定继续推进和完善批量集中采购工作。

对一些地方或者部门缺乏专业实施力量的问题,省级财政部门可以结合本地实际,通过修订集中采购目录或者制定专门办法,适当调整相关品目实施的组织形式。有条件的地方,还可以通过跨级次、跨地区统筹确定征集主体推进实施,并同步开展集中采购机构竞争试点。

三、推动采购需求标准的制定。各级财政部门要指导集中采购机构、主管预算单位结合业务特点合理确定各类产品的需求标准，逐步提高标准的科学性和完整程度，做到客观、细化、可评判、可验证，无明确需求标准的不得开展框架协议采购。要合理确定不同等次、规格产品的最高限制单价，综合考虑采购历史成交价格与市场调查情况，平衡采购需求标准与成本价格的关系，做到最高限制单价与采购需求标准相匹配。

集中采购机构、主管预算单位应当高度重视服务项目需求标准的制定工作。对实施开放式框架协议的服务类采购，特别是向社会提供公共服务的项目，各级财政部门要对主管预算单位的市场调查情况及成本构成重点把关，严禁服务内容及最高限制单价突破预算和其他购买公共服务的政策要求。条件成熟时，省级财政部门可以会同相关部门制定发布统一的服务需求标准。对新开展的公共服务类框架协议采购项目，财政部门可以指导相关部门先以封闭式框架协议采购开展试点，时机成熟后再按规定实施开放式框架协议采购。

四、加强采购方案审核备案管理。集中采购机构、主管预算单位应当按照不同品目分类拟定采购方案，报本级财政部门审核或者备案。各级财政部门要按照公平公正、促进竞争、讲求绩效的原则，加强对集中采购机构框架协议采购方案的审核。重点包括：一是实施范围审核。要认真落实"适用于小额零星采购"以及"以封闭式框架协议为主"的基本原则，严格把控相应实施范围。其中，小额零星采购严格限定在采购人需要多频次采购，且单笔采购金额未达到政府采购限额标准的范围内。严禁出现《办法》对政府限价服务、专用设备、公共服务等采购的一些特殊规定在适用范围上的扩大。二是竞争机制审核。要严格执行"需求明确、竞争价格"的评审要求，同时把握对各品目分级、分类、分包的合理性，防止品目拆分过细带来的竞争不充分等问题。对专用设备采购，要严格控制质量优先法的适用，加强对需求标准、最高限制单价以及竞争淘汰率的匹配性审核。三是其他重要问题审核。包括落实政府采购政策，以及防止政府采购"专供"、高价专用耗材捆绑问题的措施等。

主管预算单位的框架协议采购方案实行备案管理。财政部门在备案中发现存在擅自扩大适用范围、需求标准不合理不明确、开放式框架协议采购缺乏供应商申请办法、公共服务标准及最高限制单价不符合相关规定等问题的，可以要求相关单位改正后实施，也可以通过监督检查或者投诉处理进行监管。

五、落实政府采购政策。框架协议采购要落实政府采购政策，细化政策执行措施。政府绿色采购、促进中小企业发展等采购政策原则上在框架协议采购的第一阶段落实，第二阶段交易不再作要求；政府采购进口产品管理要求在第二阶段落实。在落实绿色采购政策方面，对实施强制采购或者执行强制性绿色采购标准的品目，应当将符合绿色采购政策作为实质性要求，对实施优先采购或者执行推荐性绿色采购标准的品目，应当在评审时给予相关供应商评审优惠；在支持中小企业政策方面，对符合条件的小微企业，应当按照《政府采购促进中小企业发展管理办法》的规定给予价格扣除优惠政策；在进口产品管理方面，对检测、实验、医疗等专用仪器设备，确有采购进口产品需求的，采购方案中可以就相应的进口产品设置采购包，但第二阶段采购人在采购入围进口产品前，需按规定履行相关核准程序。

省级财政部门可以探索选择特定货物、服务品目，专门面向残疾人福利性单位、基层群众性自治组织等特殊主体设置采购包，要求采购人在采购相关货物、服务时，将合同授予该采购包的入围供应商。

六、推进框架协议电子化采购系统建设。省级财政部门应当按照《办法》确定的业务规则、预算管理一体化规范和技术标准，统筹协调电子化采购系统的建设和拓展完善，实现互联互通和业务协同。集中采购目录以外、未达到采购限额标准的采购活动，可以继续通过电子卖场开展，但不得强制采购人通过电子卖场交易。

在框架协议采购全流程电子系统建设完成之前，框架协议采购可以在已有电子采购系统上分阶段实施，第一阶段入围征集活动可以依托项目采购的相关系统，第二阶段确定成交供应商可以依托电子卖场等系统，按照《办法》确定的规则开展。

七、维护供应商合法权益。货物采购中，入围供应商可以委托代理商接受采购人合同授予并履行采购合同，代理商根据与入围供应商签订的委托协议开展活动，其行为的法律后果由入围供应商承担。框架协议有效期内，入围供应商可以根据征集文件的规定调整代理商名单，征集人应当提供便利。对于代理商拒不履行合同义务的，征集人应当依法追究入围供应商责任，并按协议约定解除代理商在该框架协议中接受合同授予的资格。征集人不得未经入围供应商同意，擅自增减变动代理商。

各地区、各部门要加强统筹协调，认真安排部署，全面总结框架协议采购中好的经验和做法，对于执行中发现的问题，要研究完善办法措施，并及时向财政部反映。

财政部

2022年5月16日